애덤 스미스, 마르크스, 하이에크…
51명의 경제학자와 떠나는

경제사상사 여행

애덤 스미스, 마르크스, 하이에크…
51명의 경제학자와 떠나는

경제사상사 여행

민경국 지음

21세기북스

머리말

2008년 글로벌 금융위기 이래 미국, 유럽, 일본 등 전 세계가 실업, 저성장을 특징으로 하는 불황을 겪고 있다. 우리나라도 예외가 아닌 듯 저성장의 시대를 겪고 있다는 목소리가 높다. 3% 내외의 저성장, 8% 내외의 고실업, 빈곤층 확대 등 한국경제는 몹시 불안하다.

흥미로운 것은 그런 경제 문제의 진단이다. 자유자본주의 탓이라는 의견이 지배적이다. '고삐 풀린 자본주의'의 질주로 빈곤, 착취, 실업, 위기, 범죄 등 사회적 병폐가 야기됐다는 것이다.

그 해법도 다양하다. 일각에서는 사적소유가 없는 사회주의가 해법이라고 한다. 1989년 옛 소련과 동유럽 계획 경제의 몰락을 목격했음에도 말이다. 자본주의는 그대로 내버려둘 수 없기에 정부가 이를 적극적으로 규제해야 한다는 주장이 압도적으로 사회의 여론을 지배하고 있다. 케인스주의, 경제민주화, 복지국가, 자본주의 4.0, 창조경제, 얼굴을 가진 자본주의 등 규제의 명분도 다양하다.

자본주의가 빈곤과 착취, 억압, 실업, 경제위기를 야기하는 우울한 이념인가? 사회주의 경제학 또는 각종 간섭주의 경제학에 치명적 오류가 있기 때문에 자본주의에 대한 그런 비관적 진단을 내리는 게 아닌가? 사회주의와 간섭주의가 진정으로 성공할 수 있는가?

그런 질문은 인간들이 번영을 누리면서 평화로운 공존을 가능하게 하는 사회질서는 무엇인가, 세상을 지금보다 더 나은 방향으로 개선하는 방법은 무엇인가의 문제로 환원될 수 있다.

집필 목적

경제사상사의 역사에 대한 책을 집필하는 목적은 바로 그런 문제에 대한 해법을 찾기 위한 것이다. 보통사람들이 어떻게 부와 번영을 추구했는가를 연구하고 그들의 욕구를 가장 잘 충족하는 사회를 탐구했던 게 경제사상의 역사이기 때문이다.

애덤 스미스의 『국부론』 이후 수많은 경제사상가들이 빈곤, 실업, 성장, 위기 등 그때그때마다 겪어야 했던 문제들은 오늘날 우리들이 겪는 것과 별로 크게 다르지 않다. 이를 감안한다면 우리에게 주는 시사점은 매우 크다. 이게 경제사상을 역사적으로 읽는 중요한 의미이다.

사상가들이 시대에 따라 그때그때마다 지배하고 있던 문제를 어떻게 이론적, 철학적으로 인식하고 어떤 해법을 제시했는가? 그들의 인식과 해법에는 어떤 고질적인 오류가 있었고, 어떻게 그런 오류들을 치유했는가? 이런 사상사적 문제를 다루는 목적은 선조들의 지혜에서 우리가 직면한 문제에 대한 해법을 찾기 위한 것이다.

따라서 이 책의 집필 목적은 분명하다. 애덤 스미스를 비롯하여 현대의 하이에크에 이르기까지 유명한 51명의 경제학자들이 만들어낸 사상들이 오늘을 사는 우리에게 주는 시사점은 무엇인가를 찾는 일이다. 이를 위해서 그들이 제시한 사상들의 핵심 내용, 그 사상들이 등장하게 된 이념사적, 경제사적 배경 그리고 그들이 현실에 미친 정치적, 사상사적 영향을 중심으로 설명하는 것이다.

이런 설명에서 각별히 주목할 것은 자유주의에 비추어 간섭주의, 사회주의 경제학의 뿌리 깊은 '오류'를 찾아내는 일이다. 그 이유는 이렇다. 현실에서는 분명히 자본주의는 승리했지만 간섭주의나 사회주의 경제학은 그런 승리를 인정하지 않고 있는데, 그 이유는 그런 경제학에 분명 오류가 있기 때문이다. 자본주의가 성공한 이유와 자유주의 경제학이 적실성이 있는 이유도 밝힐 것이다.

책의 구성

이 책의 Chapter01에서는 18세기 맨더빌, 흄, 스미스 등 스코틀랜드 계몽주의자가 어떻게 최초로 경제학을 만들었는가를 설명할 것이다. 로크는 인간 이성을 중시하는 프랑스 계몽주의 전통으로 분류되지만 그도 경제학의 창시에 기여했다. 그들이 최초로 만든 경제학이 자유주의였고 이를 통해서 인류의 밝은 미래를 보았던 것이다.

그런 낙관적인 자유주의 경제사상은 19세기에 재구성돼 세계적으로 확산됐다. Chapter02에서는 독일의 칸트, 프랑스의 장 바티스트 세이 등 그 확산과 재구성에 결정적인 역할을 한 인물들에 대해 설명할 것이다.

자본주의 미래에 대한 낙관론에 맞서서 빈곤, 착취, 소외는 인류의 숙명이라고 비관하는 암울한 경제학과 그런 빈곤을 극복하기 위한 대안은 사회주의라고 주장하는 경제학이 등장했다. Chapter03에서는 자본주의에 대한 그런 비관적 사상을 펼친 인물들인 맬서스, 리카도, 밀, 마르크스, 슈몰러 등을 설명할 것이다.

Chapter04에서는 19세기 말에서 20세기 초까지 자본주의를 비관하던 그런 경제사상을 비판하면서 새로운 시각에서 경제학을 재구성하여 등장한 카를 멩거, 뵘바베르크 등 오스트리아학파와 마셜 빅셀 등 신고전파 사상가들을 설명할 것이다.

20세기 초부터 간섭주의가 등장하고 사회주의와 함께 세력을 확장하여 자유주의 경제학을 몰아냈다. Chapter05에서는 그 대신에 세력을 확장한 케인스, 새뮤얼슨, 피구 등 간섭주의를 제창한 경제학자들을 설명할 것이다.

20세기 중반 이후에는 몰락한 자유주의 경제학을 부활시키려는 지적 운동이 영국, 미국, 독일 등에서 활발히 전개됐다. 그 지적 활동의 중심에는 하이에크의 주도로 1947년 설립된 몽펠린 소사이어티가 있었다. 그중 하나가 시카고학파이고 다른 하나는 오스트리아학파이다.

Chapter06에서는 프리드먼, 코스 등 시카고학파, Chapter07에서는 미제스, 하이에크 등 오스트리아학파의 사상가들을 설명할 것이다. 이와 같이 애덤 스미스의 자유주의 경제학을 부활시켜 정치에 성공적으로 적용했는데 그 대표적 결과가 1980년대의 친시장개혁과 1989년 사회주의 계획경제의 성공적인 체제 전환이다.

마지막으로 맺음말에서는 자본주의가 승리한 이유, 다시 말하면 간섭주의와 사회주의 경제학의 실패 이유를 밝히면서 경제학의 나아갈 길을 설명할 것이다.

이 책의 결론은 경제자유를 보장하여 기업가 정신을 활성화하는 제도를 고려하지 않은 경제학은 현실을 설명할 수도 없고 정책적으로도 실패한다는 것이다. 그리고 그런 고려를 충분히 한 패러다임이 오스트리아학파라고 믿는다.

차례

경제학의 기원,
자유주의

애덤 스미스,
존 로크,
버나드 맨더빌,
데이비드 흄,
에드먼드 버크

경제사상의 본격적인 역사는 1776년 런던에서 출간된 애덤 스미스의 『국부론』으로 부터 시작됐다. 그러나 그의 자유주의 경제학이 면모를 갖추는 데는 선배들의 영향이 매우 컸다. 게다가 그들은 스미스 이후에도 자유주의 경제학을 만드는 데 중요한 역할을 했다.

자유주의 경제학을 창시한 인물들의 사상의 핵심 포인트를 살펴보자.

먼저 스미스의 사상은 정의의 규칙, 보이지 않는 손, 경쟁, 자연적 자유 등으로 구현된 자유의 경제철학이다. 스미스의 자유주의 사상은 이기심에게 면죄부를 준 맨더빌, 재산의 안정성 동의에 의한 이전 계약의 준수 등과 같은 제도의 문화적 진화를 설파한 흄의 철학이 없었다면 가능하지 않았을 것이다. 스미스는 그들과 함께 스코틀랜드 계몽주의 전통을 확립했다.

전통과 관습, 생활방식 등 전래된 사회제도를 숭배해야 하고 그런 제도가 인간들의 삶을 의미 있고 가치 있게 만든다는 버크의 사상도 자유주의 경제학을 만드는 데 중요한 역할을 했다.

로크는 당시 유럽사회에 확산됐던 사유재산에 대한 철학적 기초를 세웠다. 그는 인간사회가 형성되기 전에 이미 인간에게는 양도할 수 없는 권리가 있음을 전제하는 자연권 사상의 합리주의 전통을 개척한 인물이기도 하다. 로크의 합리주의 사상은 스코틀랜드 계몽주의의 진화 사상과 함께 현대 경제사상의 특징이 됐다는 것도 직시할 필요가 있다.

흥미로운 것은 스미스, 흄, 로크 등 고전 경제학자들은 인류의 자본주의 미래에 대하여 매우 낙관적이었고, 압제와 빈곤으로부터 해방을 그리워하던 인류에게 희망을 불어넣었다는 점이다.

1

애덤 스미스
자유주의 경제학의 원조

Adam Smith

1723년 영국 스코틀랜드 출생

1751년 글래스고대 논리학 교수

1752년 글래스고대 도덕철학 교수

1759년 『도덕감정론』 출간

1764년 버크럭 공작의 가정교사

1776년 『국부론』 출간

1778년 관세청장

1783년 에든버러 왕립협회 창립회원

1787년 글래스고대 명예총장

1790년 타계

17세기 들어 상업활동이 활성화되면서 전통, 관습, 봉건주의 등 중세 시대의 갖가지 속박이 풀리기 시작했다. 이에 대한 반작용으로 자유로운 상업사회의 등장을 방치하면 빈곤과 혼란을 초래할 것이라며 정부의 적극적인 개입을 주장하는 목소리도 커지고 있었다.

이런 시기에 정부는 시장 개입을 통해 경제 성장을 이끌 능력이 없으니 경제를 '보이지 않는 손'에 맡기는 게 번영의 길이라고 역설한 인물이 영국의 도덕 철학자 애덤 스미스다. 유복자로 태어났으나 총명하고 학구적이었던 그가 평생 탐구한 건 '인간들이 이기적으로 행동해도 어떻게 사회질서가 가능한가'라는 거대 담론이었다.

이 문제를 풀기 위해 윤리학, 법학, 경제학 등을 두루 섭렵한 스미스가 발견한 게 바로 '동감의 원리'다. 인간은 본성적으로 다른 사람과 입장을 바꿔 생각하게 마련인데, 그와 같은 역지사지를 통해 타인의 느낌과 일치한다고 여기는 행동을 취하게 된다는 행동원리를 말한다. '너 같았어도, 또는 나 같았어도 그렇게 행동했을 것'이라는 식으로 행동을 결정한다는 뜻이다.

보이지 않는 손이 질서를 형성

인간이 동감의 원리에 따라 행동하는 이유는 다른 사람들에게 인정은 받고 비난은 피하려는 본능적 욕구 때문이라는 게 스미스의 설명이다. 주목할 대목은, 동감은 사람들의 결속과 통합을 가능하게 해 사회가 스스로 질서를 형성하는 데 기여한다는 점이다. 그러나 동감은 한 번에 형성되는 게 아니라 지속적인 학습과 반성 등 경험을 축적하는 사회적 과정이라는 스미스의 인식도 흥미롭다.

지적인 재치가 넘쳤던 스미스는 동감의 원리를 통해 시장경제의 도덕적 기초를 설명했다. 다른 사람을 도와주는 이타적인 행동은 항상 동감을 얻을 수 있는 게 아니다. 모르는 사람이 상가(喪家)에 와서 슬피 우는 걸 누가 동감하겠는가. 그래서 이타적인 행동은 인간관계의 친숙성에 의해 좌우된다는 게 스미스 논리다.

상업사회는 친숙도가 비교적 낮은 사람들이 분업하는 거대 사회이기에 그 속에서 이기심이 지배한다고 스미스는 인식했다. 그렇지만 인간들은 안하무인격으로 행동하는 게 아니라 타인들로부터 동감과 인정을 받고 비난을 피하기 위해 절제하면서 생산적인 행동을 만들어낸다. 그래서 고객들을 배려하고 친절도 베풀고 해고도 멋대로 하지 않는다는 것이다.

상업사회에서 인간들은 상호 소통 속에서 다양한 덕(德)을 개발한다고 스미스는 주장한다. 그런 덕 가운데 백미는 정의의 덕이라고 말한다. 약속 이행, 재산권 존중, 동의에 의한 재산이전 등과 같이 정의는 인간들이 제 것을 챙기기 위해 사용하는 폭력, 사기, 약속 위반 등과 같은 불의(不義)를 막는 규칙이다. 불의는 분노와 보복을 일으키고 그래서 누구나 쉽게 동감할 수 있었기에 그런 정의의 규칙이 생겨났다는 게 그의 설명이다.

스미스는 이타심과 정의가 사회질서 유지 측면에서 큰 차이가 있다는 사실에 주목했다. 이타심은 건축물의 장식품과 같이 있으면 좋고 없어도 사회질서를 유지하는 데 큰 문제가 안 되지만, 정의는 건축물의 기둥처럼 그게 무너지면 사회가 성립될 수 없다고 강조했다. 정의의 규칙은 시장에서 보이지 않는 손이 작동하기 위한 도덕적 기초라는 뜻이다. 시장은 나침반 역할을 하는 가격의 도움을 받아 고용, 성장, 번영 등 다양한 경제 문제를 스스로 해결하면서 질서를 만들어간다고 스미스는 강조한다.

소비가 모든 생산의 유일한 목적이고 그래서 생산의 방향을 무의도적으로 질서정연하게 조종하는 게 소비자 역할이라는 그의 주장에도 귀 기울일 필요가 있다. 소비자 이익을 증진하는 경우에만 생산자는 자신의 목적을 달성할 수 있다는 소비자주권론의 창시자도 스미스다.

그는 그런 주권의 효과적 실현 방법이 자유경쟁이라고 주장한다. 자유경쟁에서 새로운 분업 가능성과 신상품, 신기술 등이 발견된다는 것이다. 경쟁은 근면과 자발성도 북돋아준다. 스미스는 기업이 크다고 걱정할 필요가 없다고 말한다. 시장경쟁을 통해 저절로 해결된다는 설명이다.

자유의 적은 자만에 빠진 정부

스미스는 한마디로 모든 것을 시장에 맡기라고 강조했다. 국가가 시장에 개입하면 시장 내 여러 관계가 헝클어져 자생적으로 질서가 형성, 유지되는 과정이 파괴되기에 국가 역할은 제한돼야 한다고 역설한다.

그는 불의를 막고 정의를 지키는 게 국가 제일의 과제라고 생각했다. 이를 위해 법이 필요한데 스미스가 강조하는 법의 성격은 정의의 규칙에 적합한 것이다. 효용, 분배, 공공복리 등과 같은 개념에서 도출한 법은 법이 아니라고 주장한다. 법은 결코 정치적 목적을 달성하기 위한 수단이 아니라 자유와 재산을 보호하기 위한 것이어야 한다고 강조한다.

스미스는 시장을 창조한 게 아니라 발견한 것이다. 그리고 그가 보여준 것은 시장이 어떻게 작동하고 시장 작동에 필요한 윤리적, 법적 조건이 무엇인가였다. 그가 발견한 '자유의 시스템'에 대한 최대의 적은 지적 자만에 빠진 정부라고 경고하면서 자유의 시스템이 간섭받지 않고 유지된다면 인류의 번영은 가능하다고 낙관했다.

『국부론』은 자유주의 경제학 교과서

스미스가 연구 대상으로 삼은 것은 타인에게 해를 끼치지 않고 희소성의 세계라는 숙명과 물질적인 부족을 개선하면서 타인과의 동감을 통해 인정받고자 하는 인간의 끊임없는 노력이었다. 그리고 그의 가장 큰 공로는 '스코틀랜드 계몽주의'를 형성하고 대표적인 자유주의 학파인 오스트리아학파에 영향을 미친 점이 꼽힌다.

스미스 사상의 영향이 얼마나 컸던가는 그의 저서의 파괴력이 입증한다. 저서 『국부론』은 사회주의로 경도된 존 스튜어트 밀의 『정치경제학 원리』가 나오기 전까지 75년 동안 전 세계인의 경제학 지식의 원천이었다.

스미스는 보호무역을 비롯한 정부의 경제 개입을 옹호하던 유럽 중상주의와 세기적 대결을 벌였다. 상인이나 제조업자를 보호하는 정책은 생산의 최종 목적인 소비자를 희생시킨다고 꼬집었다.

중상주의와의 대결에서 승리한 스미스 사상은 19세기 영국과 유럽대륙의 경제개혁에 결정적인 영향을 미쳤다. 영국에서는 대영제국이라는 '빅토리아 시대'를 탄생시켰고 유럽대륙에서는 산업혁명의 꽃을 피웠다. 인류의 번영이 가능하다고 낙관했던 스미스의 예측은 적중했다. 역사학자들이 입증하듯 18세기 이래 세계의 1인당 평균소득은 급증했다.

표 1-1 세계 평균 1인당 소득 추이 (단위:달러)

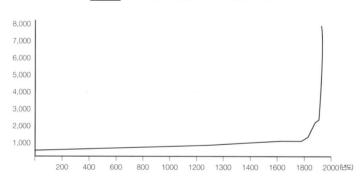

산업혁명을 꽃피운 스미스의 사상

스미스 사상으로 토지의 생산력이 인구의 증가 속도를 따라잡을 수 없기 때문에 인류의 빈곤은 숙명이라고 주장했던 영국의 경제학자 맬서스, 생산력의 하락으로 경제는 필연적으로 정체될 수밖에 없다고 주장한 리카도, 착취이론으로 자본주의를 비판했던 마르크스의 이론은 여지없이 잘못됐다는 것이 입증됐다.

스미스의 예측이 적중했던 이유는 인간의 자기계발 가능성과 이를 뒷받침하는 제도에 대한 탁월한 통찰 때문이라고 할 수 있다. 그 사상의 영향을 받아 1980년대 미국의 레이건 정부와 영국의 마가렛 대처 수상은 규제 완화, 민영화, 정부 지출 감소, 복지 축소라는 성공적인 개혁 정책을 펼칠 수 있었다. 레이건 정부는 보이지 않는 손에 맡겨 일자리 창출과 소득증대에 대성공을 거뒀다. 2%의 경제 성장률을 연평균 4%로 끌어올렸고, 10%에 육박하던 실업률도 1989년까지 연간 실업률 5% 이내로 하락시키는 개가를 올렸다. 스미스는 1980년대 마가렛 대처 수상을 통해서 모국인 영국에서도 화려하게 부활했다. 국제통화기금에서 구제금융을 받아 연명하던 영국 경제를 구출한 것도 스미스의 '작은정부' 처방이었다.

함께 읽으면 좋은 책

『국부론』, 애덤 스미스 지음 / 유인호 옮김, 동서문화사, 2008
『도덕감정론』, 애덤 스미스 지음 / 박세일, 민경국 옮김, 비봉출판사, 2009
『경제학의 거장들 1』, 요아힘 슈타르바티 외 지음 / 정진상 외 옮김, 한길사, 2007
『아담스미스 연구』, 조순 외 지음 / 민음사, 1989
『죽은 경제학자의 살아있는 아이디어』, 토드 부크홀츠 지음 / 류현 옮김, 김영사, 2009

존 로크

권리이론적 자유주의의 창시자

John Locke

1632년 영국 서머싯 주 출생

1658년 옥스퍼드대 석사학위 취득

1660년 옥스퍼드대 강의

1664년 『자연법에 관한 시론』 출간

1969년 정부무역위원회 위원

1672년 무역이민위원회 위원

1674년 네덜란드로 망명

1689년 『인간 지성론』 출간

1690년 『정부론』 출간

1704년 타계

17세기 영국은 각종 정파들의 권력투쟁으로 잦은 정변과 혼란의 연속이었다. 귀족과 결탁한 절대군주는 즉흥적이고 자의적인 통치로 시민의 재산과 자유를 억압해 시민들의 삶은 불안정했다.

이런 시기에 정치, 경제 등 모든 문제의 뿌리는 권력을 무제한 행사하는 전제정부라고 진단하면서 정부 권력이 제한된 국가에서만 자유와 번영을 누릴 수 있다고 주장한 인물이 영국의 정치철학자 존 로크다.

아버지가 변호사였고 부유한 청교도 가정에서 자라난 로크는 철학, 신학, 정치학, 경제학 등 광범위한 분야를 공부했다. 그가 고민했던 건 국가권력을 제한해야 하는 이유와 방법에 대한 정치철학적 문제였다.

재산권은 자유와 번영의 열쇠

로크는 그런 문제를 해결하기 위해 정부가 없는 상태, 즉 '자연 상태'를 상정한다. 이 상태가 전제정치보다 훨씬 더 자유롭고 삶의 번영을 누릴 수 있도록 한다는 게 그의 설명이다.

로크는 그럼에도 사람들은 전제정부의 유일한 대안이 인간들의 탐욕과 투쟁으로 점철되는 무질서일 것이라는 두려움으로 인해 전제정치를 감내하려는 것을 보면 처량하다고 개탄한다.

로크는 인간이 원래 자신의 생존욕구를 위해 행동한다 해도 타인의 자유를 침해하면서까지 욕구를 충족할 수는 없다고 설명한다. 그들의 관계는 자연법에 의해 지배되기 때문이라는 것이다. 자연법은 인간들 사이에 예속관계란 있을 수 없다는 의미에서 그들은 모두 평등하며 어느 누구도 다른 사람의 신체와 소유물 등에 위협을 가해서는 안 된다고 가르친다. 자연법은 결코 양도할 수 없는 신성불가침의 다양한 권리를 규정하는데, 그런 자연권 가운데 가장 중요한 것이 생명과 자유, 재산에 대한 권리라는 것이다. 흥미롭게도 그런 권리와 자연법은 사회를 통해 형성된 게 아니라 사회 이전에 이미 존재하고 있는데, 누구나 이성을 통해 확인할 수 있는 영구불멸의 규범이라고 로크는 지적했다. 그런 규범은 정치적 제도와 행위를 판단하고 억제하는 윤리적 잣대다.

인간은 그런 규범을 지킬 만큼 이성적이기 때문에 정부가 없다고 해도 '만인에 대한 만인의 투쟁'이 일어나지 않고 질서를 유지할 수 있다는 게 로크의 설명이다.

로크의 자연 상태는 사실상 자유시장이라고 봐도 무방하다. 자연법을 통해 사유재산의 자유로운 이용과 습득이 보장돼 있고 그래서 타인의 생명과 자유, 재산을 침해하지 않는 한 누구나 자유롭게 권리를 행사할 수 있다. 주목할 것은 어떤 대상이 어떻게 내 것이 될 수 있는가를 다루는 로크의 재산권 이론이다. 로크가 가장 많은 관심을 기울였고 후세에 가장 큰 영향을 미친 게 그의 재산권 이론이다.

로크의 재산권은 첫째 노동에 대한 소유, 둘째 노동을 통해 생산한 산물에 대한 권리, 셋째 주인 없는 토지나 천연자원에 노동을 가한 결과에 대한 권리로 구성돼 있다. 소유할 자격을 부여하는 게 노동이라는 뜻에서 로크의 이론을 '노동의 소유자격 이론'이라고 부른다.

로크는 재산권을 신이 부여한 권리라는 도덕적 이유로 정당화지만 신을 믿지 않는 사람에게는 호소력이 없다. 그래서 재산권이야말로 인간들의 근면과 저축, 자본축적을 통한 번영의 열쇠라는 경제적 이유를 들어 정당화하고 있다.

로크는 영국이 경제적으로 네덜란드에 뒤처진 이유도 자본시장 규제를 비롯한 정부 규제를 통해 재산권을 침해했기 때문이라고 목소리를 높인다. 그러면서 시장에 맡기는 게 희소성을 효과적으로 해결하면서 경제적 번영을 이룩하는 길이라고 역설했다. 경제에 대한 그런 인식은 애덤 스미스보다 100년이나 앞선 생각이었다.

흥미로운 것은 '사회계약'이라는 단어로 설명하는 로크의 국가관이다. 국가 없이도 질서 유지가 가능하지만 개인들이 스스로 재산을 지키거나 권리의 분쟁을 해결하기가 쉽지 않다는 이유로 국가가 필요하다는 게 로크의 설명이다.

정부는 필요악인 존재

그가 주목한 것은 정부 권력을 제한하는 방법이었다. 정부는 필요하지만 악이라는 이유에서다. 이를 제한하지 않으면 폭정이 초래되기 때문이다. 그의 사상에서는 자연법이 권력을 제한하는 역할을 한다. 자연법이 정치적 행위와 제도를 판단하고 제한하는 기준을 제공한다는 것이다.

정부의 권력 행사는 즉흥적인 법이 아니라 자연법에 부합하는 법률에 따라야 하는데, 그런 법은 재분배 복지 또는 공공이익을 달성하기 위한 것이 아니라 자유와 생명, 재산을 보호하는 데 목적이 있다는 것을 직시할 필요가 있다. 시민의 대표자 동의 없이는 세금도 없다는 로크의 원칙도 재산권 보호 차원으로 해석할 수 있다.

로크는 헌법적 차원에서 통치자 권력의 한계를 명확히 하고 그 한계를 넘어설 때는 통치자에게 책임을 물을 수 있는 헌법적 장치를 마련했는데, 이게 그의 탁월한 공로라는 게 일반적 평가다. 로크가 국가 권력을 제한하는 방법을 모색하는 '헌법경제학'의 개척자로 불리는 이유다.

권리 이론적 자유주의 확립

로크의 자연법사상은 사회가 형성되기에 앞서 권리와 법이 존재한다고 전제한다. 그러나 사회에 앞서 어떤 권리도 존재할 수 없다는 이유를 들어 그의 이론에 오류가 있다는 지적도 나온다.

재산권 개념은 사람들이 가진 것에 대한 상호존중의 규칙이 정립돼 사회가 형성된 후에 비로소 등장한다는 점을 주지할 필요가 있다.

인간의 행동을 안내하는 규칙들도 이성의 산물이 아니라 인간이 경제적인 이득을 추구하는 사회적 과정에서 자생적으로 형성된다는 진화사상도 관심 대상이다. 이성이라는 것도 주어진 게 아니라 사회적 과정에서 비로소 형성되기에 이성의 힘을 빌려 사회를 구성하려는 것은 '합리주의의 미신'이라는 프리드리히 하이에크의 비판으로부터 자유롭지 못하다.

로크의 소유권이론은 소유 대상이 이미 주어져 있다는 전제에서 출발한다. 이런 전제는 소유 대상의 유용성을 발견하는 과정을 도외시해 특허권에서 보는 바와 같이 '발견자가 소유자다'라는 원칙을 설명할 수 없다는 비판을 받는다.

여러 가지 비판의 여지가 있지만 로크의 사상이 미친 영향은 대단히 크다. 그의 사상은 데이비드 흄, 애덤 스미스, 하이에크 등의 진화론적 자유주의의 전통과 대비되는 합리주의적 자유주의 전통을 확립했다.

미국 전통의 자유주의 세계관 확립

로크의 위대한 자유의 원칙은 찰스 1세와 같은 집권자의 자의적인 조세권 행사와 맞서 싸웠던 지적 무기였다. 오늘날까지 영국이 유럽에서 조세부담이 가장 낮은 나라에 속하는 것도 로크의 유산 때문이라는 것을 직시할 필요가 있다.

로크의 사상은 미국혁명에도 결정적인 영향을 미쳤다는 게 일반적인 평가다. 그런 영향은 그 후에도 꾸준히 작용해 미국인들의 자유주의 세계관을 형성하는 데 중요한 역할을 했다. 그의 영향은 현대사회의 헌법이 입증한다. 종교의 자유, 재산 수용에 대한 정부의 정당한 보상, 독립된 법원 등 미국, 유럽, 한국 등을 비롯한 거의 모든 나라의 헌법적 기본원리는 로크의 사상에서 비롯되었다고 말해도 무방하다.

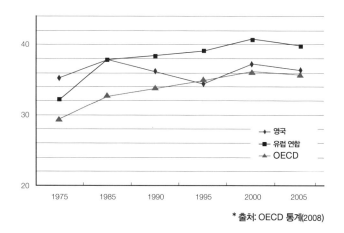

표 1-2 GDP 대비 조세 수입

* 출처: OECD 통계(2008)

함께 읽으면 좋은 책

『자유주의: 시장과 정치』, 김한원, 정진원 엮음, 부키, 2006
『통치론』, 존 로크 지음 / 강정인 외 옮김, 까치글방, 2007
『시민정부론』, 존 로크 지음, 연세대학교출판부, 2011

3

버나드 맨더빌

이기심에 면죄부를 주다

Bernard de Mandeville

18세기 초 이후 절대왕정 통치가 완화되고 경제자유가 확대되면서 영국 사회는 금융서비스, 유통업 등 상업이 급속히 확산됐다. 귀족까지도 창업과 기업 경영에 참여하는 등 생산과 소비 활동 모두가 왕성해지면서 생활 모습이 이전과 크게 달라졌다.

그러나 일각에서는 상업의 발전으로 물질 추구, 이기심, 탐욕, 향락 등이 만연하고 도덕이 파괴돼 사회 결속과 통합이 위태로워졌다고 비판하는 목소리가 커져갔다. 인간을 부패와 타락으로부터 해방시키려면 도덕적 쇄신이 필요하다는 주장이 힘을 얻으면서 정부가 인위적으로 질서를 만드는 도덕개혁 운동이 보편적인 지지를 받았다.

개인의 탐욕이 경제적 번영을 이끌어

그런데 이기적인 인간들이 물질 추구에 몰입하는 것은 아무런 문제가 없을 뿐만 아니라 그런 물질 추구 행동들이 오히려 번영을 가능하게 하는 질서를 자생적으로 만든다고 주장하며 당시 도덕개혁 운동에 찬물을 끼얹은 인물이 있었다. 바로 네덜란드에서 태어나 런던으로 이주한 정신과 의사 버나드 맨더빌이었다.

철학에도 관심이 많았고 정신병 연구로 두뇌, 심리, 인성 등에 대해서도 깊이 이해하고 있었던 맨더빌의 핵심 사상은 이렇다. 세상은 이기심, 물질주의, 탐욕 등 악덕이 득실거린다. 그래도 세상은 멀쩡하게 잘 돌아간다. 신기하게도 '악덕' 때문에 세상 사람들이 잘 먹고 잘 지낼 수 있다는 게 그 핵심 내용이다.

맨더빌의 사상이 많은 사람들의 주목을 끌면서 철학자, 귀족 등을 당황하고 불쾌하게 만들었다. 인류의 문명과 번영을 이끄는 게 이성, 이타심 등과 같은 거창한 덕성이라는 믿음을 '개인의 악덕, 사회의 이익'이라는 간단한 공식으로 조롱했기 때문이다.

이해하기 편하게 우화의 형식을 빌려 때로는 시로, 때로는 대화하는 방식으로 쓴 맨더빌의 저서 『꿀벌의 우화』는 '점잖은 양반'들이 공개적으로 읽기에도 추잡한 것처럼 보였다. 악덕이 사회를 번창하게 만든다는 모순 때문이다. 법원도 이 책이 미풍양속을 해친다는 이유로 금서 판결을 내렸다. 그럼에도 비밀리에 이 책을 읽는 사람이 늘어났고 그를 비판할수록 책을 읽고 그의 사상에 영향받는 젊은 독자 수가 더욱더 증가했다는 게 역사가들의 전언이다.

그러나 맨더빌이 주목한 것은 모순이라기보다는 인간들 각자가 사익을 추구하는 과정에서 그들 모두에게 이익이 되는 사회구조가 자생적으로 형성되는 진기한 현상이었다. 그 구조는 언어처럼 정부가 계획해서 만든 인위적인 것도 아니고, 인간의 본능에서 직접 생겨난 자연적인 것도 아니고, 스스로 성장된 제3의 것, 즉 '자생적 질서'라는 게 맨더빌의 설명이다.

시장은 자생적으로 형성된 진화의 선물

자생적으로 형성된 사회구조의 대표적인 예가 시장, 화폐, 상관습, 법, 도덕 등인데 맨더빌이 주목한 건 시장이다. 이는 정부가 계획해서 만든 게 아니라 인간들이 돈벌이와 탐욕을 위해 새로운 것을 시행하고 잘못된 것을 걸러내는 시행착오 과정을 통해 자생적으로 형성된 진화의 선물이라는 게 그의 설명이다.

번영의 원동력인 복잡한 분업 관계도 사회 전체를 계획하는 누군가의 의도에 의해 인위적으로 만들어진 게 아니라 사익 추구 과정에서 자생적으로 생성된다는 게 그의 분업이론이다. 맨더빌은 인간은 불평등하게 태어났고 이 불평등이야말로 분업과 성장, 문명을 가능하게 한다는 말도 잊지 않았다.

사회의 번영과 문명은 이기심, 허영 등 악덕의 소산이고 그래서 상업사회에서 악덕을 없애려는 도덕운동은 당치도 않을뿐더러 빈곤과 야만을 불러올 뿐이라고 맨더빌은 경고했다. 사회의 번영은 한 개인이 아니라 수많은 사람들의 재주를 통해, 한 세대가 아니라 수 세대에 걸쳐 축적된 지혜를 통해 창출되기 때문에 시장질서가 탁월하다는 그의 설명도 매력적이다.

주목할 것은 악덕이 무조건 사회의 이익을 가져오는 게 아니라는 맨더빌의 인식이다. 그 조건은 시장경제의 기초가 되는 상관습, 상도덕, 법과 같은 제도들인데 이것들도 입법자가 계획해 만든 게 아니라 이기심과 탐욕을 위한 시행착오의 긴 진화 과정에서 자생적으로 형성됐다는 게 그의 주장이다.

그런 제도들이 사회의 번영에 효과적으로 기여하는 이유는 수많은 사람, 수많은 세대가 개발하고 연마한 삶의 방식과 돈벌이 지혜를 반영하기 때문이라고 그는 설명했다. 정부가 시장에 개입하면 그런 값진 지혜가 파괴된다는 것이다.

흥미로운 건 맨더빌의 국가관이다. 그는 잘살고 못사는 것을 공무원과 정치인의 미덕과 양심에 의지하려는 사람들은 불행하며 정치인 등이 만든 법질서도 불안정하다고 경고한다. 정부는 자의적으로 권력을 행사하기 마련이라는 그의 현실적 인식에서 나온 경고다. 정부에 기대지 말고 스스로 삶을 개척해야 한다는 뜻이다.

맨더빌이 복지정책을 반대한 이유도 일할 의욕을 떨어뜨리고 정부에 대한 의존심을 높인다는 점 때문이다. 특정 목적을 달성하거나 시장의 결과를 수정하기 위한 입법은 자유를 침해한다는 지적이다.

그래서 맨더빌은 권력이 제한된 작은정부를 주장한다. 제1의 국가 과제는 강제, 사기, 기만 등을 막아 개인의 자유와 재산을 보호하는 일이라고 강조했다.

자유주의 경제학의 생성에 기여

버나드 맨더빌의 저작물은 당시 지배하고 있던 간섭주의 사상에 대한 역사상 최초의 선전포고였다는 것을 주지할 필요가 있다.

맨더빌은 정부가 무슨 능력이 있기에 경제에 개입하느냐고 물으면서, 인간 이성에는 극복할 수 없는 절대적 한계가 있다는 점을 직시하라고 간섭주의 추종자들에게 직격탄을 날렸다. 그럼에도 경제 개입을 주장한다면 그건 지적 자만이라고 목소리를 높이면서 그런 개입은 일자리 파괴, 빈곤 확대라는 치명적 결과를 초래한다고 경고했다.

맨더빌의 그런 사상은 간섭주의와 효과적으로 대결할 수 있는 지적 무기를 제공하는 자유주의 경제학의 등장과 발전에 큰 기여를 했다는 평가다. 18세기 흄과 스미스가 인간 이성에 대한 회의(懷疑)를 의미하는 비판적 합리주의를 기초로 진화사상을 개발하고 '스코틀랜드 계몽주의' 전통을 세우는 데 맨더빌의 영향이 컸다는 게 역사가들의 믿을 만한 보고다.

시장사회는 평범한 인간들의 활동에서 자생적으로 생겨난 결과라는 흄의 인식은 맨더빌로부터 받은 영향의 결과라는 지적이다. '보이지 않는 손'의 원리를 통해 시장 참여자들의 사익 추구가 분업과 자본축적을 거쳐 보편적 번영을 가져온다는 애덤 스미스의 사상도 '개인의 악덕, 사회의 이익'이라는 맨더빌의 공식에서 결정적인 영향을 받았다는 게 일반적 평가다.

그런 고전적 자유주의 전통을 현대적으로 재해석하고 발전시킨 하이에크의 사상도 맨더빌의 진화사상으로부터 자유로울 수 없다. 하이에크가 20세기 등장한 사회주의와 싸울 때도 맨더빌 사상의 도움이 컸다는 게 역사적 진실이다.

소비가 미덕이라는 믿음의 원조

20세기에 자유주의를 주장한 하이에크와 간섭주의를 주장한 케인스 사이에 벌어진 세기적 대결의 중심에 맨더빌이 서있다는 것은 역사적 희극이 아닐 수 없다. 맨더빌은 소비는 일자리와 소득 창출을, 절약과 저축은 경제 침체를 부른다는 이유로 소비가 미덕이고 절약이 악덕이라는 믿음의 창조자였다.

그러나 맨더빌의 믿음은 틀렸다는 게 건전한 경제학의 인식이다. 직접 창이나 손으로 고기를 잡는 대신에 그물과 카누를 만들어 더 많은 고기를 잡기 위해서는 자본이 필요하고 그 자본은 소비를 절약한 저축에서 나온다는 사실을 맨더빌과 케인스는 인식하지 못한 것이다.

300년이 지난 오늘날에도 여전히 맨더빌의 사상이 일반적인 주목을 끄는 이유는 현대의 복잡다단한 시장사회의 형성, 존립, 번영이 전통사회에서 악덕으로 간주하여 비판해온 사익추구 정신에 의존하고 있다는 그의 탁월한 분석 때문이다.

함께 읽으면 좋은 책

『꿀벌의 우화』, 버나드 맨더빌 지음 / 최윤재 옮김, 문예출판사, 2010
『경제학자들의 투쟁』, 와카타베 마사즈미 지음 / 홍성민 옮김, 국일증권경제연구소, 2005

4

데이비드 흄

스코틀랜드 계몽주의의 창시자

18세기에 들어서면서 유럽에는 이윤 추구에 초점이 맞춰진 경제 체제가 확산됐다. 인간관계도 화폐를 매개로 한 계약을 통해 형성되기 시작했다. 하지만 이 같은 상업사회 확산에 대한 우려의 목소리도 힘을 얻고 있었다.

이런 시기에 시장사회는 인류의 번영을 기약하는 체제라고 주장하면서 자유주의를 옹호한 인물이 영국의 도덕철학자 데이비드 흄이다. 학구적이었던 그를 늘 괴롭혔던 것은 '인류 번영에 적합한 사회체제는 무엇인가'라는 주제였다.

그런 거대담론의 문제를 해결하기 위해 철학, 윤리, 역사 등 여러 학문을 섭렵한 흄이 주목한 것은 인성론이다. 사회를 올바르게 이해하기 위해서는 행위의 주체인 인간의 인성에서 출발해야 한다는 이유에서였다.

인간 행동을 안내하는 제도의 중요성을 발견

흄의 인성론의 핵심은 두 가지다. 하나는 지각 활동과 경험을 통해 환경에 대한 지식을 얻고 이성적 판단이 가능해진다는 것이다. 인간은 지적으로 불완전해 늘 실수를 저지르는 존재라고도 한다. 또 다른 하나는 인간은 이기적이고 탐욕스러운 동물이며 도덕적으로도 한계가 있다는 것이다. 그런 탐욕은 모든 시대, 장소, 사람에게 작용하는 보편적 감정이라고 주장한다.

사회제도에 대한 생산적 논의는 인간의 이런 인성에서 출발해야 한다는 게 흄의 탁견이다. 인간이 지적으로 한계가 있기에 경험을 통한 다양한 학습이 필요한데, 학습 가능성은 제도에 의해 좌우된다고 한다. 탐욕이 미치는 사회적 결과도 제도에 따라 달라진다는 그의 견해가 흥미롭다. 같은 탐욕이라도 제도에 따라 사회적으로 좋은 또는 나쁜 결과를 야기한다는 뜻이다.

그래서 그는 제도가 중요하다고 강조한다. 흄이 주목한 것은 시장경제의 제도적 기초가 되는 정의다. 그에게 정의란 타인의 재산에 대한 존중과 계약의 준수 등 재산 및 계약과 관련돼 있다. 이는 타인의 재산에 대한 침해나 사기, 기만을 해서는 안 된다며 사람들의 이런 행동을 금지하는 행동규칙으로 표현된다. 이 같은 규칙을 위반하지 않는 한 누구나 자유롭게 경제활동을 할 수 있다.

이런 정의는 인간이 다른 사람들과 상호관계에서 자유롭게 학습할 제도적 조건이 된다. 정의의 틀 안에서는 인간이 탐욕적으로 행동한다고 해도 이는 자신뿐만 아니라 사회에도 번영을 가져온다는 게 흄의 설명이다.

주목할 것은 상업사회에서 어떻게 학습과 번영이 가능한가의 문제다. 상업은 이윤 동기를 북돋아 근검절약 정신을 고취하고 낭비 습관을 억제한다는 게 흄의 경험적 인식이다. 그 결과가 자본축적과 경제 성장이다.

진화사상의 발견

인간은 상업적 접촉을 통해 서로의 버릇과 관습을 모방하게 되고, 그 과정에서 공유된 문화를 창출하는 능력도 상업사회만이 가능하다고 그는 주장한다.

시장경제가 상업을 통한 열린 소통으로 이성의 능력을 개선한다는 그의 인식에도 주목할 필요가 있다. 상업이 융성하면 과학, 기술, 문학, 예술 등 갖가지 지식 혁신이 가능하고, 이는 지적 능력의 향상과 광범위한 문명 과정을 촉진한다고 목소리를 높인다. 자유사회는 지식에 대한 사랑과 호기심을 충족하고 위대한 정신을 배출하기 위한 조건이다. 그러면서 전제정부에서는 모든 사람을 노예로 만들기 때문에 그런 혁신이 불가하다고 덧붙였다.

인류 문명의 백미는 국경을 넘어서까지 상업을 확대한 국제무역이라고 흄은 지적했다. 자유무역은 한쪽엔 이익, 다른 쪽엔 손해를 주는 제로섬 게

임이 아니라 모든 참여자에게 편익을 보장한다는 것이다. 이런 무역은 상품교환을 넘어 기술적 지식, 삶의 방식을 배울 소중한 기회도 마련한다.

흄은 "정의는 이성이나 본능의 산물이 아니라 진화의 선물"이라고 주장하며 진화사상을 개발했다. 인간사회의 유익한 제도들은 인간이 자신들의 이익을 추구하는 과정에서 '자생적으로' 형성된다는 것이다. 어느 한 사람이 타인의 재산을 침해하지 않는 새로운 행동을 반복적으로 행할 경우 다른 사람도 그런 행동을 모방한다. 모방을 통해 그런 행동이 확산되고 그 결과 의도치 않게 재산을 존중하는 도덕이 형성된다는 설명이다.

새로운 행동의 등장과 모방을 통한 확산을 뜻하는 진화 과정을 통해 재산 계약과 관련된 법, 도덕, 언어, 시장, 분업 등의 행동규칙들이 형성된다는 게 흄의 진화론적 주장이다.

모든 사람이 자생적으로 형성된 규칙을 지킨다면 그런 규칙을 강제로 집행할 정부는 불필요하다. 그러나 인간이란 타인의 재산을 침해하거나 약속을 어기는 게 유익하다는 유혹에 빠지기 쉬운 연약한 동물이라는 게 흄의 인간관이다. 따라서 정부는 정의의 시스템을 유지해 재산과 자유를 보호할 의무가 있다는 것이다. 통치자가 적절히 법을 집행해 시민사회를 유지한다면 군주든, 공화정이든, 그 혼합이든 상관없다고 말한다.

흄은 진화사상이라는 새로운 철학적 기초에서 자유주의와 시장경제사상을 개발하는 데 개척자 역할을 했다는 점에서 높은 평가를 받고 있다.

스코틀랜드 계몽주의를 확립

시장경제는 어떤 특수계층이 의도한 결과가 아니라 지적으로나 도덕적으로 한계가 있는 평범한 인간들의 활동에서 자생적으로 생겨난 결과라는 게 데이비드 흄의 핵심 사상이다. 이기적 목적을 추구하는 평범한 행동의 상호작용을 통해 상업사회의 도덕도 생성, 유지되고 물질적, 비물질적 번영도 가능하다는 게 그의 논리다. 영국이 증가하는 인구를 먹여 살릴 보편적 번영도 상업 때문에 가능했다고 목소리를 높인다.

흄의 사상이 미친 영향은 대단히 크다. 그는 인간 이성에 대한 회의(懷疑)를 특징으로 하는 진화사상을 개발해 그가 낳은 자유주의 경제학의 거성인 애덤 스미스와 함께 '스코틀랜드 계몽주의'의 전통을 세웠다. 이 계몽주의는 데카르트, 루소가 창시하고 오늘날에는 영국의 간섭주의 경제학을 만든 케인스, 분배정의로 유명한 미국 철학자 롤스 등이 계승한 '프랑스 계몽주의'와 나란히 사회철학의 양대 산맥을 형성한다.

프랑스 계몽주의 사상은 도덕, 법 등 인간들에게 유익한 사회구조가 인간 이성을 통한 계획의 산물이고 또 계획하여 만들어야 한다고 주장한다. 흄은 그런 합리주의 사상은 국가가 개인보다 위에 있다는 것을 전제하는 다양한 형태의 온정적 국가주의를 초래한다고 꼬집었다. 또한 사회가 형성되기 전에 어떤 권리도 존재할 수 없다는 이유를 들어 자연권 이론도 틀렸다고 주장한다.

이러한 흄의 진화 사상은 다양한 생물들이 제각기 자신의 생명 유지에 몰입한다고 해도 어떻게 자연적인 질서가 가능한가를 설명하는 찰스 다윈의 생물학적 진화이론에도 영향을 미쳤다.

20세기 위대한 자유주의 경제학자였던 하이에크의 사상도 흄의 진화사상 영향에서 자유로울 수 없었다. 하이에크가 스코틀랜드 계몽주의 전통을 현대적으로 재해석하고 발전시킨 것은 흄의 영향 덕분이다.

흄의 사상은 사회적 현상을 야기하는 인간 행동은 제도에 의해 필연적으로 영향을 받기 때문에 제도의 분석을 중요시하는 독일의 질서자유주의와 노벨경제학상 수상자인 코스와 노스 등의 신제도주의 경제학을 탄생시키기도 했다.

시장경제의 제도적 기초 확립

자유무역에 대한 흄의 논리는 오늘날까지도 보호주의와 싸우는 데 중요한 지적 무기였다. 공공부채가 자원 배분의 왜곡을 초래한다는 흄의 주장은, 공공부채는 아무런 해가 없다는 케인스와 루스벨트의 적자지출 주장에 대한 강력한 반박 논리였다는 것도 인식할 필요가 있다.

흄의 사상은 자유주의와 시장경제가 범세계적으로 확대될 수 있는 바탕을 마련했고, 영국과 미국을 정치, 경제적으로 세계 최강국으로 만드는 데 중요한 역할을 했다. 우리나라가 시장경제를 받아들여 잘살게 된 것도 흄의 사상적 영향을 받은 바가 크다고 해도 무방하다.

표 1-3 영국의 인구 및 경제 성장(1700~1860년대)

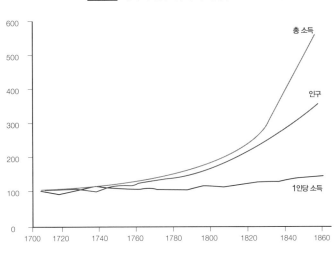

* 출처: 그레고리 클라크(2007)

함께 읽으면 좋은 책

『도덕에 관하여』, 데이비드 지음 / 이준호 옮김, 서광사, 2008
『데이비드 흄』, 이준호 지음, 살림, 2005
『사회철학대계 1』, 차인석 외 지음, 민음사, 1993

5

에드먼드 버크

보수주의의 원조

Edmund Burke

1729년 아일랜드 더블린 출생

1748년 트리니티칼리지 졸업

1750년 유럽여행

1756년 『자연적 사회의 옹호론』 출간

1759년 정계에 입문

1765년 휘그당 하원의원

1790년 『프랑스 혁명에 관한 성찰』 출간

1794년 정계 은퇴

1795년 『희소성의 고찰』 출간

1797년 타계

'바꿔, 바꿔, 모두 바꿔!'

이상사회를 실현하기 위해서는 전래된 관습, 전통 생활방식, 법률, 헌법 등 기존의 모든 사회제도를 갈아치우고 백지에 그림을 그리듯 사회를 새로 구성해야 한다는 게 18세기 말 프랑스혁명의 이념이었다. 유럽 대륙은 물론 영국 지식인들도 그제야 인류가 과거의 질곡에서 벗어나 번영을 기약하는 새로운 세상이 도래한다는 부푼 기대로 혁명 대열을 열렬히 환영했다.

그러나 유토피아적 혁명은 공포와 독재의 길이라고 경고하면서 자유와 번영을 누리고 싶으면 대대로 내려온 전통 상관습, 도덕적 잣대, 생활방식, 법 등 일상적인 경제적 삶을 안내하는 기존의 복잡한 사회제도를 소중히 여기고 무리한 개혁은 억제해야 한다고 주장한 인물이 영국의 정치가이자 철학자인 에드먼드 버크다.

진화된 질서가 계획된 것보다 우수

아버지가 권유하던 법률가의 길을 접고 정치철학에 심취해 타고난 문필가적 재능으로 저술활동을 하면서 정치에 입문한 버크가 평생을 바친 것은 조상으로부터 전래된 전통, 관습, 관행 등을 보수(保守)해야 할 당위성에 대한 이론적, 실천적 기초를 확립하는 일이었다. 이것이 그를 '보수주의 원조'라고 부르는 이유다.

그런 사회제도의 대부분은 정부가 계획해 만든 게 아니라 장구한 역사적 과정에서 저절로 형성됐다는 게 버크의 설명이다. 영국의 불문법도 대헌장, 권리장전, 법원 판결, 삶의 가치 등 유서 깊은 역사와 진화의 선물이라고 주장했다.

지금까지 수 세대를 거치면서 조상들이 획득한 지혜를 담고 있다는 이유에서 전통, 관습, 생활방식 등 전래된 사회제도를 숭배해야 한다는 보수주의자 버크의 주장도 흥미롭다. 그런 제도가 인간들의 삶을 의미 있고 가치

있게 만든다는 그의 주장에 주목할 필요가 있다.

역사와 진화에서 얻은 제도는 수많은 사람의 경험을 토대로 하기에 선험적 이성에 의해 만든 제도보다 탁월하다는 버크의 주장은 항상 염두에 둘 필요가 있다. 그는 혁신적 변화와 경제 개혁을 싫어했는데 그런 변혁은 기존 질서의 파괴만을 초래할 뿐 전혀 실익이 없다는 생각 때문이었다. 그럼에도 프랑스 계몽주의는 인간의 이성을 신뢰한 나머지 역사현실을 선험적 이상향에 맞추려고 한다. 이런 합리주의는 인간 지성의 파괴적 운동인데 그 전형적 예가 프랑스혁명이라는 게 버크의 해석이다.

그래서 버크는 역사와 경험을 토대로 한 미국의 독립혁명, 영국의 명예혁명과는 달리 프랑스혁명은 폭정과 혼란, 경제의 파괴를 부른다고 경고했다. 그의 경고는 현실로 드러났다. 프랑스혁명은 교회 재산 몰수, 지폐 강제 통용, 가격과 임금통제, 재분배 등 전체주의 통치로 이어졌다. 상업사회가 의존하고 있는 고상한 매너와 제도를 파괴해 유럽에서 가장 앞서가던 프랑스 경제를 영국과 독일 경제에 뒤처지게 만든 게 프랑스혁명이었다는 것을 직시할 필요가 있다.

인간이라고 해서 모두 다 같은 게 아니라 우열(優劣)이 있다는 버크의 인식도 흥미롭다. 신분상 서열과 경제적 불평등은 자연스럽다는 게 그의 믿음이다. 또한 귀족주의를 정당화하는 그의 논리이기도 하다. 신분에 관계없이 능력이나 도덕적 품성이 높은 사람이 사회의 서열구조에서 높은 자리를 차지해야 한다는 실력주의도 버크의 입에서 나온 것이다. 따라서 서열을 중시하는 엘리트주의가 보수주의의 핵심 개념이라고 말해도 무방하다. 선택받은 계층은 도덕적 의무를 다해야 한다는 노블레스 오블리주도 보수주의 개념이라는 걸 주지할 필요가 있다.

자유주의를 지킨 보수주의 사상가

시장은 경제 성장의 가장 효과적인 수단이라는 버크의 주장은 친시장적이다. 그러면서 정부가 시장에 등장하면 그 순간부터 시장 원칙은 파괴된다고 경고했다. 임금과 상품 가격은 시장원리에 맡겨야 한다는 게 버크의 믿음이었다. 매점매석, 독점행위를 막기 위한 입법도 결국 효과가 없다는 이유로 반대했다. 흉년으로 인해 식량 가격이 폭등하고 농촌에서 소요가 발생하리라는 우려에서 가격을 낮추려는 정부의 정책도 강력히 반대했다. 인플레이션 정책은 주민을 도박꾼으로 만들고, 그 피해는 결국 아무것도 모르는 서민층 몫이라는 이유에서 그런 정책을 반대한 것도 버크의 친시장적 관점이다. 그러나 토지는 단순한 상품이 아니고 그래서 이익을 위해 사고팔거나 미래 수익을 위해 투자할 대상이 아니라는 버크의 주장은 보수주의적인 토지 사상이다.

보수주의 원조인 버크는 정부의 복지 분배를 반대했다. 복지를 위한 조세 부담은 스스로 빈곤을 극복하려는 노력을 위축시키고 모든 사람을 가난하게 만든다는 이유에서다. 정부가 복지 기능을 담당하기 시작하면 영국은 프랑스의 급진적 개혁을 이끈 자코뱅주의의 폭정에 빠진다고 우려했다. 복지야말로 귀족, 부자의 온정주의에 의존해야 한다는 게 그의 주장이다.

버크는 고대 그리스의 민주주의 실패 경험에 기초하여 인민의 지배는 다수의 독재라는 인식에서 민주 정치에 대해 회의적이다. 재산소유자를 넘어서 투표권을 확대하는 것도 반대했다. 그는 덕성과 재능을 갖춘 엘리트가 통치하는 엘리트주의를 제시한 보수주의자였다. 버크는 보수주의 사상을 개발해 이성을 남용하는 개혁 만능주의를 억제하고 개인의 자유와 재산을 수호하는 데 탁월한 기여를 했다.

사회주의 개혁 반대하는 강력한 대응 논리 역할

에드먼드 버크의 보수주의 이념과 애덤 스미스의 전통 자유주의의 공통점과 차이점이 흥미롭다. 인간은 사회의 가르침에 의해서만 도덕적 인간이 되는 사회적 동물이라는 인간관, 도덕적 인간들이 습득한 도덕이 제도화되는 과정이 곧 역사적 과정이라는 생각에는 두 이념 사이에 큰 차이가 없다.

그러나 버크의 보수주의는 전통 관습을 지킨다는 의미에서 과거 회고적 성격이 강한 반면 자유주의는 미래 전망적이다. 자유주의는 기존의 사회 제도를 고수하는 게 아니라 스스로 변동하도록 허용한다. 자유주의는 변화를 방해하는 정책, 법적 요인들을 제거한다. 보수주의는 인간을 우열로 구분하지만 자유주의는 모든 인간은 똑같이 지식의 한계가 있다는 점에서 평등하다고 여기고, 그래서 엘리트주의도 반대한다.

2세기 동안 전개된 보수주의는 버크가 제시한 논지에서 출발할 정도로 그의 사상적 영향은 매우 크다. 그 힘이 얼마나 큰가는 그의 유명한 저서 『프랑스 혁명에 관한 성찰』이 보수주의의 텍스트로 인정받고 있는 사실이 입증한다.

버크의 사상은 보수주의 논의에서 큰 비중을 차지하고 있지만 그의 사상과는 다른 방향으로 보수주의가 전개돼 왔다. 버크는 복지를 귀족, 부자의 노블레스 오블리주 정신에 맡겼지만 영국의 디스렐리, 독일의 비스마르크 등 19세기 보수주의 정치인들은 정부의 힘을 빌려 약자와 빈민을 보호했다.

20세기 보수주의는 영국의 간섭주의를 의미하는 케인스주의에 영합해 관리 또는 온정적 자본주의를 추구하는 이념이 되는 등 필요할 때마다 이념적 내용을 바꾸어 실용주의로 변동됐다.

보수주의는 20세기 냉전시대의 자유주의 보루

그러나 버크의 보수주의가 강력한 대응논리로 역할을 한 것은 냉전시대였다. 보수주의자들은 사회주의, 공산주의를 자본주의라는 기존 체제에 대한 위협 세력으로 보고 이 체제를 수호하려고 했다. 보수주의는 사회주의에 경도된 개혁을 반대하는 논리로 오늘날에도 여전히 중요한 역할을 하고 있다는 점을 주지할 필요가 있다.

버크의 사상이 하이에크에 미친 영향도 간과할 수 없다. 하이에크가 경험과 전통을 중시하고 이성을 비판적으로 본 것도 버크의 영향을 받은 결과다. 그러나 하이에크가 스스로 보수주의자가 아니라고 말했듯이 변화에 대한 낙관적 태도와 반엘리트주의를 견지한다는 점에서 그는 보수주의자는 아니다.

함께 읽으면 좋은 책

『에드먼드 버크와 보수주의』, R. 니스벳, C. B. 맥버슨 지음 / 김상우 옮김, 문학과지성사, 1997
『프랑스 혁명에 관한 성찰』, 에드먼드 버크 지음 / 이태숙 옮김, 한길사, 2008
『자본주의의 매혹』, 제리 멀러 지음 / 서찬주, 김청환 옮김, 휴먼앤북스, 2006
『진보와 보수의 12가지 이념』, 폴 슈메이커 지음 / 조효제 옮김, 후마니타스, 2010

자유주의 경제학의
세계적 확산

임마누엘 칸트,
장 바티스트 세이,
프레데릭 바스티아,
알렉시스 드 토크빌,
허버트 스펜서

로크, 흄, 맨더빌, 버크, 스미스 등 자유주의 경제사상가들이 처음으로 개발한 낙관적인 경제 번영의 모델은 전 세계로 확산됐다. 독일에서 그런 확산에 결정적인 영향을 미친 인물은 바로 칸트였다. 인간을 수단이 아닌 목적으로 대해야 한다는 도덕 원리, 자유무역에 의한 영구평화론 등은 19세기 독일의 비대한 관료의 폭정과 싸우기 위한 지적 무기였다.

자유주의 경제학의 확산은 프랑스의 경우가 독특하다. 소비나 수요 측면보다 저축, 자본 등 생산 측면을 중시한 장 바티스트 세이는 번영을 부추기기 위해서 보호무역, 특권, 규제 철폐가 중요하다고 여겼다. 해군의 양성이 아닌 자유무역이 유럽 평화의 지름길이라는 게 그의 주장이었다.

자유주의 경제학의 확산에 영향을 미친 인물은 저널리스트로서 뛰어난 통찰력을 가진 프랑스의 자유 투사 바스티아다. 그는 자유무역이 번영을 가져오고, 전쟁의 주원인은 보호주의 때문이라는 이유로 줄기차게 자유무역을 옹호했다. 그러면서 정책을 만들 때 눈에 잘 보이는 효과에만 집착하고 눈에 잘 뜨이지 않는 것은 무시하여 해로운 정책들만 선택하는 게 간섭주의의 괴변이라는 명언을 남겼다.

미국의 자유주의를 목격하고 그런 이념에서 인류 번영의 강력한 힘을 찾았던 토크빌의 사상도 흥미롭다.

영국 사회에서 절약, 근면, 자기 책임, 독립심 등 청교도 윤리로의 예속이 완화되고 국가에 의지하려는 심성이 강화되고 있던 시기에 진화 원리가 종교, 윤리의 역할을 대신해야 한다고 확신했던 스펜서도 자유주의 사상의 확산과 발전에 기여했다. 그런 자유주의의 확산과 발전은 19세기 각종 규제와 곡물법 폐지 등 자유무역과 산업혁명을 이끌어내는 데 결정적인 영향을 미쳤다.

1

임마누엘 칸트
최소국가론의 선구자

Immanuel Kant

1724년 독일 쾨니히스베르크 출생

1746년 쾨니히스베르크대 졸업

1755년 철학박사 학위취득

1770년 쾨니히스베르크대 교수

1781년 『순수이성 비판』 출간

1788년 『실천이성 비판』 출간

1790년 『판단력 비판』 출간

1795년 『영구평화론』 출간

1797년 『윤리형이상학』 출간

1804년 타계

18세기 대부분의 나라에서는 자유가 유린당했다. 정부의 압제 아래 온갖 차별과 특혜가 난무했다. 왜 인간은 자유로워야 하는지, 인간이 어떻게 존엄한지 깨닫지 못했다. 폭정, 노예, 빈곤만이 지배했을 뿐이다.

인류가 이런 미성숙하고 참담한 현실을 극복하고 성숙한 계몽의 길로 가는 유일한 방법은 인간 존엄을 신봉하고 개인의 능력과 기회를 최대로 이용할 수 있는 자유를 보장하는 사회라고 주장한 인물이 독일 도덕철학자 임마누엘 칸트다.

정언명령이 지배하는 사회가 시장사회

아버지가 말안장 수리공인 가정에서 자란 칸트의 도덕철학적 출발점은 세상이 돌아가는 법칙은 선험적인 정신의 산물이라는 합리주의 인식론이다. 그는 인식론을 도덕철학에도 적용하고, 어느 한 행동이 도덕적으로 옳은가 그른가를 판단하는 도덕적 기준이 이미 우리 정신 속에 들어 있다고 주장했다.

그 기준이 정언명령(定言命令)인데 어느 한 행동이 도덕적이려면 그것을 보편화할 수 있어야 하고, 인간을 수단이 아닌 목적으로 삼는 행동이어야 한다는 뜻이다. 여기에 거부된 행동은 해서는 안 될 의무가 생겨난다는 게 칸트의 설명이다.

누군가가 자신의 이익 증진을 위해 거짓말을 하려고 한다. 그런데 이것이 보편화돼 누구나 거짓말을 하면 믿을 만한 소통이 불가능해져 자신의 이익도 챙길 수 없다. 거짓말은 본인의 이익을 위해서 남을 수단으로 삼아 그의 자유를 침해한다. 이로써 예외 없이 모두가 거짓말은 해서는 안 된다는 행동규칙이 형성된다는 게 칸트의 혁명적 인식이다. 정언명령 테스트는 행동이 가져올 예측된 결과와는 전혀 관계가 없다는 점을 주지할 필요가 있다. 흥미롭게도 이런 테스트는 누구든 해서는 안 될 바가 무엇인지를 말해주는 행동규칙을 형성하는데, 이 행동규칙은 보편성, 행동목적을 내포하지 않는 탈목적성, 강제 계약불이행 등 특정행동을 금지하는 성격을 특징으로 한다는 게 칸트 추종자들의 해석이다.

이런 정언명령이 지배하는 이상사회가 시장경제라는 칸트의 설명에 주목할 필요가 있다. 자유로운 분업과 교환은 상호 간의 인격 존중을 의미하는 정언명령의 구현이라는 것이다. 교환을 통해서 기업들은 고객의 목적에 봉사하고, 후자는 전자의 목적에 봉사한다. 이게 시장을 다목적 시스템이라고 부르는 이유다.

칸트는 자유경쟁이 도덕을 파괴한다는 주장으로 시장경제를 폄훼하는 것도 잘못이라고 목소리를 높인다. 경쟁은 성실성, 엄격성, 정직성 등 도덕성을 촉진한다는 게 그의 탁견이다.

정부의 강력한 규제가 없으면 '만인에 대한 만인의 투쟁'을 해결할 수 없다는 국가주의 주장에 대해 칸트는 '자연의 감춰진 계획', 즉 자생적 질서라는 말로 맞받아친다. 인간들이 제각기 목적을 추구한다고 해도 혼란이 아니라 스스로 질서가 생기고 유지된다는 게 칸트의 통찰이다. 자유가 허용될 경우 시민 공동체는 자동기계처럼 스스로 유지된다는 것이다. 경제활동도 오류가 있듯이 도덕 선택에도 잘못된 경우가 많다. 어느 경우든 자유가 많을수록 오류가 적고 덜 파괴적이고 쉽게 수정할 수 있다는 게 칸트의 설명이다.

영구평화를 위해서는 자유무역을

칸트는 보호무역은 전쟁을 야기할 뿐이라고 개탄하면서 영구적인 평화는 자유무역을 통해서만 가능하다고 호소한다. 전쟁을 극복하고 모든 나라의 보편적 이득을 증진해 세계평화를 창출하는 게 자유무역이라는 그의 인식에 주목할 필요가 있다.

흥미로운 것은 칸트의 법치주의다. 도덕철학적 개념인 정언명령을 법학적으로 해석한 게 법치주의다. 이는 법이 법다우려면 특정 그룹에 대한 특혜나 차별, 특정한 정치적 목적을 내포해서는 안 되고 특정한 행동을 당연히 금지하는 내용을 가져야 한다는 원칙이다. 그 원칙을 충족하는 법은 개인의 자유와 재산을 보호하는 역할을 한다. 이런 '자유의 법'을 집행하기 위해서만 공권력을 행사하는 국가가 도덕적으로 정당화된 법치국가라는 게 칸트의 설명이다.

　칸트는 입법자가 정한 것이면 무엇이든 법이라고 규정하고 이를 집행하기 위해서 공권력이 개인의 자유와 신체, 재산을 유린하던 시기에 법치국가라는 자유주의의 정치적 이상을 가지고 싸웠다. 칸트가 적극적으로 반대한 것은 특정 그룹을 차별하거나 국가의 정치적 목적을 위한 입법이다. 인간을 국가의 목적을 위한 수단으로 여기고, 자유와 존엄을 파괴하는 입법을 법이라고 부를 수 없다는 게 그의 설명이다. 그러면서 인간을 수단으로 여기는 것은 인간을 물건으로 취급하는 것과 동일하다고 격분한다.

　칸트는 국가가 특정한 산업이나 그룹을 온정적으로 보호하는 정책도 강력하게 반대한다. 온정주의는 스스로 생각하고 판단하는 합리적 존재로서의 개인의 독립성을 해친다는 이유에서다. 그가 시민의 행복을 명분으로 복지를 공급하는 복지국가를 반대하는 것도 이 같은 이유 때문이다.

　칸트는 개인들의 깨우침과 도덕의 계발을 위해서도 자유를 존중해야 한다고 주장한다. 정부가 자유를 침해하면 그 어떤 그룹이라도 부도덕하게 행동하지 않을 수 없다고 강조한다.

　자유와 존엄을 최고 가치로 여기는 칸트의 위대한 사상은 최소국가이론이다. 이런 국가에서만이 과학, 문화, 도덕, 경제도 번영한다는 게 칸트 사상의 결론이다.

19세기 독일 개혁의 철학적 기초를 확립

임마누엘 칸트는 경제에 관심이 없는 은둔의 철학자로 알려졌지만 그렇지 않다는 게 새로 밝혀졌다. 칸트는 거의 매일 오후, 친구들과 만났는데 대부분 사업가, 상인, 은행가였다는 게 역사가들의 증언이다. 대화 주제는 주로 경제, 정치 분야였는데 이를 통해 칸트의 경제 마인드가 형성됐고, 시장이 돌아가는 모습도 알게 됐다는 이야기가 흥미롭다. 그는 친구들의 회사에 투자해 많은 돈을 벌었고 상당한 유산을 남겼다. 칸트는 애덤 스미스, 흄 등 스코틀랜드 계몽철학자들의 문헌을 두루 섭렵해 기업과 시장에 박식했다. 실제로 대학에서 경제학을 가르치기도 했다.

독일은 칸트의 자유주의 사상을 열렬히 환영했고, 그 사상에 따라 개혁의 시동을 걸었다. 18세기에 유럽에서 가장 빈곤했던 독일은 자유주의 개혁에 희망을 걸기도 했다.

표 2-1 독일의 인구 증가(단위: 100만)

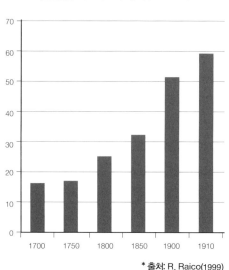

* 출처: R. Raico(1999)

그러나 유감스럽게도 18세기 말, 기대에 부푼 개혁을 좌절시킨 사건이 벌어졌다. 그 사건은 바로 자유와 평등을 명분으로 한 프랑스 혁명군의 독일 침공과 혁명군의 만행이었다. 혁명군과 자유주의를 동일시한 독일인들은 한동안 개혁에 저항했다.

그러나 다행히 19세기 초부터 칸트가 강조했던 자유무역, 토지 소유의 자유 등의 내용을 담은 친시장적인 개혁이 관주도로 시작됐다. 그 결과 독일의 경제도 번창하여, 통계가 입증하듯이 정체된 인구가 19세기 중반 이후 급증했다. 이는 인구를 부양할 수 있는 경제 성장 때문이었다.

오스트리아학파 경제학에 영향을 미친 칸트의 사상

칸트는 일평생 자기가 태어난 쾨니히스베르크에 있는 대학에서 50마일 이상 나간 일이 없지만 그가 미친 사상적 영향만큼은 범세계적이다. 그의 인식론이 주관주의적 행동이론과 시장이론을 개발한 오스트리아학파 미제스에게 영향을 미쳤다는 것은 잘 알려진 사실이다. 하이에크도 세상에 대한 인지는 인간의 정신을 구성하는 인지틀에 좌우된다는 칸트의 영향을 받았다. 그러나 그 인지틀은 고정된 게 아니라 진화 과정을 통해서 변동된다고 하이에크는 주장했다.

세상에 대한 지식은 주어져 있는데 정신이 액면 그대로 그것을 수용한다는 고전적 경험주의를 전제하는 신고전파 경제학의 오류를 밝혀낸 칸트 인식론의 역할도 무시할 수 없다. 흥미로운 것은 통계나 관찰에 의해 검증되지 않은 지식은 믿지도 말라는 실증주의의 한계를 지적한 것도 칸트 전통이라는 것이다.

도덕을 경제의 종속변수로 보는 미시경제학은 비용–효용이라는 의미의 경제적 합리성 테스트를 거쳐 도덕적 행위를 판단하는데, 이런 경제학을 반대하고 도덕을 경제에서 독립시켜 경제와 도덕을 이원화하는 경제학의 수립에 결정적인 역할을 한 게 칸트라는 점을 직시할 필요가 있다. 오늘날 대부분의 국가가 헌법가치로서 법치국가와 존엄성 개념을 중시하는데, 이는 전적으로 칸트 사상의 영향이라는 게 일반적 평가다.

함께 읽으면 좋은 책

『칸트』, 로저 스크러턴 지음 / 김성호 옮김, 시공사, 1999
『도덕적 이상향의 기초』, 임마누엘 칸트 지음, 다락원, 2009
『영구 평화론』, 임마누엘 칸트 지음 / 박환덕, 박열 옮김, 범우사, 2012
『자유헌정론 1』, 프리드리히 A. 하이에크 지음 / 김균 옮김, 자유기업센터, 1996
『칸트와 정치철학』, 한국칸트학회 펴냄, 철학과현실사, 2002

2

장 바티스트 세이
공급경제학의 선구자

Jean Baptiste Say

프랑스 리옹의 상인 집안에서 태어난 장 바티스트 세이는 아버지의 희망대로 사업가가 되려고 했다. 그래서 영국 런던에서 2년간 경영실습을 받은 뒤 파리로 돌아와 한 보험회사에 취직했다. 보험회사 사장은 프랑스혁명에서 중요한 역할을 했던 정치가이자 자본가였다. 세이는 그가 소개해준 애덤 스미스의 『국부론』을 읽고 자유주의 경제학자의 길로 들어섰다.

세이가 평생의 과제로 여겼던 것은 정부의 통제로부터 시장을 풀어놓는 것이 불평등을 제거하고, 빈곤도 줄여 모든 사람이 더 많은 상품을 소비할 수 있다는 점을 보여주는 일이었다.

이런 과제의 해법은 선구적이었다. 재화의 가치는 노동 투입량이 아니라 소비자들의 주관적 효용평가에 의해 결정된다는 주장부터가 새로웠다. 시장에서 돈벌이를 하려면 소비자의 욕구 충족에 초점을 맞춰야 한다는 이야기다.

번영의 힘은 기업가 정신

기업가 역할에 대한 세이의 인식도 독특하다. 기업가는 소비 수요를 충족하기 위해 기업의 생산 활동을 통솔하는 중요한 의사결정자로서, 성장하는 경제의 요체라는 것이 그의 해석이다. 인간의 욕구를 충족하는 상품을 생산하기 위해 생산요소를 조합하는 사람은 노동자, 자본가, 지주가 아니라 바로 기업가라는 뜻이다.

세이의 경제사상에서 빼놓을 수 없는 것은 '세이의 법칙'으로 알려진 시장원리다. 주목할 부분은 그가 이를 제시한 배경이다. 일반적으로 사업이 잘 안 되면 소비와 같은 수요 부족 때문이라고 말한다. 이는 뿌리 깊은 인간의 직관에 따른 것으로 과소소비설로 불린다. 생산을 위해서는 먼저 소비해야 한다는 의미다.

세이는 그런 생각이 틀렸다는 것을 보여주기 위해 세이의 법칙을 제시했다. 공급이 수요를 창출한다는 말 대신에 농부가 곡물을 재배해 팔면(공급) 그 수입으로 아이들 옷도, 비디오도 구매할 수 있듯이(수요) 어느 한 재화의 공급은 '그' 재화의 수요가 아니라 '다른' 재화의 수요를 창출한다고 지적했다. 소비를 위해서는 먼저 생산해야 한다는 의미도 포함한다.

풍년이 들면 농부가 새로운 농기계를 사고, 부부가 여행을 할 수도 있지만 흉년이 들면 그런 상품을 수요할 수 없듯이 산출이 많아야 소비지출도 늘어난다. 그래서 경제 성장이 풍요로운 소비생활을 위한 전제조건이라는 것이 세이의 해석이다.

시장원리를 재해석한 세이의 법칙

소비보다 생산이 먼저라는 것은 경기변동에서도 뚜렷하게 드러난다. 경기 하강이 시작되면 소비보다 먼저 생산이 줄어든다. 경기회복기에 접어들면 생산이 먼저 증가하고 소비가 뒤따른다.

한국 사회에서 오늘날 사고파는 상품들은 1960~70년대와 비교할 수 없을 정도로 많은데 이를 가능하게 했던 것은 통화나 정부지출을 늘려서도, 소비가 늘어나서도 아니다. 이 같은 소비 능력은 오로지 생산에서 나왔다는 게 세이의 통찰이다. 그래서 그가 주목했던 것은 경제 성장의 열쇠다. 경제 성장을 위해선 자본축적과 생산성 향상, 신상품 또는 신시장 개척 등 새로운 지식 창출이 필요하다는 게 그의 설명이다. 그가 기업가를 중시한 이유도 수요를 창출할 경제 성장 때문이었다. 기업가가 새롭고 질 좋은 상품을 만들어내면 새로운 시장이 열리고 그래서 소비도 증가한다.

따라서 소비를 진작하는 것은 경제에 어떤 도움도 되지 않는다고 세이는 강조한다. 소비를 위한 수단 마련이 어렵다는 이유에서다. 생산만이 수요를 위한 자금을 조달한다는 게 그의 인식이다. 그래서 그는 생산 활동을 활성화시키는 것은 좋은 정부이고 소비를 조장하는 것은 나쁜 정부라고 목소리를 높인다.

번영을 위해 세이가 중시한 것은 우선 보호무역과 특권, 규제의 철폐였다. 해군을 양성하는 대신에 자유무역을 촉진시키는 것이 더 큰 이득을 가져다주고 유럽 평화의 지름길이기도 하다고 주장했다.

성장을 위한 정부재정도 세이에게 큰 관심거리다. 정부지출 증대를 통한 생산 증대는 기대할 수 없다는 게 그의 철석같은 믿음이었다. 고용 창출도 유효수요를 늘리기보다는 새로운 기술과 산업의 유치를 통해서만 가능하다고 했다. 그는 정부부채의 증가도 우려했다. 민간 자본의 형성을 방해할 뿐이라는 이유에서다.

세이의 조세에 대한 인식도 선구적이다. 조세의 성격은 본질적으로 강제적이라는 것이다. 정치적 대의제가 과세의 강제성을 완화하지 못한다고 한다. 시민들이 과세에 동의했다고 해도 실질적인 동의라고 볼 수 없다는 것이다. 조세를 회피할 방법이 없다는 이유 때문이다. 과세는 납세자에 대해 착취적 성격이라는 그의 경고도 이채롭다.

세이는 세금을 많이 내 정부지출이 많아지면 부유해진다는 믿음은 터무니없다고 설명했다. 조세 부담이 커지면 자본의 축적을 방해해 생산이 정체되고 일할 의욕도 위축돼서다. 그는 과도한 조세는 국제경쟁력도 약화시킨다고 목소리를 높이면서 번영을 위해서는 세율이 낮아야 한다고 주장했다. 세율이 낮으면 소득이 늘어 세금이 오히려 증가하게 된다고 지적했다.

요컨대 수요가 부족해 번영이 늦어지는 것이 아니라 정부의 간섭과 과세가 소비와 경제번영을 위축시킨다는 것이 세이 사상의 핵심이다. 이처럼 세이는 효용가치론, 기업가이론, 시장이론 등 새로운 시각을 만들어내 공급 측의 중요성을 강조하는 공급경제학의 이론적, 철학적 기초를 세웠다는 평가를 받고 있다. 불모지였던 자유주의 재정학을 개척한 공로도 무시할 수 없다.

보호무역 규제 철폐가 번영의 열쇠

세이의 경제사상은 나폴레옹 전쟁 뒤 프랑스 사회가 곤경에 처해 있던 시기에 등장했다. 이 시기에는 보호주의, 과도한 조세, 시장에 대한 각종 규제 등 간섭주의가 득세했다.

사회주의 이념도 서서히 고개를 들기 시작해 그와 같은 규제와 간섭을 옹호했다. 프랑스 시민의 삶은 높은 실업과 빈곤으로 매우 피폐했다. 세이는 이런 시기에 자유무역과 자유시장만이 프랑스의 빈곤과 실업 문제를 해결할 수 있다고 설파했다. 정부가 할 일은 규제를 비롯하여 정부 지출과 조세 부담을 줄이는 것이라고 주장했다.

세이는 젊었을 때부터 자유주의 지식인들의 모임을 이끌면서 자유주의 철학 관련 계간지를 발간했다. 글과 강연 등으로 자유사상을 설파했다. 그러나 정부정책을 비판한다는 이유로 정치적인 어려움을 겪어야 했다.

그러나 세이는 그의 저서 『정치경제학 개론』이 인기를 끌면서 자유주의 사상이 취약했던 독일, 스페인, 이탈리아 등 유럽 각국에 영향을 미쳤다. 미국의 3대 대통령인 토머스 제퍼슨도 감격했던 것이 세이의 저서였다. 미국의 정치권이 간섭주의를 옹호하는 분위기가 감돌자 제퍼슨은 세이의 책 출판을 주선했다. 세이의 사상은 19세기 초반 내내 미국 자유주의 여론 형성에 크게 기여했다.

한동안 세이는 역사의 뒤안길로 사라졌다. 그러나 1930년대 다시 세상에 등장했다. 그를 등장시킨 인물은 케인스였다. 그는 자신의 이론이 옳다는 것을 강조하기 위해 '세이의 법칙'을 이용했다. 케인스는 세이의 법칙을 공급이 수요를 창출하기 때문에 재화는 생산하기만 하면 저절로 구매된다는 뜻이라고 설명했다. 그런 이론으로는 실업도, 경기변동도 설명할 수 없다고 목소리를 높였다. 그러나 케인스의 그런 해석은 옳지 않다는 게 학계의 대체적인 인식이다.

레이거노믹스 감세정책의 이론적 기초

1980년대 규제 철폐와 조세삭감을 핵심으로 하는 레이거노믹스에 영향을 미친 공급경제학의 뿌리는 세이의 사상이라는 분석도 나온다. 레이건 행정부가 77%의 고소득층 한계세율을 28%로 삭감할 때 재정적자 증가를 두려워했다. 이 두려움을 없애고 조세삭감을 이론적으로 뒷받침했던 것이 '감세가 소득 증대로 이어져 전체 세금은 늘어나게 된다'는 논리로, 이는 세이의 조세 사상에서 비롯된 것이었다.

세이의 생각은 통계적으로 입증됐다. 부유층에 대한 조세삭감 이전 소득계층 상위 1% 조세 부담은 총 조세 부담 대비 17.6%에서 1988년 27%로, 상위 5%의 조세 부담 비중은 35.1%에서 1988년 45%로 높아졌다.

표 2-2 미국 총 소득세수 대비 부유층 소득세 비중(1981~1988년)

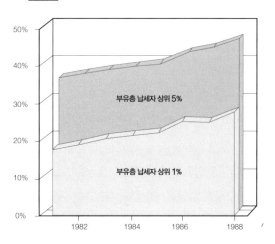

* 출처: 헤리티지 재단

함께 읽으면 좋은 책

『세속의 철학자들』, 로버트 L. 하일브로너 지음 / 장상환 옮김, 이마고, 2008
『경제학을 만든 사람들』, 유동민 옮김, 비봉출판사, 1994
『거침없이 빠져드는 역사이야기 경제학 편』, 황유뉴 엮음 / 이지은 옮김, 시
그마북스, 2007
『경제학의 거장들 1』, 요아힘 슈트르바티 등 지음/정진상 등 옮김, 한길사,
2007

프레데릭 바스티아

자유무역의 투사

Frederic Bastiat

1801년 프랑스 바이욘 출생

1818년 프랑스 소레즈대 중퇴

1844년 『영국 자유무역 운동』 출간

1845년 『경제적 궤변』 출간

1846년 자유무역협회 창립 및 자유무역 주간지 출간

1848년 국회의원 당선

1848년 『경제조화론』 출간

1850년 결핵으로 타계

1850년 유고집 『법』 출간

1964년 유고집 『정치경제 에세이』 출간

1840년대 어느 날 프랑스 양초제조협회가 의회에 다음과 같은 내용의 애절한 청원서를 제출했다.

"우리 양초제조업자들은 값싸고 질 좋은 조명기구를 만드는 외국 업자와 불공정 경쟁을 해 막대한 손실을 보고 있습니다. 그 업자는 다름 아닌 태양입니다. 프랑스 경제를 위해서는 양초산업을 살려야 합니다. 창문, 채광창, 덧문 등 햇빛이 통하는 모든 통로와 틈을 폐쇄할 것을 명하는 법률을 제정하기를 간절히 요청합니다."

경제자유의 챔피언

이 청원은 실제로 일어났던 일이 아니라 여러 가지 그럴듯한 이유를 들어 보호주의가 극성을 부리던 19세기 프랑스의 정치적 상황에 대한 신랄한 풍자였다. 이를 쓴 주인공이 프랑스 경제평론가 겸 경제 사상가인 프레데릭 바스티아다. 그는 '19세기 가장 위대한 경제자유의 챔피언'이었다.

상인 집안에서 태어나 어린 나이에 부모를 잃고 할아버지 슬하에서 자란 바스티아는 대학을 중퇴하고 가업을 이었다. 그러면서 기업들이 잇따라 문을 닫고 실업이 늘어나는 등 보호주의가 불러오는 참혹한 현실을 경험했다. 정부의 간섭을 막기 위한 지적 운동의 필요성을 절실히 느낀 그는 언젠가는 경제학을 공부해 경제 사상가가 되겠다고 다짐했다.

25세 때 할아버지로부터 농장을 물려받은 바스티아는 부농(富農)이 됐다. 꿈을 실현할 절호의 기회였다. 그는 경영을 다른 사람에게 맡기고 경제 연구에 몰입했다. 독서광이었던 그는 자유의 철학에 대한 내공을 쌓아갔다. 그리고 40대 초반부터 자신의 사상을 쏟아내기 시작했다.

바스티아의 최대 관심은 정부의 자의적인 권력행사를 억제해 경제자유를 보호하기 위한 논리 개발이었다. 그게 다른 사람들의 권리를 침해하지 않는 한 누구나 자신의 이익을 추구할 기본권이 있다는 권리이론이다. 정부의 과제는 생명, 자유, 재산에 대한 타고난 권리를 보호하는 것이라는 게 그의 설명이다.

흥미로운 것은 바스티아의 법경제학 사상이다. 법은 최대다수의 최대행복을 위해 디자인된 것도 아니고 의회에서 다수의 지지를 받았다고 해서 모두 법으로 볼 수도 없다고 주장한다.

그는 법의 원천을 인성에 두었다. 인간은 본래 생존, 번창하기 위해 생각하고 평가해 자신의 목적을 추구하는 존재라는 것이다. 그래서 인간에게 필요한 것은 자유와 재산에 대한 권리라고 한다. 이 권리를 보호하는 것이 법의 기능이다.

자본은 노동의 친구

바스티아는 그런 법질서를 기반으로 하는 자유시장에서 자기 이웃은 적이 아니라 파트너라고 설명한다. 자본은 노동의 적이 아니라 친구라는 이야기다. 자본축적은 노동 생산성과 소득을 증대시켜 노동자를 부유하게 만든다는 이유에서다. 질 좋고 값싼 상품의 공급을 가능하게 해 실질 임금을 늘리는 것도 자본축적이라고 말한다. 따라서 자본시장을 박해하면 자본만이 아니라 노동도 피곤해진다는 그의 인식은 주목할 만하다.

모든 경제 현상을 소비자 편에서 판단해야 한다는 바스티아의 인식도 탁월하다. 사업이 성공하려면 소비자의 욕구에 충실해야 하고 자본이 소비자를 위해 사용되지 않으면 그것을 축적할 수 없다는 이유에서다. 그는 경제를 보는 시각을 생산에서 소비로 바꾼 최초의 인물이다.

바스티아의 뛰어난 통찰력은 시장경제를 자원배분 대신 서로 다른 이해관계들을 조정하는 과정으로 이해하는 데서 두드러진다. 자본과 노동, 지주와 소작, 생산과 소비 등 서로 충돌하는 다양한 이해관계들을 평화롭게 조율해 자생적으로 '사회통합'을 실현하는 게 자유시장이라는 지적이다.

자유무역이 번영을 가져온다는 그의 주장도 돋보인다. 무역의 자유가 많은 나라일수록 빈곤층이 적어진다는 미국 싱크탱크 헤리티지 재단의 통계적 연구가 이를 입증한다. 전쟁의 주요 원인은 보호주의 탓이었다는 그의 역사 인식도 흥미롭다. 따라서 제2차 세계대전 후 전대미문의 장기간 동안 세계평화가 유지된 것은 자유무역 때문이라는 해석도 가능하다.

그러나 정부를 바라보는 그의 시각은 매우 비관적이다. 조직된 집단의 이해관계에 의해 쉽게 이용당한다는 이유에서다. 경쟁을 제한하고 타인의 희생을 요구하는 의회의 입법이 범람하는 것도 그 때문이라는 것이 그의 설명이다. 그런 입법은 자유와 재산권을 침해하고 타인들의 정당한 이익을 '약탈'하는 것을 합법화한다고 개탄한다.

흥미로운 것은 그와 같은 입법의 결과다. 바스티아는 입법의 결과가 옳고 그름의 구분을 흐리게 해 도덕을 붕괴시키고 사회를 혼란스럽게 한다고 주장한다. 생산과 공급은 줄어들고 실업이 늘어나는 것은 '약탈적' 입법의 치명적 결과라는 그의 주장에도 주목할 필요가 있다. 정부는 누구나 다른 사람을 희생해서 살아가기 위해 이용하는 거대한 조직이라는 것이다. 따라서 정부는 사회통합의 원천이 아니라 사회갈등의 원천이라는 바스티아의 인식은 이채롭다.

이와 같이 바스티아는 권리이론, 조화이론을 개발해 재산권과 시장경제에 대한 새로운 인식틀을 제공했고 간섭주의 이론을 개발, 정부간섭의 근본적 문제를 파헤쳤다. 그래서 그는 경제자유의 챔피언이라는 평가를 받는다.

오스트리아학파의 선구자

바스티아의 자유주의 사상은 프랑스가 높은 관세와 보조금으로 자국 기업을 보호하고, 각종 규제를 통해 국가 목표를 달성하려는 간섭주의와 자본가의 경제적 이득은 노동자 희생의 대가라고 주장하는 사회주의가 득세하던 시기에 태어났다. 자유주의와 시장경제에 대한 반대 여론이 지배하던 시절의 산물이다.

그는 겉으론 사랑과 평화를 변호하면서 속으론 증오와 전쟁을 부추기는 것이 사회주의라고 설파했다. 의회대표자들은 자유와 재산을 보호하기보다는 한 편의 시민을 위해 다른 편의 시민을 희생시킨다고 민주주의 병폐도 꼬집었다. 그의 비판이 옳았다는 것은 3분의 2가 재분배를 목적으로 하는 20세기 서구 사회의 예산이 입증한다.

바스티아의 '보이는 것과 보이지 않는 것'의 원리는 간섭주의와 싸우기 위한 중요한 이론적 무기다. 어떤 정책이든 눈에 보이는 효과와 눈에 보이지 않는 효과가 있는데, 정책을 만들 때 눈에 잘 보이는 효과에만 집착하고 눈에 잘 띄지 않는 것은 무시해 해로운 정책들만 선택하는 게 간섭주의라는 이야기다.

바스티아는 슘페터로부터 '탁월한 경제평론가이지만 이론가는 아니다'라는 평가를 받았지만 멩거, 미제스, 하이에크 등을 주축으로 하는 오스트리아 학파의 이론적 선구자라는 것이 일반적 평가다. 화폐는 자유로운 진화의 결과라는 인식, 가치는 주관적이며 자발적인 교환을 통해서 형성된다는 가치이론, 가격 통제와 정부 개입의 무능, 시장은 수많은 시장 참여자들의 다양한 이해관계를 조정하는 것이라는 견해 등 오스트리아 학파의 이론적 핵심은 바스티아에서 비롯됐다는 지적이다.

19세기 말 스웨덴 개혁의 이론적 기초

바스티아는 자유무역협회를 설립하고 「자유무역」이란 정기간행물을 발간하여 자유시장과 자유무역의 지적 운동도 주도했다. 그의 운동은 영국, 독일, 벨기에, 이탈리아, 스웨덴 등 유럽대륙으로 확산됐다. 19세기 후반 유럽 대륙의 시장 개방에 미친 그의 영향은 대단히 컸다는 평가다.

바스티아의 영향이 가장 크게 미친 나라는 스웨덴이었다. 그의 자유주의 사상을 추종하는 세력이 형성돼 1870년대 스웨덴의 경제개혁을 이끌었다. 수출입의 제도적 장애물을 제거하고 자유무역을 확대했던 것도 스웨덴의 바스티아 추종자들 영향이었다. 정부 보조금을 요구하는 사회주의 위험성을 경고하면서 규제를 풀어 자유의 길로 나아갔다. 흥미로운 것은 스웨덴의 자본세다. 누진세가 아니라 단일세율이다. 이는 자본은 노동의 친구라는 바스티아의 사상으로부터 받은 영향이 아닐 수 없다.

표 2-3 유럽 16개국 평균소득 대비 스웨덴 1인당 소득 변동(1870~2000년)

* 출처: J. Munkhammar(2005)

함께 읽으면 좋은 책

『101명의 위대한 철학자』, 매슨 피리 지음 / 강준호 옮김, 서광사, 2011
『시장 경제의 진화적 특질』, 유동운 지음, 나남, 2009
『법』, 프레데릭 바스티아 지음 / 김정호 옮김, 자유기업센터, 1997
『거침없이 빠져드는 역사이야기 경제학 편』, 황유뉴 엮음 / 이지은 옮김, 시그마북스, 2007

4

알렉시스 드 토크빌

자유주의의 수호자

Alexis de Tocqueville

1805년 프랑스 파리 출생

1825년 파리대 법학과 진학

1827년 행정관 취임

1831년 사법 시스템 연구차 미국 방문

1835년 『미국의 민주주의 1』 출간

1839년 국회의원 당선

1840년 『미국의 민주주의 2』 출간

1849년 외무대신 취임

1856년 『구체제와 프랑스혁명』 출간

1859년 폐결핵으로 타계

유럽 대부분 국가가 왕이나 귀족 중심의 중앙집권 관료가 지배하던 19세기 초반, 자유에 목숨을 걸고 자유주의를 수호하겠다고 나선 인물이 프랑스의 정치철학자 알렉시스 드 토크빌이다.

귀족 집안에서 태어난 토크빌이 자유의 중요성에 대해 관심을 갖게 된 것은 할아버지와 부모가 폭정의 제물이 되는 등 독재로 인한 끔찍한 경험 때문이었다. 그는 프랑스 사회가 갈 길은 자유주의라고 선언하면서 모국에 필요한 것은 자유주의에 대한 비전이라고 믿었다. 유럽은 미국에서 배워야 한다고 주장하면서 그런 비전을 찾기 위해 미국 여행길에 나섰다.

미국의 자유주의를 선망

26세의 젊은 토크빌이 미국에 도착하자마자 목격한 것은 신분에 따른 법적 특권이나 차별이 없는 수평적 사회였다. 신분적 차별을 핵심으로 하는 귀족 사회에서 자란 그에게 그런 사회는 신선한 충격이었다. 어느 누구도, 어떤 집단도 다른 사람의 신분을 결정할 권리가 있어서는 안 된다는 게 미국의 정의였다. 토크빌은 특권이나 신분적 차별이 없다는 의미의 평등이 지배하는 사회가 진정으로 자유주의의 참모습이라는 확신을 갖는다. 그러나 토크빌은 신분적 차별이 없는 평등과는 달리, 서로 다른 사람을 똑같이 만드는 평등은 자유에 치명적이라고 주장한다. 그러면서 서로 다른 사람을 같게 만드는 평등을 실현하겠다는 프랑스혁명으로 인해 자유에 대한 유럽인의 희망이 공허하게 됐고, 자유를 향유할 절호의 기회를 상실했다고 개탄한다.

젊은 토크빌을 흥분시킨 것은 정부의 규제 없는, 자유로운 미국인들의 상업 활동이었다. 가격을 통해 자유로이 형성되는 시장 관계는 노예와 주인 관계가 아니라 수평적 관계이기에 서로가 적대감을 가질 이유가 없었다. 혁명과 계급 갈등만을 봐온 그에게 자유사회야말로 평화의 질서임이 확실했다.

미국 기업들이 자유로이 이윤 추구에 몰두하는 모습은 통제와 간섭의 경제만을 봐온 그에게 낯설었다. 하지만 그가 미국의 자유경제에서 발견한 것은 미국인들의 기업가 정신이었다. 모험심과 혁신을 통해 자신의 삶의 조건을 개선하려는 부단한 노력, 거래를 통해 자신의 부를 늘리기 위한 활동 등은 토크빌에게 아름답고 숭고하게 보였다.

자유로운 미국 사회에서는 신분 평등이 바탕에 깔려있기에 일을 사랑하는 사람이라면 누구나 삶을 개선할 수 있었고 부자도 될 수 있었다. 이게 토크빌이 어렸을 때부터 들어온 '아메리칸 드림'이었다. 미국 사회 시스템에선 경제적으로 성공한 부자에 대한 시기나 질투도 없고 사회주의 목소리도 들을 수 없었다.

토크빌은 사람들이 늘 동경하는 물질적 쾌락을 스스로 얻기 위해 경제 자유가 중요하다는 것을 도덕적으로 설명한다. 상업은 인간을 독립적으로 만들고 인격에 숭고한 의미를 부여하는 것, 스스로를 타인들에게 유익하게 만드는 것을 의무이자 자신의 관심으로 여기는 것도 상업이라는 것이 시장에 대한 그의 윤리적 인식이다. 삶을 스스로 책임지고 국가나 남의 도움을 받으려고 하지 말라는 가르침이 미국 개인주의의 핵심이라는 토크빌의 설명도 탁월하다. 미국인은 공동체 정신도 없고 오직 물질만 챙기는 이기적 인간이 결코 아니라는 것을 입증하는 사례들을 볼 때마다 자신의 눈을 의심한 게 한두 번이 아니라고 털어놓았다.

미국인은 정부에 손을 벌리지 않고, 뜻을 같이하는 사람들끼리 기부를 통해 공공복지를 실행하거나 도서관을 짓는 등 공동체 정신이 투철하다고 해석하면서, 그게 자유사회의 진정한 모습이라고 목소리를 높인다. 자유는 인간을 이기적으로 만드는 게 아니라 유덕하게 만든다는 것이다.

자유는 곧 평화의 질서

토크빌이 미국 방문에서 놀랐던 것은 선조들이 오랜 역사적 과정을 거쳐 자유롭게 개발해 전수한 종교나 전통, 법과 권리 등 자생적으로 형성된 것들을 존중하는 미국인의 모습이었다. 그런 것들은 자유를 침해하는 게 아니라 자유의 산물이요, 자유 사회를 유지하기 위해 필수적이라는 토크빌의 인식도 탁월하다.

미국인의 낙관과 자신감, 공동체정신 등 무제한적 이기심을 억제하는 도덕과 도덕적 사회화 과정을 만들어냈고 그것이 시민정신을 고양시켜 이기적이고 원자적인 인간성을 극복했다는 게 토크빌의 미국문명 해석이다. 그가 직시한 건 그런 문명을 가능하게 한 미국인의 자유와 사랑, 존중이었다.

토크빌은 이 같은 인식 아래, 좋은 정부란 우리가 바라는 것을 할 수 있게 하고 우리가 소유하고 있는 것을 평화롭게 이용할 수 있게 하는 정부라고 선언했다. 소득의 급격한 증대와 빈곤의 해소 등 성장하고 번영하는 미국 사회 힘의 원천도 자유시장과 분권화, 제한된 정부를 핵심으로 하는 자유주의라는 것이다.

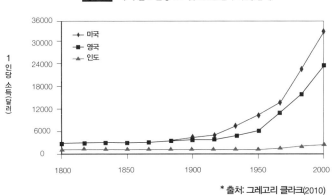

표 2-4 나라별 1인당 소득(2000년 물가 기준, 달러)

* 출처: 그레고리 클라크(2010)

토크빌은 미국의 자유주의에서 인류 번영의 강력한 힘을 보았다. 자유를 사랑하는 미국이 세상에서 가장 밝은 희망이라고, 그래서 인류의 미래는 미국에 달려 있다고 지적하며 미국 여행의 끝을 맺는다.

흥미롭게도 토크빌은 공동체정신으로 무장된 계몽된 이기심, 전통과 종교, 관습과 같은 자생적 질서, 제한된 정부 등으로 자신의 사상을 발전시켰다. 이는 이기심과 합리성, 원자적 인간 등을 전제로 한 프랑스 전통의 자유주의와는 확연하게 다르다. 대신 애덤 스미스 등 영국 전통의 자유주의를 계승하고 발전시키는 데 매우 큰 기여를 했다는 평가다.

제한된 민주주의가 자유를 보호

알렉시스 드 토크빌의 자유주의 사상은 반자유주의의 등장을 억누르고 자유사상을 확산하기 위한 중요한 지적 무기였다. 그는 시민들의 욕구를 충족시키고, 그들의 운명을 돌보겠다고 나서는 온정주의의 탈을 쓴 복지국가는 저주의 대상이 될 거라고 단언했다.

흥미로운 것은 집단적 의사 결정으로 이해하는 민주주의에 대한 토크빌의 생각이다. 토크빌은 다수의 지배도 소수나 절대자의 지배만큼이나 위험하다는 이유로 민주주의를 비판한다. 자유에 가장 치명적인 것은 다수가 지지하는 견해는 늘 옳고, 그래서 그 견해는 보편타당성을 가져야 한다는 생각이라고 한다. 민주정부도 다른 형태의 정부와 똑같이 제한돼야 한다는 게 토크빌의 결론이다.

그의 사상은 정부를 우리 손으로 뽑기만 하면 모든 문제가 해결되리라고 믿던 좌파사상의 논리에 치명타를 안겼다. 그러나 토크빌은 19세기 말 이후에는 잊혀졌다. 사람들은 비스마르크의 등장으로 미국이 미래를 장악하리라는 그의 예측이 빗나갔다고 여기고, 독일이 주도권을 장악했다고 믿었기 때문이다. 비스마르크는 사회주의를 수용하고 현대적인 복지국가를 최초로 확립하여 세계의 눈은 독일의 리더십을 바라보고 있었다.

20세기에 들어오면서 사회주의는 '인류 구원'이라는 믿음으로 세계로 뻗어갔다. 자유주의는 몰락했고 토크빌의 사상은 흔적도 없이 사라졌다. 그러나 사회주의는 공산주의, 파시즘, 나치즘 등 가혹한 폭정을 불러왔다. 또한 그 이념은 20세기 동안 수천만 명의 목숨을 앗아갔다. 복지국가는 조세와 규제로 수억 명의 인구를 빈곤과 부자유로 속박했다.

'토크빌 소사이어티'의 창설

이런 상황에서 사회주의는 노예의 길이라고 예측한 하이에크가 20세기 중반에 등장하여 자유를 사랑하는 미국이 인류의 희망이라고 예측한 토크빌을 잠에서 깨운다. 프랑스의 유명한 사회학자 레이몽 아롱도 현대사회의 문제에 대한 진단과 해법으로서 토크빌 사상의 탁월성을 새롭게 조명한다. 민주정부라도 정부의 권력은 헌법을 통해 제한해야 한다는 헌법주의의 등장은 그의 강력한 영향이 아닐 수 없다.

미국 사회의 기부문화와 자본주의 정신을 일깨우기 위해 1984년 설립한 '토크빌 소사이어티'다. 이는 빌 게이츠를 비롯해 1년에 1만 달러 이상 기부하는 회원만 수만 명에 달하는 거대한 자선단체다.

함께 읽으면 좋은 책

『토크빌이 들려주는 민주주의 이야기』, 윤민재 지음, 자음과모음, 2006
『미국의 민주주의 1』, 알렉시 드 토크빌 지음 / 임효선, 박지동 옮김, 한길사, 1997
『앙시앵 레짐과 프랑스혁명』, 알렉시 드 토크빌 지음 / 이용재 옮김, 박영률출판사, 2013
『몽테스키외 & 토크빌』, 홍태영 지음, 김영사, 2006

5

허버트 스펜서
진화론적 자유주의의 선구자

Herbert Spencer

1820년 영국 더비 출생

1848년 『이코노미스트』 보조 편집인

1850년 『사회정학』 출간

1862년 『제1원리』 출간

1878년 『보편적 번영』 출간

1893년 『윤리학 원리』 출간

1896년 『사회학 연구』 출간

1903년 타계

19세기 후반 이래 독일, 프랑스, 영국 등 서구사회의 좌파지식인들은 사유재산이 없는 사회주의가 인류를 구원한다는 달콤한 말로 시민들과 정치권을 유혹했다. 좌파 세력은 커져갔고 자유주의는 서서히 기울어갔다. 그런 상황에서 자유자본주의는 사회 진화의 필연적 산물이라고 주장하며 자유주의 수호자를 자처하고 나선 인물이 있었다. 영국의 사회철학자 허버트 스펜서다. 그는 자유자본주의 이념에서 벗어나는 건 자연법칙과 진화법칙에 대한 위반이라고 강조했다.

다윈의 진화론을 사회에 적용

다윈의 생물학적 진화론을 사회에 적용했다는 의미에서 '사회다윈이즘'이라고 불리는 스펜서의 핵심 사상은 사회도 유기체처럼 생존경쟁을 통해 환경에 적응하면 살아남고, 그렇지 않은 건 도태된다는 것이다. 이 같은 진화과정을 통한 여러 발전 단계를 거쳐 결국엔 고도로 발전된 이상적 사회가 필연적으로 등장하는데, 그 이상적 사회는 '자유의 원칙'을 가장 높이 평가하는 자유시장이라는 게 스펜서의 설명이다.

스펜서는 인생의 궁극적인 목표는 행복이라고 봤다. 이를 추구하려면 자기의 재능을 최대한 발휘할 수 있어야 하는데, 이를 위한 조건은 자유다. 자유원칙은 다른 사람의 자유를 침해하지 않는 한 누구나 자기가 원하는 바를 행할 수 있다는 뜻이다.

오직 집필에만 전념했던 스펜서가 자유주의 사회의 도래를 낙관한 이유도 흥미롭다. 자연도태와 적자생존 원리를 도입한 게 그렇다. 변화에 적응하지 못하면 사회를 도태시킬 압력이 강력하게 작용해 자유사회가 등장하는 건 필연적이라고 한다.

그런 진화사상에서 도출된 스펜서의 결론도 주목을 끈다. 언어와 똑같이 자유를 기반으로 하는 시장사회도 지배자나 입법자가 계획해서 만든 게 아니라, 자신의 욕구를 충족하려는 시민들의 개별적인 노력을 통해 저절로 생성된 것이라는 것이다.

스펜스는 시장사회는 끊임없이 스스로 변화하면서 진화하는 유기체이기에 정부가 계획을 갖고 개입하는 건 불가능하다고 주장한다. 정부는 오로지 자유와 재산을 보호하는 역할만 해야 한다는 이야기다. 스펜서는 정부가 그와 같은 제한적인 역할을 넘어 경제 거래, 위생 감독, 우편 등 민간부문에 개입하는 것은 관료의 비대화뿐만 아니라 강제 협력과 폭력적 갈등을 초래한다고 강조했다. 정부의 간섭은 역사의 후퇴고, 진화법칙의 위반이자 노예의 길이라고 경고했다.

시장의 진화에 대한 정부개입은 불가

스펜서는 대기업의 등장, 경제력 집중, 분배의 불평등도 특별히 문제될 게 없다고 주장했다. 그런 현상은 악덕 자본가 논리가 아니라 생존경쟁과 자연도태의 필연적 결과이며 사회 발전의 힘이라는 게 그의 인식이다.

주목할 만한 것은 사회정의에 대한 스펜서의 생각이다. 적자생존은 성공한 사람이 많은 이익을 획득하고 실패한 사람은 적게 갖거나 도태돼야 한다는 능력주의를 의미한다. 그가 정부의 소득 재분배를 반대하는 이유도 자유의 침해뿐만 아니라 능력주의를 위반하기 때문이다. 스펜서는 정부가 도태될 사람을 살린다는 이유로 19세기 후반 점증해가는 정부의 복지개입도 반대했다. 그는 가난한 사람을 돕는 일은 시민들의 과제라고 주장하면서 그들의 자발적 이타심에 호소한다.

자연도태와 적자생존이라는 용어는 일반 시민에겐 두렵고, 위협적이고, 살벌한 풍경을 연상시키는 개념들이다. 스펜서가 그와 같은 개념을 기초로 하는 진화사상을 만들어내 자유주의를 정당화하려고 했던 데는 이유가 있다. 당시 영국 사회에서는 절약, 근면, 자기책임, 독립심 등 청교도적 윤리가 퇴색되고 국민이 국가에 의지하려는 분위기가 커지고 있었다. 진화원리가 종교윤리의 역할을 대신해야 한다고 확신했던 것이다.

그러나 스펜서의 진화사상에 대한 비판도 있다. 능력주의는 능력, 도덕적 품성 등 인간을 우열로 구분하고 이에 따라 사회적 서열을 정한다. 그러나 우열을 구분할 기준이 없다는 이유에서 고전적 자유주의는 그런 능력주의를 반대한다. 자유시장의 소득도 능력과 같은 투입에 의해 결정되는 게 아니라 그런 투입의 결과가 소비자들에게 주는 가치에 의해 결정된다는 점에 주목할 필요가 있다.

스펜서가 사회를 유기체로 파악하는 것도 논란의 대상이 됐다. 사회유기체론은 개인이 최고라는 자유사회의 특징인 개인주의와도 맞지 않는다. 그래서 하이에크는 유기체와는 달리 자유시장을 '자생적 질서'라고 말한다. 스펜서는 진화를 사회가 발전하기 위해 필연적으로 거쳐야 할 예정된 단계로 이해하는 마르크스의 역사주의에 빠지고 말았다는 비판으로부터도 자유롭지 못하다. 진화란 스스로의 변화 과정이고 진화이론의 과제는 그런 과정의 원리를 설명하는 데 있다는 점에서다.

스펜서는 자본주의를 단지 승자와 패자, 적자(適者)와 부적자만이 있는 게임의 장으로 시장을 묘사했다. 자유사회가 상호이익이 창출되는 교환의 장, 협력의 장이고 약자를 보호하는 것이 시장이라는 것을 보여주지 못한 것은 아쉬운 대목이다. 그럼에도 그의 진화사상은 시장의 진화에 대한 정부의 개입이 가능하지 않음을 보여주기 위해 노력했다는 긍정적인 평가를 받고 있다.

미국의 반독점 입법저지의 이론적 바탕

스펜서는 자유계약을 지지하고 기업과 통상에 대한 규제를 반대하는 작은정부이론의 신봉자였다. 몰락해 가는 자유주의를 살리기 위해 자신이 개발한 적자생존 개념과 다윈의 '자연도태'를 결합한 스펜서의 진화사상은 영국인에게 자유주의에 관한 새로운 지식을 제공했다.

스펜서의 사상은 영국보다 미국에서 더 큰 지지를 얻었다. 19세기 말 미국 사회는 대기업들의 반경쟁적 시장지배로 경제에 막중한 피해를 야기한다는 인식에서 통상규제와 반독점 입법을 서둘러야 한다는 여론이 지배하고 있었다.

이런 시기에 기업의 성장은 생존에 적응한 결과이고 자연법칙의 산물이며, 대기업이야말로 대중에게 보다 나은 삶을 가져다주는 장본인이라고 주장하는 스펜서는 미국 국민으로부터 악덕기업이라고 지탄받던 기업가들엔 구세주처럼 보였을 터이다. 당시 미국의 유명한 경제학자 섬너는 스펜서의 사회다윈이즘을 미국 사회에 확산시키면서 록펠러, 카네기, 제이 피 모건 등 백만장자야말로 자연이 선택한 결과라고 주장하며 기업가들을 변호했다.

스펜서와 그 후계자들이 개척한 진화사상은 1890~1914년에 전성기를 이뤄 반독점법과 기업규제를 억제하는 데 기여했다. 그러나 점차 인기가 떨어져 1920년대 이후에는 자취를 감췄다. 사회다윈이즘은 인종의 우열을 따지고 인종주의와 남성우월주의를 지지하는 우생학이라는 좌파 지식인들의 주장이 시민에게 먹혔기 때문이었다.

20세기 중반 진화 사상의 부활에 기여

주류경제학은 뉴턴의 기계론적 자연관이 지배하고 있었기 때문에 진화사상과는 거리가 있었다. 비주류였던 슘페터는 생물학 용어라는 이유로 진화라는 말 자체를 싫어했다. 그러나 1950년대 이후에는 스펜서의 진화론은 다윈과 함께 다시 꽃을 피우기 시작했다. 주목할 점은 진화사상의 원조는 하이에크가 입증하듯이 법, 언어, 도덕의 등장을 이해하기 위해 애덤 스미스와 데이비드 흄 등이 개발한 진화사상이라는 점이다. 이를 생물학에 적용한 인물이 다윈이고 또 다윈의 영향을 받은 인물이 스펜서다.

스펜서의 사상은 1980년대 영국의 대처 수상과 미국의 레이건 대통령의 자유주의 개혁의 철학적 토대였다. 대처는 재임 기간 동안 자유주의가 아니면 '대안이 없다(There is no alternative)'라는 스펜서의 말을 영문 약자(TINA)로 줄려 '티나'라는 말을 입에 달고 다녔다는 역사적 사실도 흥미롭다.

함께 읽으면 좋은 책

『101명의 위대한 철학자』, 매슨 피리 지음 / 강준호 옮김, 서광사, 2011
『사회학이론의 형성』, 조나단 터너 지음 / 김문조 외 옮김, 일신사, 1997
『진화와 윤리』, 토머스 헉슬리 지음 / 이종민 옮김, 산지니, 2012

우울한 경제학과
사회주의 경제학의 도전

토머스 맬서스, 데이비드 리카도
제러미 벤담, 존 스튜어트 밀
레너드 홉하우스, 카를 마르크스
구스타프 슈몰러, 소스타인 베블런
헨리 조지

자본주의의 미래에 대해 낙관론을 펼쳤던 자유주의 경제학이 확산되고 발전되자 이에 대한 다양한 사상적 반격이 벌어졌다. 인류가 장차 빈곤, 범죄 등 사회의 질곡에서 해방될 수 있다는 희망에 찬물을 끼얹은 인물이 바로 맬서스와 리카도이다. 그들은 식량 생산이 인구의 증가를 따라갈 수 없다는 '인구 법칙', 노임은 생존비에 수렴한다는 임금철칙설, 노동자 계급은 영구적으로 빈곤할 수밖에 없다는 암울한 주장을 설파했다.

흥미로운 인물은 공리주의를 창시한 제러미 벤담이다. 그는 최대다수의 최대행복을 위해 정부의 시장 간섭이 필요하다고 주장한다. 그러면서 공리주의의 선량한 독재, 민주주의 독재를 용인하고 애덤 스미스의 '보이지 않는 손', '자생적 질서'를 전면 부정한다.

자유주의에 대한 이런 비관주의는 존 스튜어트, 밀, 홉하우스 등의 사회주의로 이어졌고, 자유주의에 대한 의심, 생산과 분배의 독자성 등의 이유로 사회주의에 문을 활짝 열었다.

19세기 산업혁명이 한창이던 시기에 착취와 소외로 인해 노동자들에게 미래는 없다고 큰 소리쳤던 마르크스도 흥미롭다. 그는 경제학을 새로운 암흑의 시기로 몰아넣으면서, 혁명을 통해 자본가를 몰아내어 노동자가 주인이 되는 사회를 만들어야 한다고 설파하여 인기를 누렸다.

산업혁명이 노동자를 빈곤으로 몰아넣었다고 주장하는 19세기 후반 역사학파의 거장 구스타프 슈몰러도 암울한 경제사상가였다. 거의 같은 시기에 과시 소비와 독점력을 경고하면서 자본주의를 약탈 문화라고 비판하며 사회주의를 열망했던 베블런, 땅부자가 성장의 결실을 가로채기에 100% 토지세를 부과해야 한다고 주장한 헨리 조지도 자본주의를 암울하게 여기는 경제학을 개발했다.

19세기 중반 이래 빈곤과 소외, 낭비와 착취, 약탈을 이유로 자본주의를 비판하면서 사회주의 경제학을 개발하고 이를 확산시키는 지적 운동이 점차 강화됐다.

1

토마스 맬서스

인구경제학의 창시자

Thomas Robert Malthus

1766년 영국 런던 출생

1784년 지서스칼리지 입학

1788년 성직자 서품을 받음

1789년 앨버리 교구장

1792년 지서스칼리지 연구원

1798년 『인구론』 출간

1804년 종질인 헤리어트 에커설과 결혼

1805년 헤일리지대 정치경제학 교수

1820년 『경제학 원리』 출간

1834년 심장마비로 타계

18세기 말 유럽은 감격에 휩싸였다. 산업혁명에 따른 생산능력 확대 등의 영향으로 인류는 전쟁과 범죄도 없고 빈곤과 기아도 사라진 행복과 번영을 누릴 것이란 희망이 확산됐다.

그러나 그런 기대는 한낱 유토피아적 환상에 불과하다고 주장하고 나선 인물이 있었다. 영국 출신의 정치경제학자 토마스 맬서스였다. 부유한 농장주의 아들로 태어난 그는 숙명적인 인구 과잉으로 인류의 미래는 빈곤, 기아, 범죄 등 피할 수 없는 참혹한 사회악으로 혼란을 맞게 될 것이라고 예언했다.

인류의 빈곤은 숙명적인 것

성직자의 길을 걷다 정치경제학에 입문했던 맬서스가 주목한 것은 인구 원리가 미래의 사회 발전에 어떤 영향을 미치는가에 대한 문제였다. 이런 문제의식을 갖게 된 것은 당시 풍미했던 인구 증가 예찬론 때문이다. 인구 감소야말로 국가가 처한 최대의 재앙이기에 경제 성장을 위해선 인구를 늘려야 한다는 논리로, 당시에는 노후 대비를 위해서도 자녀를 많이 두는 게 좋다고 믿었다.

맬서스는 그와 같은 인구예찬론을 배격하기 위해 인구경제학을 썼다. 내용의 핵심은 인구의 폭발적인 증가와 생산 증가에 인색한 토지 때문에 기아와 가난은 숙명적이라는 것이다. 인구는 강한 성적 욕구 때문에 25년마다 기하급수로 증가한다는 게 맬서스의 인식이다. 현재 인구가 2억 명이라면 25년 뒤에는 4억 명, 50년 뒤에는 8억 명, 75년 뒤엔 16억 명으로 늘어난다는 이야기다. 그리고 100년 뒤엔 32억 명이 된다. 그렇게 증가하는 인구를 부양할 식량은 유감스럽게도 25년마다 산술급수로 증가한다고 한다. 현재 쌀 생산량이 100만 가마니라고 하면 25년 뒤에는 200만, 50년 뒤에는 300만, 75년 뒤엔 400만 가마니로 증가한다는 것이다.

식량 생산의 증가 속도가 인구 증가 속도에 비해 크게 느리다면 인구 증가는 결국 기아, 빈곤, 범죄 등 잔혹한 방법을 통해 억제될 수밖에 없다는 게 맬서스의 설명이다. 성적 욕구를 억누르고 결혼을 미룬다면 인구가 줄어들 수 있지만 이런 방법은 기대하기 어렵다고 한다.

그의 결론은 인류 삶의 수준은 생존하기도 빠듯하고 생활이 나아지기라도 하면 식구 수가 늘어나 삶이 어려워져 결국 빈곤은 숙명이라는 것이다. 정부가 빈민구제를 위해 복지정책을 실시하면 결혼과 임신이 촉진돼 인구가 증가되고 여전히 그 결과는 빈곤층의 확대뿐이라는 것이다. 싼 값의 식량 수입으로 생활수준이 나아질 수 있으나 이는 인구 증대를 초래해 결국엔 기아와 빈곤을 늘린다는 이유에서 곡물 수입의 자유화도 반대했다.

맬서스는 간결한 문체와 뚜렷한 이미지로 인류의 미래에 대한 낙관론을 반박했지만 그의 논리는 허점이 많다는 지적이다. 그의 사상에는 인간이 영양 섭취와 성적 만족을 위해 산다는 전제가 깔려 있다. 그래서 먹을 게 많아지면 출산도 늘어난다. 그러나 수많은 통계가 보여주듯이 경제적으로 번영한 나라일수록 출산율이 줄어드는 경향이 뚜렷하다. 경제가 성장하면 저절로 인구문제가 해결된다는 의미다. 생활수준이 낮으면 노후대책의 필요성에서 자녀를 많이 갖게 되지만 소득이 높을수록 그런 필요성이 감소한다. 생활수준 향상으로 교육수준이 높아지면 피임 방법에 대한 이해력도 향상된다. 미용과 아름다운 외모의 추구, 안락함과 편안함에 대한 선호, 사회 진출의 확대 등의 영향으로 여성들이 출산을 기피하는 것도 출산율 감소 요인이다.

주목할 것은 인간은 짐승과 달리 영양 섭취와 성적 만족만을 위해 행동하는 게 아니라는 점이다. 인간은 '인간답게' 살기를 원한다. 성적 만족에 맹목적으로 굴복하는 게 아니라 성적 만족도 저울질하는 게 인간이다.

시장의 인구 조절 기능 간과

과거에는 유아 사망에 대비해 아이를 많이 낳았지만 오늘날에는 의학의 발달, 영양, 위생의 개선으로 유아사망률이 크게 낮아졌기 때문에 그런 대비가 필요 없다는 이유를 들어 출산율 하락을 설명하기도 한다. 이런 저런 이유를 감안한다면 인구가 산술급수적으로 증가한다고 해석할 수도 있다.

맬서스는 농업 기술의 발전을 무시한 측면도 있다. 영국, 프랑스, 미국 등 주요 국가들의 농업생산력이 19세기 중반 이래 크게 증가했다는 역사학자들의 증언은 수없이 많다. 줄리언 사이몬은 1920년대 이후 미국의 농업 노동생산성의 급격한 상승을 보여주고 있다. 품종 개량, 농기구 개량, 비료, 트랙터 등 기술 개발 덕분이었다. 식량 생산이 인구를 억제하는 게 아니라 인구의 증가를 기다리고 있는 셈이다.

표 3-1 옥수수, 밀, 목화에 관한 미국 농민의 노동 생산성(1800~1967년)

* 출처: 줄리언 사이몬(2000)

흥미롭게도 의학과 농업 기술의 발전은 재산권과 가격구조를 핵심으로 하는 자본주의 산물이었다. 맬서스가 이해하지 못한 것은 인구문제 해결 메커니즘으로서의 시장경제 기능이었다. 기업가적 자유시장은 경제 성장을 통해 빈곤 문제는 물론 인구문제까지도 스스로 해결한다는 점을 보여줬다.

맬서스의 사상은 여러 문제를 안고 있지만 그는 인구 증가로 인한 환경 파괴 등 인구 증가의 경제적 원인과 결과를 체계적으로 연구한 인구경제학의 창시자로 평가받고 있다. 그는 인구 폭발의 공포심에서 가족 계획의 필요성을 강조하고 성장의 한계를 옹호한 간섭주의자로 분류된다.

맬서스 사상의 힘

마르크스가 가장 잔인하고 야만적인 경제학이라고 비판한 맬서스의 사상이 정치사와 지성사에 미친 영향은 매우 크다. 19세기 초 영국은 빈곤을 해소하고 인구를 증가시키기 위해 부양하는 자녀 수를 기준으로 한 생활 보조금 제도를 실시하고 있었다. 맬서스는 그런 정책을 폐지하는 데 결정적인 영향을 미쳤다.

저렴한 식량 수입은 노동자의 생활수준 향상으로 인구 증대만을 초래할 뿐이라는 이유로 농산물 보호주의 편에 서서 비교우위론으로 자유무역을 주창한 리카도와 세기적 대결을 벌였다.

다윈의 생물학적 진화론에 미친 맬서스의 영향도 간과할 수 없다. 다윈은 갈등과 투쟁, 호전성, 공격성을 의미하는 '생존경쟁' 개념을 맬서스에게서 전용했다고 말한다. 다윈은 영양 섭취와 성적 욕구가 인간 행동을 결정한다는 맬서스의 전제가 생태계의 동식물에도 타당하다고 여겼다.

인구폭발에 대한 맬서스의 예언은 빗나갔고 그의 사상은 역사의 뒤안길로 사라진 듯 보였다. 그러나 그를 불러들인 장본인은 1970년대 등장한 맬서스의 후예들로 구성된 '로마클럽'이다. 그들은 인구를 억제하고 성장의 고삐를 잡아당기지 않으면 자원 고갈, 빈곤과 기아로 인류가 큰 화를 입을 것이라고 경고했다. 지구온난화를 우려하는 환경주의자들도 맬서스의 영향을 받았다. 그러면서 공업화를 지속할 경우 대기가 가열돼 생물이 재로 변할 것이라고 주장했다.

한국의 산아 제한 정책의 이론적 토대

맬서스 사상의 영향을 결정적으로 받은 사례로 빼놓을 수 없는 게 중국의 엄격한 '한 자녀 정책'이다. 이 정책은 여자아이의 낙태 증가로 인한 남녀 성불균형, 전통적인 가족의 해체, 고령화 문제를 야기하는 등 비싼 대가를 치르면서 중국의 인구 증가율을 연 1%로 끌어내렸다. 한국도 맬서스 인구론의 영향을 받았다. 1960년대는 세 자녀 운동, 1970~1980년대 두 자녀 운동 등으로 인구 억제 정책을 실시했다.

비판도 있다. 먼저 환경주의자들이 간과한 것은 자원이 희소하면 가격 구조의 변화를 통해 자원의 절약, 대체자원의 발견으로 희소성을 해결하는 시장질서의 탁월한 능력이다. 또 인구 정책과 관련된 정부 담당자들은 시장경제가 스스로 인구수를 조절하는 기능이 있다는 것을 인식하지 못했다.

함께 읽으면 좋은 책

『맬서스를 넘어서』, 레스터 브라운 지음 / 이상훈 옮김, 따님, 2000
『인구론』, 맬서스 지음 / 이서행 옮김, 동서문화사, 2011
『근본자원 2』, 줄리언 L. 사이먼 지음 / 조영일 옮김, 자유기업원, 2000
『경제학의 거장들』, 요아힘 슈타르바티 지음, 정진상 외 옮김, 한길사, 2007
『죽은 경제학자의 살아있는 아이디어』, 토드 부크홀츠 지음 / 류현 옮김, 김영사, 2009

2

데이비드 리카도

분배이론의 개척자

David Ricardo

18세기 후반 영국, 프랑스, 독일 등 유럽사회는 자본주의에 대한 기대가 컸다. 가난을 극복하고, 조화롭고 보편적인 풍요를 보장해줄 것이라는 희망에 부풀어 있었다.

이런 장밋빛 전망에 일침을 가한 이가 있다. 영국 출신의 정치경제학자 데이비드 리카도다. 그는 인류의 빈곤과 불공정 분배, 성장 없는 정체 상태의 도래는 극복할 수 없는 인류의 숙명이라고 주장했다.

증권 중개업으로 성공한 유태인 이민자 가정에서 태어난 리카도는 14세 때 아버지를 따라 증권 중개업에 뛰어들어 큰 부를 일궜다. 20대 중반에 영국의 거부가 됐다. 대학 문턱에도 가보지 못한 리카도가 경제학에 입문하게 된 계기가 있었다. 아내의 병으로 함께 머물던 시골의 한 요양지에서 시간을 때우기 위해 시골 도서관에서 우연히 애덤 스미스의 『국부론』을 읽게 되고, 바로 책에 빠져든 것이다. 그는 경제적으로 독립할 수 있게 되자 모든 사업에서 손을 떼고 오로지 학문 연구에만 몰입했다.

보편적 번영은 실현할 수 없는 꿈

리카도의 관심은 국부(國富)의 성장원리가 아닌 분배원리, 즉 부가 어떻게 지주와 자본가, 노동자에게 분배되는가의 문제였다. 주목할 부분은 곡물 가격이다. 그는 곡물 가격이 경작지 가운데 가장 척박한 토지의 생산비에 의해 결정된다고 설명한다(노동가치론). 그 가격에서 비옥한 토지의 생산비를 뺀 게 지주의 지대다. 인구가 증가하면 생산비가 많이 드는 척박한 토지로 경작지를 확대해야 한다. 그 결과는 곡물 가격과 지대의 지속적 상승이라고 주장한다.

흥미로운 것은 그가 주장하는 노임이다. 노동자는 평생토록 생존하기에 빠듯한 수준의 소득을 올린다고 지적한다(임금철칙설). 실질노임이 늘어나 생활이 조금 나아지면 식구 수가 늘어나기 때문이라는 설명이다. 곡물

가격이 높아 노임이 인상된다고 해도 최저 생계비를 넘는 실질소득 증대는 기대할 수 없다고 한다.

리카도가 내다본 자본가의 이윤 전망도 그리 밝지 않다. 인구 증가로 지대와 노임이 상승하기 때문에 이윤은 점차 하락하게 돼서다. 더욱이 농업이든 공업이든 수확체감법칙이 작동해 이윤은 체감할 수밖에 없다고 강조했다. 언젠가는 성장이 정체된다는 뜻이다. 따라서 분배게임에서 승자는 불로소득으로 사는 지주뿐이라는 게 리카도의 논리다. 노동자는 늘 가난하고, 자본가의 이윤도 떨어져 새로운 자본이나 기계에 투자할 인센티브가 소멸되면서 성장은 약화된다고 말한다.

비교 우위를 통한 자유무역을 역설

흥미롭게도 리카도는 자본주의가 가져오는 처참한 상황에도 불구하고 자본주의 체제를 바꾸거나 정부의 간섭을 통해 분배를 시정하라고 요구하지 않는다. 사회주의 도입이나 재분배 강화는 피해만 줄 뿐 문제의 해결 방법이 아니라는 이유에서다. 대신 그는 무역이론을 통해 자유시장이 얼마나 유익한지를 보여준다. 아무리 열등한 학교라고 하더라도 그 학교에 1등을 하는 학생이 있는 것처럼 다른 나라와 비교해 크게 나을 게 없는 나라도 비교 우위에 있는 산업이 있게 마련인데, 각 나라가 이런 비교 우위에 있는 산업에 주력해서 분업할 경우 비록 단기적이기는 하지만 빈곤도 줄어들고 경제도 번영한다는 게 리카도의 설명이다.

리카도는 국가부채에 대한 반대자이기도 했다. 국가부채는 나라를 괴롭히기 위해 고안된 무서운 재앙이라고 설파했다. 리카도는 건전한 통화의 중요성도 역설했다. 19세기 초 영국의 주요 문제는 상품 가격과 금값의 인상으로 인한 통화가치 불안이었다. 물가 불안의 원인이 영국에 대한 나폴레옹의 대륙 봉쇄 때문이라는 게 세간의 주장이었다. 그러나 리카도는 금값과 물가 인상은 영란은행(영국의 금리 정책을 총괄하는 중앙은행)이 지나치게 많은 돈을 발행했기 때문이라고 주장하면서 건전한 통화를 유지하기 위해서는 중앙은행의 재량적인 통화 발행을 제한할 장치가 필요하다고 강조했다. 그러나 유감스럽게도 자유무역을 비롯한 자유시장은 단기적으로는 빈곤 해소와 번영에 효과적이지만 인류의 궁극적인 문제, 즉 빈곤과 성장의 한계를 극복할 수는 없다는 것이 그의 설명이다. 따라서 인류는 이런 한계를 숙명으로 받아들여야 한다고 결론지었다.

찰스 디킨스가 자신의 저서 『크리스마스 캐롤』에 등장하는 유령을 통해 절망적인 미래와 빈곤을 보여주는 것처럼 리카도는 경제모델을 통해 절망적인 미래를 펼쳐보이고 있다. 그의 비관주의는 사람들을 침울하게 만들었다. 그래서 그의 사상은 영국 빅토리아 시대의 도덕을 강조했던 칼라일의 지적대로 '음울한 경제학'이라는 말이 딱 들어맞는다.

리카도 사상에 오류가 적지 않다는 지적도 있다. 자유무역의 중요성을 강조하면서도 그것이 그가 숙명적이라고 여긴 빈곤과 성장의 한계를 극복하는 열쇠라는 것을 인식하지 못한 것이다. 실질노임의 상승과 지속적인 번영을 가능하게 하는 혁신과 기술 발전을 고려하지 못한 것도 그의 사상적인 한계였다. 먹고살 만하면 인구가 늘어난다는 그의 주장도 맞지 않다는 사실이 드러났다.

리카도의 사상은 여러 비판의 여지를 남겨 놓았지만 그는 분배이론이라는 새로운 분야를 개척했고 특히 무역규제를 반대하는 자유무역이론을 개척한 공로는 높이 평가받고 있다.

토지 공개념의 뿌리

리카도의 사상은 한편으론 좌파적이고 다른 한편으론 우파적이다. 그래서 그의 사상적 영향도 양면적이다. 마르크스가 그를 자신의 스승이라고 말할 정도로 사회주의의 등장을 촉진시킨 한편으로 자유무역과 시장경제의 발전에도 기여했다.

노동가치설과 임금철칙설을 중심으로 하는 리카도의 좌파사상은 '공상적 사회주의'에서 마르크스의 '과학적 사회주의'로 넘어가는 과도기의 사회주의 사상 발전과 노동운동에 적지 않은 영향을 미쳤다.

모든 악의 근원을 토지에서 찾는 리카도의 토지 사상의 영향도 빼놓을 수 없다. 이는 미국으로 건너와 헨리 조지의 토지사회주의 형성에도 결정적인 역할을 한다. 지대가 갖는 가격 기능과 이에 따른 토지 활용의 역할을 무시하고, 토지 사유의 정당성을 부정했던 헨리 조지의 사상은 토지에 대한 리카도의 비판적 사상에서 비롯된 것이다. 1980년대 후반과 노무현 전 대통령 시기에 한국에서 토지공개념의 이름으로 도입된 각종 토지 관련 입법도 조지를 경유한 리카도의 토지 사상에 뿌리를 두고 있다.

리카도의 사상에서 주목할 것은 그의 방법론이다. 그는 정확한 과학으로서의 경제학을 창설하겠다는 야심이 있었다. 이를 위해 현실의 복잡성을 단순화하는 형식적 모형을 만들고 원하는 결과를 입증하기 위해 다양한 전제를 이용했다. 그러나 그는 유감스럽게도 비현실적일 만큼 지나치게 모형을 단순화했고 원하는 결과를 얻기 위해서는 잘못된 전제까지 이용한다는 비판을 받았다. 그럼에도 그의 경제학 방법론이 미친 영향은 무시할 수 없다.

19세기 자유무역에 영향

그의 자유무역이론이 미친 영향도 적지 않다. 그는 날카로운 분석과 논리로 곡물 수입을 막는 곡물법 폐지를 주장했지만 생전에는 성공하지 못했다. 그의 논리는 사후에 꽃을 피워, 영국이 곡물은 수입하고 공산품은 수출하는 보편적인 번영의 시대를 여는 데 결정적인 영향을 미쳤다. 그의 이론은 세계 각국에 전파돼 독일, 프랑스, 스웨덴 등 많은 유럽 국가들도 무역 장벽을 허물기 시작했다. 미국도 예외가 아니었다. 19세기 초 이래 60%에 육박하던 관세율을 지속적으로 낮추어 무역 장벽을 허물었다.

주목을 끄는 것은 유럽연합이다. 통화통합 등 여러 가지 문제가 있었지만 구성국들 내에서 상품과 자본, 노동 서비스의 완전한 개방이 이루어졌다. 리카도의 영향이 아닐 수 없다.

인류가 자본주의의 숙명이라는 빈곤과 성장의 한계를 극복하여 지속적인 번영과 평화를 구가할 수 있게 된 것은 리카도 사상에 뿌리를 둔 자유무역이라는 것을 상기할 필요가 있다.

함께 읽으면 좋은 책

『경제고전』, 다케나카 헤이조 지음 / 김소운 옮김, 북하이브, 2012
『경제학을 만든 사람들』, 유동민 옮김, 비봉출판사, 1994
『세속의 철학자들』, 로버트 L. 하일브로너 지음 / 장상환 옮김, 이마고, 2011
『정치 경제학과 과세의 원리에 대하여』, 데이비드 리카도 지음 / 권기철 옮김, 책세상, 2010
『경제학의 거장들』, 요아힘 슈타르바티 외 지음 / 정진상 외 옮김, 한길사, 2007

3

제러미 벤담
공리주의의 창시자

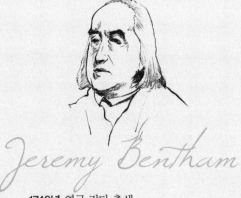

Jeremy Bentham

1748년 영국 런던 출생

1760년 옥스퍼드 퀸스칼리지 진학

1776년 『정치론 단편』 출간

1787년 『고리대금의 변론』 출간

1789년 『도덕과 입법의 원리 서설』 출간

1808년 공리주의학파 창설

1824년 「웨스트민스터 평론」 창간

1830년 『헌법론』 출간

1832년 런던에서 타계

1843년 유고집 『제러미 벤담 전집』 출간

왕과 귀족의 지배로부터 유럽 시민을 구하기 위한 다양한 지적 운동이 전개됐던 18세기 말, 공리주의 사상을 주창해 당시 개혁의 철학적 기초를 새롭게 확립한 인물이 영국의 사회철학자 제러미 벤담이다.

벤담이 공리주의 철학을 만들어낸 배경에는 법관의 판결을 통해 법을 설계하는 영국의 유서 깊은 '코먼로(보통법)' 전통이 구태의연하고 비합리적이라는 인식이 깔려 있었다. 그런 법체계를 뿌리째 개혁하지 않으면 영국 국민은 영원히 행복을 누릴 수 없다고 믿었다. 그래서 원래 계획했던 변호사 개업도 포기하고 사회철학에 입문, 법철학 기초를 세우는 데 전력을 기울였다. 그가 평생 동안 갈고닦은 연구 결과가 바로 공리주의다.

공리주의는 인간이란 본래 쾌락을 추구하고 고통을 회피한다는 전제에서 출발한다. 행동에 대한 선과 악을 평가할 때, 행동 그 자체가 아니라 행동의 결과로 산출되는 쾌락과 고통의 양을 기준으로 삼아야 한다는 게 벤담의 설명이다. 그는 이 논리를 사회에 적용해야 하고, 사회 전체에 최대의 행복을 가져오는 정부 입법이나 정책은 도덕적으로 정당하다고 주장한다.

최대다수의 최대행복을 위해 시장의 간섭 필요

주목할 것은 공리주의 관점에서 보는 벤담의 시장관이다. 그는 인간이란 자신의 쾌락을 추구하는 데 여념이 없기 때문에 개인의 행동이 사회 전체의 행복을 자동적으로 증진시킬 것으로 기대하기 힘들다고 강조한다. 따라서 사회 전체의 공익을 달성하려면 정부의 적극적인 계획과 규제가 필수적이다.

그러나 벤담은 시장경제의 '자생적 질서'에는 생각이 미치지 못했다. 정부가 개인의 자유와 재산을 확실하게 보호하기만 하면 저절로 질서가 유지돼 공익과 사익이 일치된다는 점을 간과한 것이다. 합리적인 사회질서는 정부의 계획과 규제를 통해 가능하다는 간섭주의 사상이 그의 사고를 지배했기 때문이다.

그래서 벤담은 시장 규제를 위해 불평등 완화, 복지 확대, 실업구제를 위한 정부지출의 확대, 재화의 가격, 수량, 품질 규제, 생명 보험의 국유화, 최저임금제 등 다양한 정책을 쏟아냈다. 쾌락과 고통을 계산하는 공리주의에는 최대의 행복을 결정하는 정부가 정책이나 입법을 통해 생겨나는 모든 개별적인 효과에 대한 완벽한 지식을 가질 수 있다는 전제가 깔려 있다.

그러나 그와 같은 전제는 '치명적 자만'이라는 하이에크의 통렬한 비판에 직면했다. 정부의 구조적 무지 때문에 시민들에게 자유를 허용하지 않으면 안 된다는 게 하이에크의 강력한 충고다. 그에 따르면 인간들은 자유로우면 스스로 상호작용을 통해 필요한 제도와 가격을 자생적으로 형성하기 때문에 시장경제라는 탁월한 '자생적 질서'가 생겨나기 때문이다. 국민의 행복을 명분으로 정부가 시장에 개입하면 자생적 힘을 파괴해 발전과 번영을 가로막을 뿐이다.

흥미로운 것은 영국의 코먼로에 대한 벤담의 이해다. 그는 판례에 기초한 법 체제는 주민들의 합의나 입법자를 통해 합리적으로 만든 것이 아니기 때문에 불확실하고 불합리하다고 주장한다. 발견된 법은 법이 아니고, 법 제정자의 특정한 목적을 위해 만든 입법이 법으로서 자격이 있다는 게 벤담의 유명한 법 개념이다. 이에 대한 반론도 있다. 역사적으로 볼 때 성문법 대신 코먼로를 도입한 사회가 자유와 재산을 더 잘 보장받는다는 것이다. 이러한 영미법인 코먼로를 채택하고 있는 국가는 미국, 뉴질랜드, 싱가포르 등이 있다.

민주주의는 최대다수의 최대행복을 위한 정치 제도

민주주의에 대한 벤담의 사상도 간과할 수 없다. 그는 투표권이 소수에 한정돼 있던 시기에 보통선거를 지지했다. 입법자는 보통선거를 통해 구성된 의회다. 그는 의회가 자율권을 가지고 법을 만들고 통치를 해야 한다고 목소리를 높였다. 이 같은 주장은 당시 군주와 특권 계급엔 큰 위협이 아닐 수 없었다. 벤담은 민주주의야말로 시민에게 양도된, 다수의 의지에 따른 통치이며 최대다수의 최대행복을 보장하는 정치 제도라고 강조한다. 또한 공리주의는 모든 사람의 쾌락이나 고통에 동일한 비중을 두기에 1인 1표의 민주주의를 구현한 것이라고도 한다.

그러나 유감스럽게도 벤담의 사상은 다수가 원하는 것이면 무엇이든 법으로 인정하는 등 다수에게 무제한의 권력을 부여하고 있다. 민주주의가 소수를 착취하는 제도이고 그래서 제한 없는 민주주의는 1인 독재만큼이나 위험하다는 인식이 그에게는 없었다. 민주 정부를 제한할 장치를 마련하지 못하고 무제한 권력을 허용한 것은 그의 치명적인 실수였다.

벤담의 교리는 자유와 권리를 중시하는 고전적 자유주의와 정면으로 충돌한다. 그는 국가가 생겨나기 이전에는 권리라는 게 존재할 수 없다는 이유에서 로크 전통의 자연권을 부정한다. 개인의 자유도 무질서를 초래할 수 있다는 점에서 벤담에겐 중요한 가치가 아니었다. 국가 이전에는 시장도 법도 없었다는 게 그의 역사 인식이다. 국가가 최고라는 의미다. 그래서 그의 사상은 정부 간섭에 문을 열어준 국가주의의 함정에 빠지고 말았다.

그럼에도 벤담은 공리주의적 교리를 통해 귀족이나 왕 같은 특권 계층의 특수 이익을 반대하고 고상한 가치보다 '쾌락' 같은 보통 사람의 이익을 보호하려고 했다. 군주의 신권이나 토지귀족의 특전보다 대중의 물질적인 이해관계를 존중했다. 이것이 벤담이 사상사에 기여한 공로다.

입법 기술을 사회주의에 가르침

제러미 벤담은 초기에 자유주의자로 활동했다. 대출이자의 최고한도를 5%로 제한하는 입법을 주장한 애덤 스미스를 비판했던 인물이 그였다. 생산과 거래를 좌우하는 것은 자본 축적이며, 정부 행동이나 지출은 자본의 증가를 가져올 수 없다고 주장했다.

정부의 규제와 간섭이 무엇이든 부의 증가를 가져올 수 없다고 목소리를 높이던 벤담은 공리주의에 심취하면서 국가주의로 돌변했다. 공리주의의 선량한 독재, 민주주의 독재를 용인했다. 심지어 경제를 감시하는 '파놉티콘(panopticon, 죄수를 효과적으로 감시할 목적으로 고안한 원형 감옥)' 같은 빅 브라더의 감시 기구까지도 제안한다.

벤담의 간섭주의 사상은 19세기 중반 '철학적 급진주의'로 알려진 개혁단체의 이론적 기초가 됐다. 이 단체는 민주개혁, 교육개혁, 구빈법개혁 등 다양한 개혁정책을 제시하며 영국 사회에 대한 근본적인 개혁을 요구하던 지적 운동단체였다. 벤담의 공리주의는 사회주의 실험을 수행하기 위한 입법 기술을 좌파진영에게 가르쳤다. 점진적 방법으로 사회주의 실현을 목표로 하는 페이비언 사회주의의 사상적 토대도 공리주의다.

공리주의의 지적 운동과 공리주의를 기초로 한 사회주의 지적 운동으로 19세기 말에 접어들면서 자유주의에 대한 믿음은 현격하게 줄어들었다. 개인의 자유 대신에 공리의 원리가 절대적으로 받아들여졌다. 의회의 자율은 무제한의 권력 행사로 돌변했고 산업 규제, 금융 규제 등 국가 활동도 확대됐다. 19세기 말 빈곤층에 대한 복지 지출이 대폭 증가한 것도 벤담의 공리주의 사상의 영향이었다.

공리주의는 주류 경제학의 밑거름

오늘날 경제 교육의 핵심이 되는 주류 경제학은 쾌락이나 효용과 행동 결과를 중시하는 측면에서 벤담의 공리주의 없이는 생각할 수 없다. 경제학의 꽃이라고 부르는 후생경제학도 공리주의가 말하는 '최대다수의 최대 행복'에서 비롯된 것이다. 1970년대의 비용-편익 분석을 기초로 해 등장한 시카고학파 법경제학의 사상적 토대가 된 것도 벤담의 공리주의다.

벤담의 사상으로 법 개념도 변했다. 원래는 사법(私法)과 같이 타인의 침해로부터 개인의 자유와 재산을 보호하는 정의의 준칙만을 법이라고 불렀다. 그러나 공리주의의 등장으로 복지정책, 물가나 생산규제 등 특정한 정치적 목적을 달성하기 위한 것까지도 법 테두리 안으로 포함되는 현상이 나타났다. 사법을 버리고 공법(公法)을 중시하거나 아예 두 법을 전혀 구분하지 않는 현상도 공리주의 때문이다. 법 개념의 혼란은 사법을 기초로 하는 시장경제에는 악영향을 미쳤다.

함께 읽으면 좋은 책

『공리주의 개혁주의 자유주의』, 김완진, 송연호 지음, 서울대학교출판부, 1996
『시장경제의 법과 질서』, 민경국 지음, 자유기업센터, 1997
『도덕과 입법의 원리 서설』, 제러미 벤담 지음 / 고정식 옮김, 나남, 2011
『벤담이 들려주는 최대 다수의 최대 행복 이야기』, 서정욱 지음, 자음과모음, 2006
『경제학사 입문』, D. R. 퍼스팰트 지음 / 정연주 옮김, 비봉출판사, 1990

4

존 스튜어트 밀
사회주의의 선구자

John Stuart Mill

1806년 영국 런던 출생

1830년 엘리어트 테일러와 만남

1848년 『정치경제학 원리』 출간

1851년 테일러와 결혼

1859년 『자유론』 출간

1863년 『공리주의』 출간

1865년 국회의원

1869년 『여성론』 출간

1873년 타계

1879년 유고집 『사회주의』 출간

19세기 초, 영국을 비롯해 독일, 오스트리아 등 유럽사회에는 시민들의 불만이 가득했다. 산업화를 이끈 자본주의는 그들이 기대한 만큼 경제적 성과가 없다는 진단을 받았고 빈곤은 숙명이라는, 인류의 미래에 대한 우울한 예측이 난무했다. 그런 만큼 사회주의 유령들도 유럽 지역 곳곳에 도사리고 있었다.

이런 시기에 공리주의에 근거해, 자유주의는 절반은 틀린 이론이라고 선언하며 분배를 통해 인류 번영의 길을 찾아야 한다고 설파한 사회철학자가 영국의 존 스튜어트 밀이다.

공리주의는 인간이란 본래 편익은 극대화하고 비용은 최소화한다는 전제에서 출발한다. 수지타산에 맞춰 행동하는 게 인간이라는 뜻이다. 이런 시각을 법, 시장, 정책에도 적용해 사회적 비용보다 더 큰 사회적 편익을 가져다주는 법이 좋은 법이라고 평가하는 것이 공리주의다. 그 비용과 편익은 법이 개인들에게 미치는 피해와 이익을 서로 합한 것이다.

평등 분배가 질적 공리주의에 적합

편익-비용을 양적으로만 계산해 정책을 판단하는 경우 이를 양적 공리주의라고 부르는데, 밀은 이런 양적 공리주의 대신 질적 공리주의를 추구했다. 물질적 가치보다는 정의, 존엄, 평등과 같은 정신적 가치를 더 높이 평가한 것이다. 주목할 대목은 밀의 공리주의적 시장관이다. 그는 시장이 성장을 촉진하기는 하지만 노동계급의 비극과 분배 문제를 해결할 수 없다고 주장했다. 시장은 양적으로 볼 때는 좋지만 질적인 면에서는 나쁘다는 의미다. 정부가 재분배를 통해 빈곤을 해소하고 분배의 정의를 달성해야 한다고 목소리를 높인다.

그러나 밀은 나눌 파이를 줄이지 않고는 분배하기 어렵다는 세간의 이론적 저항에 부딪친다. 그는 부의 분배와 생산은 엄격히 분리돼 있다는 이유를 들어 나눌 파이의 규모에 영향을 미치지 않고서도 정부가 다양한 분배 정책을 통해 사회적 후생을 극대화할 수 있다고 응수했다.

밀은 부의 성장이 일정 수준을 넘어서면 성장을 늘릴 필요도 없고 자본과 부의 성장이 정체된다고 해도 걱정할 필요가 없다고 한다. 부유한 단계에서 사람들은 물질적 이득보다는 나눔과 건전한 사회적 기품 같은 정신적인 것을 중시한다는 이유에서다. 즉, 사회주의가 저절로 실현된다는 이야기다. 사회주의만이 빈곤을 해결하고 정의를 실현하기 때문에 그것이 인류의 미래라는 게 밀의 사상이었다.

그러나 밀의 사상은 기발하기는 하지만 결함투성이라는 게 일반 경제학의 확립된 인식이다. 우선 생산과 분배를 분리할 수 있다는 주장은 옳지 않다. 그 두 부분은 가격을 통해 연결된 분리할 수 없는 하나의 세계고, 세금부담이 무거우면 일할 의욕이 줄어 생산에 부정적인 영향을 미친다는 것은 어렵지 않게 알 수 있는 내용이다.

정체된 경제라고 해도 분배가 중요하다는 그의 주장에도 오류가 있다. 성장 없는 경제 상황에서는 흔히 사람들이 삶의 비전을 잃게 되고 사회엔 불안과 불신이 팽배해지게 마련이다. 성장을 유지하는 경제 상황 속에서 사회는 활기차고 너그러움과 다양성에 대한 관용, 공동체정신 등 사회 기품도 살아난다는 벤저민 프리드먼 하버드대 교수의 최근 주장에도 귀를 기울일 필요가 있다.

흥미로운 것은 자유와 번영을 위한 밀의 개혁 정책이다. 그는 소득수준이 높을수록 세율을 증가시키는 누진세 대신 소득수준에 관계없이 일정한 세율로 과세하는 단일세율을 주장한다. 분배가 생산에 영향을 미치지 않는다는 주장과 모순되지만 그는 고소득층에 더 높은 세율을 부과하는 것은 열심히 일하고 저축하는 부자들을 처벌하는 것과 같다는 논리를 편다.

기회균등의 명분으로 상속세를 적극 지지

밀은 소득세에서 관용을 베푼 부자들에 대해 상속세로 '처벌'해야 한다고 주장한다. 상속은 기회균등의 권리를 침해하고 상속받는 자녀에게는 불로소득이기에 고율의 세금으로 제한해야 한다는 것이다. 어떤 이유로도 그 정당성을 설명하기 어렵다는 점을 들어 토지사유화도 억제해야 한다고 목소리를 높인다. 과시적 소비와 유흥에는 무거운 세금을 부과할 것도 제안했다. 또 빈민구제와 노동자의 권익, 유치산업 보호를 위해 정부가 적극 나서야 한다고 주장한다.

입법 이전에 자유와 권리는 없고 비로소 입법을 통해 그것들이 창출된다는 게 밀의 공리주의적 자유론이다. 법도 개인의 재산과 자유를 보호하는 데 그 역할이 있는 게 아니라 '공공이익'이라는 목적을 달성하기 위한 수단이라는 게 그의 법사상이다.

밀은 여론과 전통의 압력을 정부의 압력과 똑같이 자유의 적으로 취급하는 사회주의적 오류를 범하고 있다는 지적을 받는다. 그런 압력은 '심리적'이어서 이를 피하느냐 마느냐는 전적으로 개인에게 달려 있다는 것을 직시할 필요가 있다. 그런 강한 전통과 관습을 무릅쓰고 자기 길을 걸을 수 있게 하는 것이 사유재산제도와 자유경쟁이다.

자유를 침해한다는 이유로 다수결 민주정치를 불신하는 그의 정치관도 흥미롭다. 그는 권력 제한이 자유주의 핵심임에도 불구하고 그런 제한을 논의하는 대신에 가장 현명하고 도덕적인 인물이 정치를 담당해야 한다고 주장한다.

밀은 많은 비판의 여지를 남겼지만 공리주의를 개발하고 사회주의의 길을 개척한 사회철학자로서 지성사에 우뚝 선 인물이다. 자신의 사상을 통해 자본주의와 인류의 미래에 대해 비관적이었던 당시의 사회 분위기를 사회주의로 일신하려 했던 노력은 지금도 높이 평가받고 있다.

사회주의 반시장 여론을 주도

밀의 사상은 지성사나 정치사에 큰 영향을 미쳤다. 그는 자유와 권리가 국가 이전 또는 입법 이전에 존재한다고 전제하는 자유 이론과 자연권 이론에 대비되는 공리주의 윤리를 확립했다. 자유와 권리는 국가를 통해 비로소 창출된다고 믿는 사상으로, 국가의 시장경제 개입에 대한 문을 열어놓았다.

밀의 사상은 인간의 이성에 사회를 설계할 수 있는 무한한 지적 능력이 있다는 의미의 전통적인 합리주의를 사회철학에 체계적으로 적용한 산물이다. 그는 이성에 기초하지 않았다는 이유로 자생적으로 형성된 종교와 도덕을 이성으로 교체하고, 시장의 자생적 질서도 규제된 시장으로 교체했다. 영국 국회의 하원의원이 되어 여성의 선거권 보장을 관철하기도 했던 밀의 사상은 수많은 지식인을 사회주의자로 전향시키는 데 중요한 역할을 했다.

밀의 사상은 1883년에 창설된 영국 페이비언 사회주의의 이론적 뒷받침이 됐다. 이 단체는 혁명 대신에 점진적인 사회주의를 실현하고, 개혁은 노동자가 아니라 전문가의 과제라고 주장했는데 그 단체의 프로그램은 밀이 제시한 개혁 어젠다로 구성됐다.

『정치경제학 원리』, 반세기 동안 경제학 교과서

밀의 이런 사상이 얼마나 큰 영향을 미쳤는가는 그의 1848년 저서 『정치경제학 원리』가 입증한다. 32판이나 발간된 이 책은 서구사회에서 반세기 동안 경제학 교육 내용을 지배했다. 그는 책에서 생산에 어떤 영향을 주지 않고서도 분배 구조를 바꿀 수 있다고 주장했다. 이는 분배 과정에 대한 정부 개입의 가능성을 부정하던 사람들을 놀라게 했을 뿐만 아니라 좌경화됐지만 분배할 파이가 줄어들 우려 때문에 분배에 개입하기를 두려워했던 좌파에게는 황금률이었다. 밀의 사상은 경제 자유를 무시했지만 사상과 언론 자유와 같은 시민적 자유와 정치적 권리의 중요성을 설파해 정치적 자유주의의 발전에는 기여했다.

밀은 소비가 생산을 좌우한다는 이론을 배척하고, 공급이 수요를 가능하게 한다는 '세이의 법칙'을 전적으로 옹호했다.

1986년 부분적이지만 단일세율제도에 접근하는 미국의 세제 개혁도 밀 사상을 수용한 것이었다는 것은 잘 알려진 사실이다.

관심을 끄는 부분은 밀이 예찬했던 사회주의를 실현하다가 실패로 끝난 옛 소련 이후의 이 지역 정책들이다. 1990년대 초 해방된 에스토니아 등은 단일세율제도를 통해 자본주의로의 체제 전환을 성공적으로 이끌었다.

함께 읽으면 좋은 책

『세속의 철학자들』, 로버트 L. 하일브로너 지음 / 장상환 옮김, 이마고, 2008
『자유론』, 존 스튜어트 밀 지음 / 박홍규 옮김, 문예출판사, 2009
『정치경제학 원리 1』, 존 스튜어트 밀 지음 / 박동천 옮김, 나남, 2010
『경제학의 거장들 1』, 요아힘 슈타르바티 외 지음 / 정진상 외 옮김, 한길사, 2007
『죽은 경제학자의 살아있는 아이디어』, 토드 부크홀츠 지음 / 류현 옮김, 김영사, 1989

5

레너드 홉하우스

사회적 자유주의의 창시자

Leonard Trelawny Hobhouse

1864년 영국 콘월 주 세인트하이브 출생

1887년 옥스퍼드대 졸업

1893년 『노동운동』 출간

1894년 옥스퍼드대 철학 교수

1897년 「맨체스터 가디언」지 기자

1901년 『정신과 진화』 출간

1906년 『도덕과 진화』 출간

1907년 런던 경제대 사회학 교수

1911년 『자유주의 본질』 출간

1929년 타계

20세기 전환기에 영국을 비롯한 유럽사회는 시민의 복지 향상을 명분으로 정부의 시장 개입이 일상화돼 갔다. 자유주의 진영에서는 정부의 시장 개입이 개인의 자유를 침해할 뿐이라고 지적하며 정부는 가격, 임금, 생산 등을 시장에 맡기라는 불개입 원칙을 주장하면서, 자유주의만이 사회와 개인에게 번영을 가져올 수 있다고 강조했다. 이 같은 주장에 정면으로 맞서 자유주의가 변화된 경제 현실에 적응하지 못하고 정부 불개입만을 고수한다면 자유주의 이념은 소멸될 것이라고 목소리를 높인 인물이 영국의 정치철학자 레너드 홉하우스다.

홉하우스는 자유주의를 수정할 목적으로 정치학, 경제학, 생물학 등 다양한 사상을 동원하여 최초로 복지국가의 윤리적 기초를 확립하는 데 일생을 바쳤다. 복지국가는 성장보다 분배와 복지를 중시하는 이념인데, 그는 이를 '사회적 자유주의'라고 불렀다.

복지국가의 도덕적 토대를 구성하기 위해 홉하우스가 주목한 것은 인간, 자유, 평등에 대한 재해석이었다. 그는 인간이 추구할 최고 가치는 자아실현이라고 주장한다. 이는 이기심을 자제하고 상호의존적인 사회적 삶에 필요한 인격의 형성이다.

소득 평등과 복지가 자유를 보장

자유에 대한 홉하우스의 해석도 흥미롭다. 그는 '자유'를 정부 간섭과 같은 '강제'가 없는 상태를 말하는 소극적 자유 대신 자아실현 능력(자원, 기회)을 뜻하는 적극적 개념으로 이해했다.

홉하우스는 개인 생존에 필요한 재원 이상의 소득 보장, 최소임금제 등을 실현할 수 있다는 측면에서 정부의 개입은 자유의 증가라고 주장한다. 복지국가야말로 자아실현에 필요한 자원과 기회를 확대하기에 자유의 증진을 위한 최선의 방책이라는 결론이다. 소득이 높을수록 자유가 증대한다는 게 그의 논리다.

홉하우스가 특히 주목한 것은 평등이다. 신분적 차별이 없다는 의미의 자유주의 평등(형식적 평등)은 기회의 불평등을 야기한다고 주장한다. 그런 불평등은 한 사람의 자유를 다른 사람의 삶에 대한 권력으로 변화시키기 때문에 평등 없는 자유는 무의미하다는 논리를 편다. 이는 불평등을 치유할 도덕적 책임이 국가에 있다는 뜻이다. 따라서 홉하우스는 분배의 불평등을 시정하기 위한 입법은 기회의 평등을 위해 정당하다고 목소리를 높인다. 중소기업과 재래시장을 보호하기 위해 대기업과 대형 백화점을 규제하는 것은 도덕적으로 정당하다는 이야기다.

사회를 유대감을 기반으로 하는 공동체로 이해

관심을 끄는 것은 홉하우스의 사회관이다. 그는 사회를 공동체, 즉 공동 목적을 가진 집단으로 이해한다. 그 목적은 자아실현에 필요한 사회복지의 증진이고, 이를 위해 구성원들은 연대감으로 결속해 협력한다. 이런 사회는 공동의 목적 대신 재산 존중, 약속 이행 등과 같은 공동의 규칙을 기초로 하는 시장사회와 전적으로 다르다. 자유사회에서 시민은 그런 규칙을 지키면서 시장을 통해 소득을 올린다. 그러나 홉하우스의 공동체에서는 구성원이라는 이유 하나만으로 시민은 국가를 상대로 경제적 자원을 요구할 권리가 있다. 이게 사회적 기본권이다. 복지 제공이 자선이 아니라는 뜻이다. 시민이라면 그런 권리를 누리는 데 필요한 물적, 비물적 부담을 감당할 의무가 있고 이를 충실히 이행하는 게 자아실현이라고 한다.

홉하우스의 이 같은 논리에 대한 비판은 적지 않다. 먼저 소득수준과 자유의 정도가 정비례한다는 주장은 부잣집의 노예가 가난한 농부보다 자유롭다고 말하는 것과 같다. 자유는 사람들 간의 관계와 관련된 개념이지, 경제적 여건과 관련지을 수 없다.

정부에 불평등을 없앨 책임이 있다는 부분에도, 개인의 평등을 실현하기 위해 각 개인의 기회를 결정하는 모든 요인을 고려하는 게 현실적으로 불가능하다는 오류가 있다. 그리고 불평등 자체가 나쁜 것도 아니다. 차별 없는 시장경제에서 야기하는 불평등은 빈곤층을 포함한 모든 사람에게 번영을 가져다주는 탁월한 역할을 한다는 점을 직시할 필요가 있다. 홉하우스는 불평등을 야기한다는 이유로 재산상속과 토지소유를 금지해야 한다고 주장했지만 불평등의 사회적 기능을 간과했다는 비판을 받는다.

그가 현대사회를 복지 증진을 목적으로 하는 공동체로 규정한 것은 수천만, 수억 명이 함께 사는 오늘날의 거대사회에 적합하지 않다는 지적을 받는다. 인간 이성의 구조적인 한계로 인해 복잡다기한 복지의 수요와 공급을 완벽하게 계획하는 것은 사실상 불가능하기 때문이다. 흥미롭게도 그런 문제를 탁월하게 해결하는 시스템이 시장경제라는 게 대체적인 시각이다.

홉하우스 사상의 절정은 자유사회에서 벗어나 개인들을 공동체로 통합하는 게 진화라는 것이다. 이 또한 역사의 진화 과정을 보면 옳지 않다는 사실이 드러난다. 공동체 원천은 소규모 집단의 원시사회라는 게 인류학의 고증이다. 공동의 목적을 가지고 상대적으로 평등을 누리는 사회였고, 연대감, 나누어 먹기 등의 행동규범이 지배했다.

사회 진화를 통해 공동체를 극복하고 등장한 체제가 자유주의 시장경제라는 것은 널리 알려진 사실이다. 시장경제의 등장으로 초기 공동체의 척박한 삶을 극복하고 문명화된 삶이 가능하게 됐다는 역사적 사실에 주목할 필요가 있다.

홉하우스는 공동체에서 자유주의로의 역사적 진화를 되돌리려고 했다. 따라서 그의 복지 사회주의는 원시사회에 대한 향수에서 비롯됐다고 해도 크게 틀리지 않는다.

복지제도와 관련 마르크스와 대결

홉하우스 복지 사상의 중심에는 사회유기체론이 있다. 사회 구성원이 공동의 목적을 위해 위계적으로 상호 협력하는 복지공동체를 유기체에 비유하는 것은 이해할 수 있다. 간, 위, 심장 등 각 장기가 생명 유지란 공동 목적을 위해 위계적으로 연관돼 서로 협력하기 때문이다.

그러나 이러한 비유는 문제가 있다. 복지공동체는 인위적으로 계획해 만든 조직이지만 유기체는 계획적으로 만든 것이 아니기 때문이다. 시장경제도 유기체라고 볼 수 없다. 그것은 공동의 목적이 없고, 구성원들의 관계도 수평적이다. 게다가 계획해서 만든 것이 아니기 때문에 시장경제를 '자생적 질서'라고 부른다. 유기체라는 말은 인간사회에 적용하기 힘든 개념이라는 게 중론이다.

그럼에도 홉하우스의 공동체적 복지 사상이 미친 영향은 결코 적지 않다. 홉하우스 사상의 등장으로, 가난이 개인 탓이든 우연이든 그 원인을 따지지 않고 오로지 필요에 따라서만 복지를 공급하는 게 복지국가라는 인식이 생겨났다. 복지를 사회정의로 이해하는 것도 그런 맥락에서 비롯된 것이다.

홉하우스가 마르크스주의와 대결한 것도 흥미롭다. 홉하우스는 부르주아 혁명을 통한 자본주의 극복을 방해할 뿐 근본적인 문제를 해결할 수 없다는 이유로 복지제도를 반대하는 마르크스주의에 대해 자아실현이 가능하지 않다는 이유로 역공을 펴면서 복지제도는 필요하다고 주장했다. 시장경제를 인정하되 국가가 개입해 분배의 결과를 수정해야 한다는 이유에서다.

국가를 미화하고 평등이라는 의미로 복종을 요구하는 홉하우스의 교리는 20세기 초 영국의 사회주의 지적 운동에 불을 붙였고, 특히 페이비언 사회주의 운동에 이론적 기초를 제공했다.

20세기 사회민주주의 형성에 영향

홉하우스가 20세기 초 영국 정치에 끼친 이념적 영향은 매우 크다. 시장에서 공급할 수 없다는 이유로 20세기 초에 도입한 정부 지원 의무교육, 실업을 야기하는 제도라고 비판받고 있는 최저임금제 도입도 그의 영향이 아닐 수 없다. 집단주의적 강제노령연금, 질병 실업 등과 관련된 국가의 강제보험 도입도 마찬가지다.

그와 그의 후계자들이 그렇게 큰 영향을 미칠 수 있었던 이유는 무엇인가? 영국이 사회주의 운동을 막을 비중 있는 자유주의자들을 배출하지 못했기 때문이다. 더구나 민주주의 제도의 확대로 의회 또한 의사결정이 반시장적이었다. 결국 대중민주주의를 통해서 자유시장이 광범위하게 확립되리라고 기대했지만 오히려 자유사회를 쇠퇴시킨 장본인이 됐다. 홉하우스의 영향에 의한 영국 사회의 신속한 좌경화 결과, 영국 경제가 20세기 초부터 미국 경제에 현저히 뒤처지기 시작했다.

함께 읽으면 좋은 책

『자유주의의 지혜』, 민경국 지음, 아카넷, 2007
『정치사상사』, 이수윤 지음, 법문사, 1999
『자유주의』, 존 그레이 지음 / 손철성 옮김, 이후, 2007
『자유주의의 본질』, L. T. 홉하우스 지음 / 김성균 옮김, 현대미학사, 2006

6

카를 마르크스

혁명적 사회주의자

Karl Heinrich Marx

1818년 독일 트리에 출생

1841년 예나대 철학 박사

1842년 『라인 신문』 편집장

1843년 파리 망명

1847년 『철학의 빈곤』 출간

1848년 『공산당 선언』 발표

1850년 영국 망명

1859년 『정치경제학 비판』 출간

1867년 『자본론』 제1권 출간

1883년 타계

19세기에는 미래에 대한 기대와 절망이 공존했다. 자본주의가 인류에게 풍요를 보장해줄 것이라는 기대와 함께 다른 한편에서는 자본주의의 미래는 장밋빛일 뿐, 빈곤은 인류가 안고 가야 할 숙명이라는 주장이 이어졌다.

이런 와중에 자유와 번영을 기약하는 것은 사회주의라고 주장하면서 자본주의는 역사의 뒤안길로 사라지고 새로운 세상이 올 것이라고 설파한 인물이 등장했다. 바로 독일의 사회철학자 카를 마르크스였다.

노동을 착취하는 자본주의는 몰락할 것

마르크스가 주목한 것은 자본주의가 어떻게 몰락하고 사회주의로 전환되는가의 문제였다. 그에게 자본주의는 생산 수단을 거머쥔 자본가가 노동을 지배하는 사회였다.

마르크스는 공동체 문화를 결정하는 것은 이념이 아니라 물질적 힘(기득권)이라는 논리를 펴며 도덕, 법, 정치 등 시장경제의 상부 구조도 사유재산을 소유한 자본가 권익을 위해 형성된 것이라고 목소리를 높였다. 피지배 계급은 그런 상부 구조를 통해 길들여지는데, 자본가의 착취가 가능한 것도 체제를 위해 훈련된 노동의 순응 때문이라고 설명한다.

자본은 어떻게 노동을 착취하는가. 마르크스의 착취 이론은 상품 가격(가치)이 생산에 투입한 노동량에 의해 결정된다는 논리(노동가치론)에서 출발한다. 노동이 가치의 유일한 창출자라는 뜻이다. 따라서 노동자들이 생산에 기여한 만큼 보수를 받는 게 순리고 이는 가격과 일치해야 한다는 게 그의 주장이다. 그러나 기업주는 가격만큼 보수를 주지 않고 이윤으로 자기 몫을 챙기고 겨우 먹고살 정도의 임금만을 주는데, 이게 바로 착취라고 강조한다.

노동자들이 구원을 받을 가능성은 없는가. 마르크스는 그 해법이 혁명이라고 주장했다. 혁명은 전제조건이 필요한데, 그게 자본주의 경제의 파탄이라는 것이다. 그래서 마르크스는 자본주의가 어떻게 스스로 파멸하는 가에 대한 시나리오를 쓰는 데 주력했다.

기업들은 경쟁에서 이기기 위해 낮은 노임을 유지하면서 끊임없이 자본을 축적해 기업 규모를 늘려야 한다는 게 그의 시나리오 서막이다. '축적하고 또 축적하라!' 이게 자본주의 진리다. 착취를 통해 생긴 이윤을 재투자해야 기업이 살 수 있다는 이야기다.

마르크스는 이 같은 자본축적 논리가 장차 혁명 발발의 요인으로 작용한다고 지적했다. 자본주의는 과잉 축적으로 인해 자본비용 증가와 이윤 감소를 가져오고 투자는 위축돼 자본재 산업에 불경기가 닥친다는 논리를 편다. 그뿐만이 아니다. 축적의 경쟁은 독점화와 기업의 몰락을 몰고 와 늘어나는 것은 대기업의 횡포와 착취, 그리고 실업이라는 설명으로 제1막을 끝냈다.

그러나 그 정도의 환경 악화로는 노동대중의 혁명을 기대하기 어렵다는 게 마르크스 주장이다. 노동자들이 자본주의 문화에 길들여져 있기 때문이다. 하지만 그들을 더 비참하게 만들어 혁명대열로 뭉치게 하는 결정적인 요인이 자본주의에 내재해 있다고 한다. 그게 자본축적으로 생산은 증가하지만 노동대중의 수요 능력 부족으로 생겨나는 과소소비라는 것이다. 이로써 '산업예비군'이 참을 수 없는 불황, 불안, 공포에 빠져 혁명 의식이 살아난다. '노동자여 뭉쳐라!'라는 함성으로 시나리오 제2막이 끝난다.

드디어 혁명이 무르익었다. 노동대중은 뭉친다. 자본주의는 전복된다. 사유재산제가 철폐되고 계획 경제가 실시되는 새 시대가 온다는 사회주의 혁명 노래로 마르크스의 대서사시는 막을 내린다.

가격의 신호 기능을 이해하지 못한 마르크스

그러나 마르크스의 거대한 논리 구조는 상당한 오류로 엮여져 있다는 게 많은 경제학자들의 지적이고 이는 현실 상황에서 검증됐다. 시장경제는 계획 없이도 스스로 질서가 형성되는 자생적 질서라는 것을 인식하지 못했다. 노동가치론에 집착한 나머지 범한 실수다. 그 이론으로는 자생적 질서의 형성을 가능하게 하는 가격의 신호 기능, 즉 판매를 위해 무엇을 할 것인가를 기업들에 알려주는 기능을 이해할 수 없다.

마르크스는 가격이 노동 투입에 의해서 결정되는 게 아니라는 점을 알지 못했다. 사람들이 수요하지 않으면 생산에 투입된 노동이나 노력은 소용이 없다. 가치를 결정하는 것은 전적으로 소비자다. 이런 인식에서만이 가격의 신호 기능을 이해할 수 있다.

노동만이 가치를 창출한다는 이론에서 도출한 착취이론도 오류투성이다. 생산을 위한 노동이 투입되기 전에 생산 그 자체를 결정하는 것은 기업가다. 위험을 무릅쓴 투자, 혁신은 바로 기업가 정신의 산물이다. 그 대가가 이윤이다. 노동가치론에는 기업가 기능이 빠져 있기에 착취이론도 틀렸다고 할 수밖에 없다.

마르크스는 자본과 노동을 적대적으로 파악했다. 그러나 자본은 노동의 생산성을 높여 소득을 늘리고 일자리를 창출하기에 '노동의 친구'라는 것을 인식해야 한다. 기술의 발전은 비용 삭감을 통해 새로운 수요를, 다른 상품을 생산할 기회를, 그래서 다른 일자리를 창출한다. 과소소비론도 허점이 많다. 저축은 누출이 아니라 자본재 생산을 위한 자금줄이라는 이유에서다. 생산이 소비를 초과하면 가격이 내려가기에 과잉 생산이란 없다. 시장의 불안정은 정부의 무모한 개입에서 비롯된다는 걸 직시할 필요가 있다.

마르크스는 역사학, 철학, 경제학 등을 융합해 우주와 역사를 한 줄로 꿰는 진리를 제시하겠다는 야심찬 학자였지만 그의 담론은 노동가치설에 너무 집착한 나머지 시대착오적이라는 지적을 받고 있다.

마르크스 사상의 힘

카를 마르크스는 많은 에피소드를 남겼다. 먼저 그의 트레이드 마크인 긴 수염과 머리카락에 대한 부분이다. 어느 해 크리스마스 선물로 받은 제우스상에 매혹된 마르크스는 제우스상의 얼굴 모습과 비슷하게 턱수염과 머리를 길렀다는 것이다. 20세기 이후 많은 사회주의 혁명가들이 수염을 길렀는데 이는 마르크스에서 비롯됐다는 게 혁명 연구가들의 설명이다.

마르크스는 대영박물관에서 칩거하다시피 하며 『자본론』을 쓰던 중 가난 때문에 병든 세 어린 자식을 잃는 비운도 겪었다. 그는 가난과 가족의 불운을 사회 탓으로 돌렸다고 전해진다. 반면 마르크스를 옆에서 도와준 사회주의자 엥겔스는 낮에는 돈 잘 버는 자본가였고, 밤에는 고급 포도주를 마시며 노동자를 위해 건배를 즐겼다고 한다.

마르크스 사상은 19세기 말까지도 거의 알려지지 않았다. 1890년 미국에서 영문판으로 출간된 『자본론』은 베스트셀러가 됐다. 자본을 축적하는 방법에 관한 책이라고 소개돼 독자들이 돈벌이 방법을 알려주는 책으로 착각했던 것이다.

그러나 20세기 마르크스 사상이 지성계에 미친 영향은 작지 않다. 1960년대 유럽의 '문화혁명'을 주도한 프랑크푸르트학파, 반미운동에 앞장선 남미의 '해방신학'은 마르크스에 뿌리를 두고 있었다.

케인스는 마르크스를 아무리 읽어도 무슨 소리인지 알 수 없고, 더구나 경제학에 기여한 바는 아무것도 없다고 비판했다. 마르크스 추종자들은 케인스 이론은 노동계급을 임금노예로 만드는 사악한 경제학이라고 응수한다.

나치즘과 루즈벨트의 뉴딜정책의 뿌리

레닌과 스탈린의 러시아혁명과 체제 전환, 그 과정에서 희생된 1,000만여 명의 죽음은 마르크스 없이는 생각할 수 없다. 1950년대 이후 중국의 대규모 기아사태와 빈곤도 중국인들이 신처럼 숭배한 마르크스 때문이라고 할 수 있다. 독일의 히틀러와 나치즘, 루스벨트의 뉴딜정책의 뿌리도 마르크스였다.

옛 소련의 몰락으로 대부분의 나라가 자유시장을 받아들이고 있지만 자유시장에 대한 불신과 마르크스에 대한 향수는 아직도 곳곳에 남아 있다. 권력과 착취를 막고 약자를 보호하겠다는 마르크스의 목적은 좋았지만, 그는 인간의 이성과 정치를 너무 낭만적으로 봤다. 주목할 부분은 마르크스가 염원했던 빈곤과 착취 없는 사회는 자본주의를 통해서만 가능하다는 것이다.

함께 읽으면 좋은 책

『자본론 1 (상)』, K. 마르크스 지음 / 김수행 옮김, 비봉출판사, 2005
『원숭이도 이해하는 자본론』, 임승수 지음, 시대의 창, 2012
『죽은 경제학자의 살아있는 아이디어』, 토드 부크홀즈 지음 / 류현 옮김, 김영사, 2009
『세속의 철학자들』, 로버트 L. 하일브로너 지음 / 장상환 옮김, 이마고, 2008
『마르크스와 오스트리아 학파의 경제사상』, 홍훈 지음, 아카넷, 2000

7

구스타프 슈몰러

역사학파의 거성

Gustav von Schmoller

1838년 독일 하일브론 출생

1860년 튀빙겐대 경제학, 관방학 전공

1861년 공무원 연수

1864년 할레대 교수

1872년 사회정책학회 창립

1882년 베를린대 교수

1884년 국가평의회 위원

1897년 베를린대 총장

1900년 『국민경제학 개론』 출간

1917년 타계

18세기 후반 영국, 프랑스, 독일 등 유럽사회에는 자유주의와 자본주의가 인류에 가난의 극복과 조화롭고 보편적 풍요를 보장하는 세계를 실현할 것이라는 믿음이 지배했다. 그런 믿음은 애덤 스미스, 데이비드 리카도 등 영국 경제학자들에 의해 비롯됐다. 독일도 이 자유경제학에 기초해 영국처럼 19세기 초부터 자유무역, 재산권의 보편적 허용, 영업의 자유 등 친시장 개혁에 몰두했다.

그러나 그와 같은 개혁은 빈곤과 불평등, 실업과 사회 갈등을 초래하기 때문에 독일 경제가 갈 길이 아니라고 주장하면서, 정부가 경제에 적극적으로 개입하는 사회주의가 조화롭게 번영을 이끄는 길이라고 설파한 인물이 있었다. 그가 바로 '강단 사회주의자(Academic socialism, 1873년 창립된 독일 사회정책학회에 참가했던, 사회개량을 주장한 사회정책학자들의 사상적 경향)'로 알려진 독일 출신 경제학자 구스타프 슈몰러다.

이론 아닌 역사적 경험이 경제 문제 해결

경제 관련 고위 공무원이었던 아버지의 영향으로 일찍부터 경제 문제에 관심을 두고 경제학에 입문한 슈몰러가 평생의 과제로 여긴 것은 영국 경제학을 뛰어넘어 후진된 독일 경제를 이끌 수 있는 '독일 경제학'을 구성하는 일이었다. 그래서 그가 주목한 것은 영국 경제학의 인식 방법을 극복하고 새로운 방법을 개발하는 일이었다. 복잡한 현실을 형식화, 단순화해 보편적으로 적용할 수 있는 이론을 연역적으로 도출할 수 있다는 믿음이 영국 경제학의 방법인데, 유감스럽게도 그런 추상적 이론은 현실과 동떨어져 쓸모없다고 슈몰러는 목소리를 높인다. 모든 나라는 제각기 다르고 고유한 특징을 지닌 사회를 갖고 있기에 모든 사회에 적용될 보편적 이론이란 존재할 수 없다는 것이다.

슈몰러가 영국 경제학의 자유무역이론을 반대하는 것도 그와 같은 논리에서다. 그는 그 이론이, 성장 과정이 영국과 같은 나라에만 타당할 뿐, 후진된 독일 경제에 적용했다가는 치명적인 피해를 가져온다고 주장했다. 그러니까 이론이 아닌 역사를 통해 경제를 인식해야 한다는 게 슈몰러의 방법론적 시각이다. 역사가 중요하다는 이야기다. 그래서 경험적 데이터에 대한 전례 없는 탐구에 몰두했다.

슈몰러가 역사 연구를 통해 발견한 것은 무산자, 빈곤, 실업, 고통, 도시화, 열악한 주거환경 등의 사회 문제였다. 그러면서 이를 가져온 게 영국 경제학을 모방한 친시장 개혁이라는 주장도 덧붙인다. 그는 자본주의가 그런 문제들까지 스스로 해결할 수 있다고 말하는 영국 경제학이 뻔뻔스럽다고 꼬집었다. 영국 경제학은 이기심을 강조한 나머지 서민층의 '가난의 공포'도 인식하지 못하는 비현실적 이론이라고 공격한다.

경제학은 규범경제학이 돼야

슈몰러는 그런 사회 문제를 방관할 수 없기 때문에 경제학은 윤리학이 돼야 한다는 견해를 펼친다. 그는 노사관계를 정립할 윤리가 필요하다고 주장한다. 재산의 불평등에서 생겨나는 악을 줄이고 부의 편중을 줄이는 게 학자의 과제라는 것이다. 슈몰러는 노동자 보호, 서민주택 등 다양한 사회정책을 쏟아냈다. 실업과 질병, 노후에 대비한 국가의 강제보험 도입으로 삶의 공포를 해소해야 한다고도 했다. 기술 교육, 노동자의 파업권, 부의 편중을 막기 위한 상속세 누진제도도 사회문제 해결을 위한 어젠다다.

슈몰러는 사회의 몰락을 초래한다는 이유로 평등사회를 요구하지 않았다. 그가 두려워한 것은 중산층의 몰락이다. 두터운 중산층이 안정된 사회의 전제조건이라는 이유에서 사회정책의 목표도 중산층 확대에 둬야 한다고 주장했다.

유감스럽게도 개인의 삶에 깊숙이 개입하는 큰 정부에 대한 슈몰러의 신뢰는 남다르다. 그는 정부가 인간 교화를 위한 도덕적 기관이라는 낭만적인 생각을 갖고 있었다. 사회문제 해결에 적합한 정치 체제는 권위주의적 군주제라는 슈몰러의 생각도 흥미롭다. 민주주의는 필연적으로 개별 그룹의 이해관계를 둘러싼 투쟁으로 끝나기 때문이다. 민주정치는 보편적 이익보다 사회계급의 이해를 대변한다는 이야기다. 유산자 또는 무산자의 당(黨)으로 정치가 양분돼 나타나는 격심한 계급 다툼 현상이 민주정치의 핵심이라는 설명이다. 그런 민주제로는 일관된 사회정책을 펼칠 수 없기에 필요한 것은 유능한 관료 제도를 갖춘 강한 군주제라고 주장한다.

슈몰러가 서민층에 대해 각별한 관심을 가진 것은 바람직하지만 19세기 친시장 개혁과 산업화가 빈곤과 실업 문제 해결에 기여한 역할을 과소평가했다는 지적이 많다. 사회에 대한 인식에서 슈몰러의 역사주의는 틀렸다는 게 학계의 중론이다. 이론이 없으면 경험적 데이터를 의미 있게 분석할 수 없다는 이유에서다.

슈몰러의 사상은 이런 비판의 여지를 남겼지만 역사학파를 주도하면서 독창적인 역사이론과 사회정책을 개발해 영국 경제학에 견줄 만한 독일 경제학을 확립하려는 그의 공로는 널리 인정받고 있다.

오스트리아학파 창시자 카를 멩거와 세기적 대결

슈몰러 사상은 독일의 자유주의 경제학자들이 19세기 중반 이래 '국민경제학회'를 조직해 다양한 방법으로 자유주의 사상과 친시장 개혁을 확산시키기 위해 노력하던 시기에 등장했다. 슈몰러는 자유주의는 외래품이기에 독일 경제에 적합하지도 않고 빈곤, 불평등 등 사회문제를 스스로 해결할 수 없다고 비판했다.

슈몰러는 오스트리아학파 경제학을 창시한 카를 멩거와 세기적인 방법론 논쟁으로도 유명하다. 그 논쟁에서 이론을 중시한 멩거를 제치고 역사를 중시하는 슈몰러가 승리했다. 슈몰러의 승리로 독일 경제학자들은 이론적 구상에는 더욱 더 흥미가 없어졌다. 그런 역사학파의 잘못을 또렷하게 보여준 사건이 있었다. 그것은 매일같이 급상승하는 1918~1923년의 악성 인플레 문제였다. 독일 경제학자들은 속수무책이었고 이론을 무시하는 역사주의는 몰락하고 말았다.

경제학에서 윤리를 강조하는 슈몰러는 과학의 가치판단 문제와 관련해 막스 베버와 일전을 벌였다. 슈몰러는 어떤 목적들이 윤리적으로 바람직한지에 대해 판단하고 방어해야 한다고 주장하지만 베버는 그런 것은 과학의 역할이 아니라고 주장한다. 탈가치판단 논쟁은 20세기 중반까지 지속됐는데, 결국 베버의 승리로 끝을 맺는다.

표 3-2 독일의 하이퍼인플레이션(독일 마르크화로 계산된 1달러의 가치)

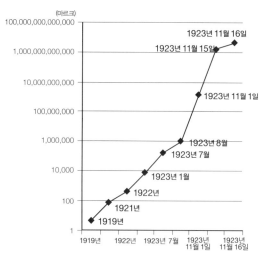

* 출처: 바이마트 역사(2011)

사회정책학회의 설립으로 복지제도를 정당화

슈몰러는 사회정책 운동을 체계적으로 전개하기 위해 사회주의자들과 사회정책학회를 설립했다. 이를 계기로 그의 사회정책 사상은 정치적, 학문적으로 큰 영향력을 갖게 됐고 자유주의를 지향하는 국민경제학회와 대결할 수 있었다.

슈몰러와 사회정책학회는 19세기 말, 비스마르크의 유명한 복지정책의 강력한 정책적, 학문적 뒷받침이 됐다. 그의 사회정책 사상은 오늘날 독일 복지국가의 사상적 기초가 됐다는 점도 직시할 필요가 있다.

흥미로운 것은 20세기 초 독과점 규제정책과 복지정책 등으로 미국 사회를 개혁할 것을 주장한 좌파운동의 '진보주의'도 슈몰러를 비롯한 강단 사회주의자들로부터 배운 그 유학생들이 앞장서서 만들었다는 사실이다.

함께 읽으면 좋은 책

『경제학사』, 오성동, 박유영, 황준성 지음, 문영사, 2011
『경제학의 거장들 2』, 요아힘 슈타르바티 외 지음/정진상 외 옮김, 한길사, 2007

8

소스타인 베블런
미국의 마르크스

19세기 말부터 자본주의에 대한 비판이 거세게 일었다. 그것은 바로 불평등과 빈곤, 실업 등에 대한 비판이었다. 이 시기에 시장경제는 야만적이고, 사유재산이 철폐된 사회주의만이 문명사회라고 주장하면서, 사회 진화를 통해 문명화된 사회주의가 도래할 것이라고 주장한 인물이 미국의 사회철학자 소스타인 베블런이다.

노르웨이 이민 가정에서 태어난 베블런은 경제학뿐만 아니라 인류학, 윤리학, 생물학 등 다양한 사상을 섭렵한 뒤 자본주의를 맹렬히 비판했다. 그래서 그를 '미국의 마르크스'라고도 부른다.

자본주의는 노동과 땀을 천시하는 약탈 문화

베블런 사상은 인간에게는 창조적이고 생산적 노력을 뜻하는 '제작 본능'이 있다는 전제에서 출발한다. 이 본능이 가장 잘 구현된 사회가 사유재산이 없던 원시사회였다는 게 그의 설명이다. 원시인들은 계급 없이 생산활동에 대해 자부심을 갖고 그룹후생을 위해 경쟁적으로 헌신했다고 주장한다.

베블런은 그같이 이상적인 사회를 왜곡하고 오염시킨 역사가 인류 역사라고 개탄한다. 그 원인이 사유재산의 등장이라는 것이다. 사유재산 제도가 인정되면서 땀 흘려 일하기보다 강탈과 침략을 통한 전리품의 형태로 재산을 축적하는 약탈문화가 생겨났다고 한다. 게다가 용맹과 힘의 우월성이라는 이유로 재산 축적에 성공한 사람들은 상류계급으로 존중받았고 노동과 땀은 천시됐다는 게 그의 분석이다.

베블런은 오늘날 자본주의도 약탈 문화의 범주에서 벗어난 게 아니라고 주장한다. 이웃과 경쟁을 통한 이윤추구는 생산적인 노력이 아니라 힘의 논리와 광고 선전 등에 의한 것이라는 이유에서다. '약탈적 본능'의 결과물이 부(富)라는 이야기다. 그래서 산업 자본주의는 야만적 진화의 한 형태라고 목소리를 높인다.

베블런이 주목한 것은 유한계급의 등장이다. 유한계급은 사회 상류층에 속하면서 경영, 법률, 정치, 스포츠, 종교 등 비생산적 활동에 종사하는 돈 많은 사람들을 말한다. 노동자, 기술자 등 직접 생산 활동에 종사하는 계층은 하류층으로 분류했다. 유한계급 앞에서 노동은 천시의 대상이다.

재산권의 인정으로 약탈 문화가 시작될 때부터 존속했고 자본주의에서 그 의미가 완성됐다는 유한계급에 대한 베블런의 비판은 혹독하다. 스포츠와 종교는 유한계급의 야만적 지배욕을 강화한다는 이유로 철저히 배격했다. 교회, 종교 의식 등은 물질적 생산에도 기여하지 못하고 과시적 낭비로서 공동체의 효율을 제약할 뿐이라는 게 그의 주장이다. 스포츠에 대한 탐닉은 인간의 도덕적 성품의 개발을 방해한다고 말한다.

유한계급에 속하는 부자의 소비에 대한 베블런의 고발이 흥미롭다. 부자는 자기가 강자고 부자임을 알리려고 끊임없이 소비하는데, 그런 소비행동은 과시소비라고 비꼰다. 비싼 것을 소비해 부를 과시한다는 이야기다. 사치도 약탈적 성격을 가진 부자의 자기과시일 뿐이라고 일축한다.

따라서 자본주의는 우월성을 보여주기 위한 부의 축적과 과시소비를 부추겨 자원을 낭비하는 체제라는 게 베블런의 결론이다. 자본주의에서 생산, 소비되는 것의 절반은 낭비라는 것이다.

실업, 사치, 위기는 이윤추구에 급급한 경영 계급 때문

계급 갈등에 대한 그의 인식은 주목을 끈다. 자본주의에는 두 가지 적대적인 세력이 있는데, 하나는 생산과 직접 관련된 노동자, 기술자 등의 산업계급이고 다른 하나는 금전적인 이윤을 추구하는 경영계급이다. 후자는 경영자와 자본가, 법률가 등 비생산적 계급이라고 주장하면서 이들은 사회의 번영이나 효율적 생산에 관심이 없고 이윤추구에만 급급할 뿐이라고 한다.

베블런은 자본주의에서는 경영계급이 산업계급을 지배한다고 인식한다. 실업과 사치, 자원낭비 등은 그런 지배의 필연적 결과라고 한다. 따라서 경영계급의 무분별한 태도에 격분한 산업계급이 경영자를 몰아내고 정치와 경제를 지배하는 사회주의가 도래할 거라고 예측했다.

그러나 노동자와 기술자는 사적 이윤을 추구하지 않을 것이라는 베블런의 생각은 순박했다. 그는 노력에 대한 보상 없는 사회주의에서는 제작 본능도 사라진다는 것을 간과했고, 자원의 이용을 계산할 가격이 없기 때문에 계획 경제가 불가능하다는 것을 인식하지 못했다.

베블런은 유한계급의 근원적인 것을 보지 못했다는 지적을 받는다. 부자들이 투자자본의 원천이라는 것을 파악하지 못한 것이다. 신기술 투자와 생산, 일자리 창출을 위한 자본을 제공하는 자는 부자다. 부자의 저축 없이는 경제를 확장시킬 자금도 없다. 소비로는 생산을 증대시키지 못한다는 점을 주지할 필요가 있다.

미국, 영국, 독일 등이 보여주듯 세금도 부유층이 대부분 부담한다. 자동차처럼 사치품을 필수품으로 전환시킨 것도 부유층 때문에 가능했다. 그래서 부자를 싸잡아 유한계급이라고 경멸한 베블런의 논리가 갖가지 한계점을 갖고 있다는 지적이 나온다.

미국은 자본주의 힘으로 번영의 길을 걸었다. 1인당 소득이 1920년엔 8,000달러로 성장했고 냉장고, 전화, 수세식 화장실, 수돗물, 자동차까지도 이용하는 등 생활수준도 크게 향상됐다. 그럼에도 베블런이 자본주의 저력을 인정하지 않았던 것은 안타까운 일이다.

표 3-3 미국의 1인당 GDP(1888~2000년)

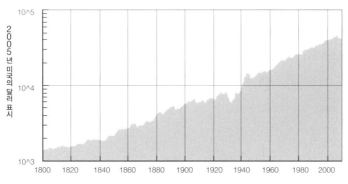

* 출처: usgovermantspending.com

마르크스주의와 정면 대결

상업사회는 낭비와 탐욕, 난폭을 특징으로 한다는 베블런의 주장과는 달리 원시사회의 야만적이고 척박한 삶을 극복하고 자유와 번영을 누리는 문명사회를 가능하게 했다는 게 자유주의 인식이다.

상업이야말로 인간의 약탈적 행동을 중단시킨 결정적인 요인이라는 논리에 주목할 필요가 있다. 그런 자유주의에 입각하여 작은정부가 좋은 정부라는 제퍼슨의 자유사상이 미국을 지배하고 있던 시기에 등장한 베블런의 반자본주의 사상이 지성사에 미친 영향은 간과할 수 없을 것이다.

베블런은 마르크스와 대결하여 그 힘을 과시한다. 자본가와 노동자의 계급 갈등이 없이도 망한 나라가 많다는 이유를 들어 마르크스는 이념의 진화적 선별 과정에서 실패했다고 주장한다. 또 빈곤과 삶에 대한 불만이 누적되면 사회주의 혁명이 필연적이라는 교리는 틀렸고, 가진 자와 못 가진 자로 세상을 나눌 수도 없다고 주장한다. 대신 그는 엔지니어 계급과 경영 계급으로 구분한다.

그러나 베블런의 이분법도 신빙성이 없다는 게 일반적 해석이다. 현대

자본주의에서 상당수의 기업 총수는 엔지니어 출신이 상당할 뿐만 아니라 경영학 석사 과정에도 많은 엔지니어들이 존재한다. 기술전문가가 세상을 지배하리라는 그의 예측도 빗나간 것이다.

막스 베버와 세기적 종교 논쟁

베블런은 종교가 번영의 장애물이고 과시적 낭비일 뿐이라는 논리로, 근로와 절약의 윤리를 강화하여 자본주의의 번영을 촉진한 것이 개신교라고 주장한 독일의 유명한 경제사회학자 막스 베버와 세기적인 대결을 벌렸다.

또 우리 시대의 가장 위대한 천재였던 아인슈타인의 경제관에도 결정적인 영향을 미쳤다. 그의 사상에 매료된 아인슈타인은 사회주의자가 돼 반자본주의에 앞장섰다. 그러면서 이윤을 위한 생산체제인 자본주의를 '사용'을 생산 목적으로 하는 사회주의로 교체해야 한다고 주장했다. 천재적인 과학자는 이상사회도 계획하여 만들 수 있다고 믿었던 것이다.

20세기 진화경제학 등장에 영향

베블런의 사상은 미국의 유명한 존 듀이 등을 중심으로 한 20세기 초의 '진보주의' 운동에 강력한 영향을 미쳤다. 이 운동의 목적은 전문기술자가 경제와 사회를 계획, 관리, 통제하는 체제의 실현이다.

또한 이 운동과 함께 간섭과 규제를 내용으로 하는 루스벨트 행정부의 뉴딜 정책으로 베블런의 사상이 꽃을 피웠다. 효율에 초점을 맞춘 '과학적 경영'이라는 테일러리즘도 엄격한 규제와 질서가 번영을 가져온다는 베블런의 엔지니어 사상으로부터 영향을 받아 기업 경영에 적용한 것이라고 보아도 무방하다.

베블런은 경제학, 사회학, 인류학, 심리학 등 학제를 융합하여 얻은 새로운 생각과 변이, 자연도태, 유전이라는 다윈의 진화원리를 기초로 한 20세기 진화경제학의 등장에도 중요한 역할을 했다는 평가를 받고 있다.

함께 읽으면 좋은 책

『경제학의 발달과 역사』, 김대래, 조준현 지음, 효민, 2009
『유한계급론』, 소스타인 베블런 지음 / 원용찬 외 옮김, 살림출판사, 2007
『죽은 경제학자의 살아있는 아이디어』, 토드 부크홀츠 지음 / 류현 옮김, 김영사, 2009
『세속의 철학자들』, 로버트 L. 하일브로너 지음 / 장상환 옮김, 이마고, 2008

9

헨리 조지

토지사회주의의 개척자

Henry George

헨리 조지는 '풍요 속의 빈곤'이라는 모순을 토지세로 해결할 수 있다고 주장한 19세기 후반 미국의 저널리스트 겸 정치경제학자다. 펜실베이니아 주 필라델피아에서 평범한 가정의 10남매 중 둘째로 태어난 그는 어린 나이에 학업을 중단하고 선원이 됐다. 그 후 식자공 등을 거쳐 신문사 기자로 활약하다 지방 신문을 인수하여 운영하기도 했다.

인쇄소 등을 전전하며 독학으로 경제학을 공부한 조지는 신문기자 시절, 현장 취재를 통해 경제에 관한 유별난 기사를 썼던 것으로 유명하다. 그런데 현장 취재 때마다 항상 만난 것은 으리으리한 건물 숲 뒷골목에 늘어선 흉물스러운 집들, 부자 동네 뒤편에 예외 없이 들어선 '달동네'와 같은 것이었다.

풍요와 함께 빈곤이 공존하는 현상. 도대체 그 원인이 무엇인가라는 의문이 예리한 통찰력을 가진 젊은 조지의 머릿속에 각인돼, 사회철학의 거대 담론으로 그의 평생에 걸친 탐구 주제가 됐다.

땅 부자가 성장의 결실 가로채

조지의 핵심 사상은 인구 증가와 기술 개발로 경제가 번영해도, 노동과 자본이 빈곤할 수밖에 없는 이유는 경제 발전의 대부분을 토지소유자가 차지하기 때문이라는 것이다. 여기에는 분배를 좌우하는 권력을 지주가 장악하고 있다는 인식이 깔려 있다.

주목할 것은 땅을 가진 사람이 그런 권력을 갖는 연유다. 토지는 인간의 모든 욕구 충족을 위한 물자의 창고일 뿐만 아니라 토지 없는 노동과 자본은 쓸모없고 산업도 존재할 수 없기 때문에 토지는 인간 존립의 필수 요소라는 것이 조지의 설명이다. 그래서 토지 권력은 필연적으로 독점적일 수밖에 없다. 자연히 땅 부자는 성장의 결실을 가로채게 되고, 경제가 발전할수록 지주는 부자가 되는 반면 자본과 노동은 가난해진다.

그래서 조지는 지주의 소득 자체를 근본적으로 의심하면서 토지 소유는 개인의 권리가 될 수 없다고 목소리를 높였다. 이유는 이렇다. 인간은 노동, 능력, 신체 등 자신에 관한 것과 자기가 창출한 자본재, 소비재를 가질 자연적 권리가 있지만 토지는 다르다. 토지는 자연적 산물이고 그래서 사회 전체에 속한 것이기에 그것을 어느 누구도 가질 수 없다는 것이다. 그래서 토지의 사적 소유와 지대를 인정하는 것은 정의롭지 않다고 한다.

토지세를 제외한 모든 조세의 철폐 주장

그렇다고 해서 토지를 몰수해야 한다고 주장하지는 않는다. 토지에서 생기는 소득은 불로소득이기 때문에 전부 환수해 모든 사람에게 유익하게 사용하자고 제안한다. 그가 제안한 것이 토지를 통한 부지가치에 대한 100% 과세다.

토지세를 제외한 소득세, 관세, 상속세 등 모든 세금은 없애자고 한다. 토지세로 모든 재정지출을 충당할 수 있다고 전제한다. 토지세는 '자연이 공짜로 준 기회의 독점'을 없애 부와 권력의 부자연스러운 불평등을 해소하고 고질적 빈곤을 퇴치하므로 가장 정의로운 조세라는 것이 조지의 설명이다.

이런 조지의 사상에는 핵심 전제가 깔려 있다. 토지는 농업, 건축용, 공장용 등 그 용도가 애초부터 객관적으로 정해져 있어 누가 토지의 주인이 되든지 그대로 쓰인다는 것이다. 그래서 주인 없는 토지를 습득하고 이를 이용해 돈을 벌거나 이를 임대해 돈벌이를 하는 경우 습득, 이용, 임대 과정은 기계적이어서 지주가 하는 일은 하나도 없다고 한다. 이런 논리를 통해 토지 소유를 자연권에서 배제하고 토지소득을 불로소득으로 취급했다.

그러나 주목할 것은 그 과정이 결코 기계적이지 않다는 점이다. 자연은 토지의 용도와 관리 방법을 정할 수 없다. 토지 그 자체는 쓸모없는 물리적인 것, 그 이상이 아니다. 토지의 용도와 관리 방법은 인간의 선견지명을 통해 비로소 발견되고 창조된다. 창조적 발견은 결코 자동적인 게 아니라 기업가적 과정이 필요하다. 창조적 발견을 뜻하는 기업가 정신을 간과한 것이 조지의 재산권 이론의 결정적 결함이다.

누군가 주인 없는 토지를 먼저 습득하는 것이 정당한 이유는, 다른 사람들에 앞서 그 토지의 용도를 발견하고 창안했기 때문이다. 누군가가 자기의 토지를 빌려주고 임대료를 받는 것이 정당한 이유도 그가 발견한 용도 때문이다. 누군가가 토지를 구매하는 것도 마찬가지다. 그래서 토지소득은 불로소득이 아니라 창조적 발견에 대한 정당한 대가라는 지적이다.

이 같은 토지가치를 전부 조세로 흡수한다면 용도의 발견 과정과 용도에 따른 토지 배분을 위한 가격체계가 없어진다. 그러면 정부가 토지의 시장을 대신해야 한다. 이는 토지사회주의로 가는 길이다.

토지 독점이라는 조지의 말도 비판으로부터 자유롭지 못하다. 토지의 공급량이 많아 공급자들이 서로 경쟁하는 경우 수요자를 착취할 수 없다. 마음에 들지 않으면 공급자를 교체할 수 있다.

힘센 지주가 번영의 결실 대부분을 차지하기에 노동의 처지는 점차 불리해진다는 조지의 주장도 모순이 있다. 1850~1910년 미국의 총생산 대비 노동소득의 비율은 꾸준히 높아진 반면 토지소득 비율은 거의 변동이 없다는 통계가 이를 보여준다.

조지의 사상은 여러 비판의 여지를 남겼지만 빈곤의 원인은 개인의 불행이나 게으름, 낭비 등과 같은 개인적 차원이 아니라 토지의 사유재산제라는 사회제도에 있다는 새로운 시각과 빈곤의 해법으로서 토지세라는 새로운 방식을 제시했다는 평가를 받고 있다.

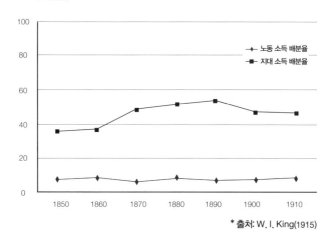

표 3-4 미국의 지대 소득과 노동 소득 배분율(단위: %, 1850~1910년)

* 출처: W. I. King(1915)

페이비언 사회주의의 급진 운동을 촉진

헨리 조지는 토지에 관한 한 전적으로 사회주의 입장을 취했다. 토지 외에는 철저한 자유주의자로서 자유무역과 경제자유를 강조했다. 토지세를 제외한 모든 조세의 철폐를 주장했다. 임금에 대한 세금은 노동 의욕을, 자본과 이윤에 대한 과세는 기업 활동을 위축한다고 주장했다.

그는 재분배를 위한 누진세도 반대했다. 산업 발전의 요인이 되는 부의 축적 의욕을 약화시킨다는 이유에서다. 토지를 골고루 나누는 것은 규모의 경제가 주는 장점을 훼손한다며 토지 재분배도 강력히 반대했다.

정부 규제에 대해서도 반대 입장을 견지했다. 관료가 모든 사람의 경제적 위치를 정하면 통제경제가 된다는 이유에서다. 규제는 관료 권력의 비대화는 물론 온갖 뇌물과 거짓을 부른다는 것이다. 그는 사회주의도 반대했다. 사회주의의 비효율성 때문만이 아니라 자유의 침해라는 시각에서다.

그러나 유감스럽게도 조지의 자유주의 사상은 큰 반향이 없었다. 사람들의 귀를 솔깃하게 했던 것은 풍요 속의 빈곤이라는 매혹적인 표현, 지주에 대한 실감나는 비판, 징벌적 토지세였다.

조지는 당대의 거두였던 영국 경제학자 알프레드 마셜로부터 "비판할 가치도 없다"는 모욕을 당했지만 토지개혁을 요구하는 페이비언 사회주의의 급진 운동에 불을 붙였다.

1980년대 토지공개념 법 제정에 영향

조지의 장례식 참석자 수가 10만 명이 넘었다는 것, 그의 저서 『진보와 빈곤』이 200만 부가량 팔렸다는 것도 그의 토지 사상이 얼마나 많은 사람에게 영향을 미쳤는지 보여주는 사례다. 메이지유신의 일본에서는 1890년대 극심한 불경기로 어려움을 겪고 있을 때 그의 책이 번역됐고, 이는 토지세제 정비 운동의 이론적 기초가 됐다. 조지의 사상은 중국의 손문(孫文) 삼민주의의 이론적 기초를 이뤘으며, 대만 토지세제의 모태가 됐다는 역사적 사실도 흥미롭다.

그의 사상이 한국 사회에 미친 영향도 작지 않다. 1980년대 후반 '개발이익 환수법' 등 이른바 토지공개념 3법이 국회를 통과하고, 2000년대 들어 노무현 전 대통령과 그의 일부 정책 참모들이 주장한 토지공개념은 조지 사상의 영향이 아닐 수 없다.

조지의 토지세에 대해 노벨경제학상을 받은 자유주의 경제학자들의 논평도 흥미롭다. 밀턴 프리드먼은 순수토지세야말로 가장 덜 나쁜 조세라고 말한다. 제임스 뷰캐넌은 토지를 생산적 이용에서 사적인 비생산적 이용으로 전환하는 토지소유자에게 중과세할 것을 요구한다.

함께 읽으면 좋은 책

『땅은 사유재산이다』, 김정호 지음, 나남, 2006
『헨리 조지: 100년만에 다시 보다』, 이정우 외 지음, 경북대학교출판부, 2007
『진보와 빈곤』, 헨리 조지 지음 / 김윤상 옮김, 비봉출판사, 1997
『노동 빈곤과 토지 정의』, 헨리 조지 지음 / 김윤상 옮김, 경북대학교출판부, 2012

Chapter

04

주관주의와
자유주의 경제학의
재구성

카를 멩거,
막스 베버,
오이겐 폰 뵘바베르크,
크누트 빅셀,
알프레드 마셜,
어빙 피셔

19세기 말 이래 주관주의라는 새로운 관점을 통해서 사회공학적인 사회주의 경제학에 대한 철저한 분석과 비판이 이어졌다. 주관주의는 두 가지 뜻이 있는데, 하나는 재화의 가치는 노동의 투입량이 아닌 재화를 사용하는 사람들의 주관적 평가에 의해 결정된다는 것이다. 인간이 추구하는 목표나 선호는 주관적이고 이를 통한 물리적 대상이 비로소 재화가 된다는 뜻이다. 또 다른 의미는 개인들이 재화를 결정하는 지식은 개인들이 제각기 삶 속에서 터득한 고유한 지식이라는 뜻이다. 주변 환경에 대한 인지와 지식은 인지하는 주체에 고유하다는 뜻이다.

목적의 주관성만을 강조하는 주관주의는 스위스의 발라, 영국의 제본스 등의 신고전파 경제학으로 구현됐다. 추구하는 목표만이 아니라 인지와 지식도 주관적이라는 입장에서 노동가치론을 비판하고 그런 관점을 확대하여 사회를 바라보는 새로운 경제학적 인식체계, 즉 오스트리아학파를 창시한 인물이 멩거다.

독자적인 자본론과 이자이론 개발하여 마르크스를 체계적으로 비판한 최초의 경제학자였던 오스트리아학파의 뵘바베르크, 종교경제학을 개발하여 프로테스탄트의 윤리는 자본주의의 기초이자 번영의 원동력이라고 주장한 독일의 사회학자 막스 베버도 주목할 필요가 있다.

시장이자율과 자연이자율을 구분하여 경제 안정의 문제를 해결하고, 재정의 불의 (不義)는 다수가 소수를 '착취'하는 의회의 탓이라고 주장한 빅셀도 자유주의 경제학의 재구성에 중요한 역할을 했다. 자본주의의 심각한 문제는 통화의 불안정이라고 주장하고 통화이론을 개발한 어빙 피서도 점증하는 사회주의 운동에 반격을 가했다.

자유주의 경제사상가들은 19세기 후반 이래 자유주의 경제학을 재구성하여 사회주의와 대결했지만 역부족이었다. 오스트리아학파는 널리 알려지지 못했고, 신고전파 경제학은 대부분 간섭주의로 돌아섰다. 그 결과 20세기 중반까지 세상은 온통 사회주의와 간섭주의가 지배했다.

1

카를 멩거
오스트리아학파의 창시자

Carl Menger

1840년 오스트리아 갈리치아(당시 폴란드) 출생

1867년 크라카우대 박사학위 취득

1867년 저널리스트로 활약

1868년 빈 정부 홍보실 근무

1871년 『국민경제학 원리』 출간

1873년 빈대학 교수

1883년 『사회과학 방법과 정치경제학』 출간

1892년 오스트리아–헝가리 통화위원회 위원

1903년 빈대학 교수직 은퇴

1921년 타계

카를 멩거는 19세기의 유럽 자유주의자 중에서 가장 늦게 등장했지만 오늘날 가장 신뢰할 만한 자유주의 지식을 공급하는 오스트리아학파를 창시했다.

폴란드의 크라카우대학에서 법학박사학위를 받은 뒤 잠시 경제담당 신문기자로 활동하다 공무원이 된 멩거는 오스트리아 수상실에서 공보관으로 일하며 경제변동 및 가격변동 조사 업무를 담당했다. 그런 직책 수행 과정에서 그는 현실의 가격변동과 전통적인 가격이론 사이에는 큰 차이가 있다는 것을 발견했다.

전통적인 가격이론은 노동투입량(생산비용)의 변화를 통해 가격변동을 설명할 수 있다는 노동가치론(비용가치론)이었다. 그러나 멩거는 그런 생산비용과는 전혀 관계없이 아연이나 밀 값이 변동한다는 것을 확인하고는 몹시 당황했다. 고민 끝에 가격형성의 최종 원천은 소비자의 '주관적' 가치평가라는 결론을 내렸다. '주관주의'를 잘만 개발하면 경제 현상을 멋지게 설명할 수 있다는 확신이 들자 다니던 직장을 접고 경제학 연구에 매진했다.

오스트리아학파의 창시자

멩거가 개발한 주관주의는 이렇다. 가격, 시장, 화폐, 법 등 경제 현상을 진정으로 이해하려면 개인의 행동에서 출발해야 한다. 그런 현상은 개인들의 행동의 결과라는 이유에서다. 그런데 각 개인의 행동을 결정하는 것은 경제 환경에 대한 그들 각자의 인식 결과, 즉 지식이다. 흥미롭게도 그 지식은 각 개인들에게 고유하다는 의미에서 주관적이다. 따라서 가격 수준의 변동은 개인의 주관적 행동의 결과라는 것이 멩거의 설명이다.

빵 값이 비싼 것은 빵 생산을 위한 노동량이 증가했거나 밀가루 값이 올랐기 때문이 아니라 소비자들이 빵 가치를 높이 평가하기 때문이라고 멩거는 주장한다. 생산요소들의 비용가치는 각 요소들의 생산적 기여에 대한 소비자의 가치평가를 통해 결정된다는 주장도 혁명적이다. 생산비용이 가격을 결정하는 것이 아니라 가격이 생산비용을 좌우한다는 뜻이다. 납품가격은 부품을 조립해 만든 제품 가격에 달려 있기 때문에 원자재 가격 인상이 납품가에 반영돼야 한다는 주장은 옳지 않다. 소비자가 인상된 가격을 받아들이지 않으면 실현될 수 없다는 이유에서다.

인간만이 생각하고 판단하기에 이를 다루는 경제학은 자연과학과 달라야 한다는 것이 멩거의 생각이다. 그래서 자연과학을 모방한 계량경제학이나 수리경제학을 믿지 말라고 주장한다. 그가 총공급, 총수요 등 총합변수와 거시경제학을 반대하는 것도 그것이 경제주체들의 주관성에 기인한 이질성과 다양성을 무시하기 때문이다.

흥미로운 것은 멩거의 시장 비전이다. 시장은 소비자 중심 사회라는 것이 멩거의 탁월한 통찰이다. 시장이 소비자들의 주관적 행동에 의해 전적으로 조종된다는 뜻이다. 생산의 최종 목적은 소비라는 것도 시장을 보는 시각을 생산에서 소비로 바꾼 혁명적 발상에서 나온 것이다.

자유시장이 소중한 이유도 소비자 주권을 보장하기 때문이다. 기업가 정신은 소비자의 선호를 예측해 이를 가장 저렴한 방식으로 충족시킬 방법에 관한 지식의 창조적 발견이다. 이런 경쟁적 발견 과정의 결과가 경제적 번영이다. 소비자 선호에 충실한 번영, 이것이야말로 시장경제의 존재 이유라는 것이 멩거의 주장이다.

그러나 시장경제의 소비자 중심 원리를 이해하지 못하면 국가의 개입을 부르게 되는데, 그 결과는 치명적이라고 지적한다. 이는 대기업 규제와 중소기업 보호를 특징으로 하는 '경제민주화'도 소비자 중심 원리와 저촉되고 그래서 위험하다는 뜻이다.

인간은 시간 속에 존재하므로 자신의 외부세계는 물론이고 자기 자신에 대해서도 잘 모르고, 안다고 해도 틀릴 수 있다. 그래서 인간들에게 지속적인 배움의 장이 필요한데, 이것이 시장이라는 멩거의 인식도 독특하다. 완전히 아는 사람들의 세계에서는 시장이 불필요하다는 의미다. 그런 학습 과정 때문에 시장은 역동적 과정이지, 정태적 균형이 아니라는 게 멩거의 설명이다.

멩거의 혁명적 인식에서 빼놓을 수 없는 것은 '자생적 질서'의 발견이다. 시장가격과 시장현상은 통치자가 계획해서 만든 것이 아니라 자신의 목적을 추구하는 사람들의 주관적인 행동으로부터 의도하지 않게, 즉 자생적으로 생겨나는 결과라는 이야기다.

자생적 질서의 현대적 발견자

화폐의 기원에 대한 멩거의 역사 인식도 흥미롭다. 그는 화폐도 통치자가 만든 것이 아니라 상품 거래 과정에서 자생적으로 생겨났다고 설명한다. 이런 인식은 통화량의 증가만큼 물가가 인상된다는 화폐수량설을 버리고 주관주의 화폐이론을 개발할 수 있는 기틀이 됐다는 것도 주목할 만하다.

자생적 질서 개념은 사람들이 원하는 대로 사회와 제도를 바꿀 수 없다는, 그래서 정부의 개입은 억제해야 한다는 자유사상의 의미를 내포하고 있다는 것을 직시할 필요가 있다.

자유와 책임은 한 나라의 전반적 발전을 위한 기초이고 그래서 정부는 이 원칙을 지켜야 한다고 목소리를 높였던 멩거는 주관주의를 기초로 사회를 바라보는 새로운 경제학적 인식체계를 구성했다. 그래서 그는 '자유주의 경제학의 혁명가'라는 평가를 받고 있다. 20세기 자유주의의 거성이었던 미제스와 하이에크가 이어받은 사상도 바로 멩거의 사상이었다.

역사학파와의 세기적인 대결

카를 멩거의 사상이 등장하던 1860년대 중반까지 오스트리아는 자유무역이 번창했고 시민들은 언론, 사상, 학문의 자유를 만끽하고 있었다. 빈의 카페는 온통 정치적, 학문적 토론의 장이었다. 수많은 학자, 지식인이 빈으로 몰려들었다. 이런 지적 풍토에서 새로운 사유 방식의 개발을 위한 노력이 왕성했다.

이런 배경에서 멩거는 경제학의 '진정한 혁명'을 일으켰다. 멩거는 인간 행동을 결정하는 요인으로서 행동 동기만이 아니라, 세상에 대한 인간의 인지도 주관적이라고 보고 시장이론과 시장철학을 개발했다.

멩거는 이론을 무시하고 역사만을 중시하는 역사학파와 치열한 논쟁을 벌였다. 그는 이론이 없으면 역사의 의미도 읽을 수 없다는 이유로 역사주의를 반박했다. 이것이 멩거의 승리로 끝난 세기적 '방법론 논쟁'이다. 그는 이론의 절대적 중요성을 복권시켰다는 평가를 받는다.

멩거의 강의는 유명했다. 이탈리아, 프랑스, 영국, 심지어 미국 학생들도 그의 강의를 듣기 위해 빈으로 몰려들었다. 경제자유의 신봉자였던 그가 당시 오스트리아 왕세자 루돌프의 가정교사로서 강의한 것도 경제자유가 많을수록 경제활동이 왕성해져 개인이나 나라 경제도 번영한다는 내용의 정치경제학이었다.

19세기 말의 독일과 오스트리아는 노동 문제로 사회주의 운동이 강력해지고, 비스마르크의 집권으로 보호무역과 경제 간섭, 복지 정책으로 경제자유는 점차 줄어들었다. 이에 맞서 멩거는 정부 권력의 제한을 설파했다. 가축전염병 예방처럼 부정적인 외부 효과를 제거하거나 철도, 운하 등 공공재 생산 이외에는 정부 간섭을 줄여야 한다고 설파했다. 그러나 당시 멩거의 사상은 주목받지 못했다.

미제스, 하이에크의 사상에 결정적 영향

20세기에 접어들어 유럽사회의 좌경화가 깊어지자 멩거의 추종자들이 등장했다. 미제스와 하이에크가 오스트리아학파를 이끌면서 멩거의 사상 체계를 확대하고 발전시켰다. 그리고 이를 무기삼아 이념 전쟁에 나섰지만 패배하고 말았다.

그러나 1970년대부터 사정이 달라져 오스트리아학파가 인정받기 시작했다. 1980년대 레이거노믹스와 대처리즘의 이론적, 철학적 기반은 멩거가 창설한 오스트리아학파의 사상이었다. 오늘날에도 모든 형태의 간섭주의에 대항할 자유주의 지식을 제공하는 역할을 맡고 있는 것은 자유주의의 오랜 전통을 가진 영국이나 미국이 아니라 자유주의 정치 역사가 길지 않은 오스트리아에서 형성된 학파라는 점이 흥미롭다.

함께 읽으면 좋은 책

『인간 경제 국가 1, 2』, 머레이 L. 라스바드 지음 / 전용덕, 김이석 옮김, 나남, 2006
『인간 행동』, 루드비히 폰 미제스 지음 / 박종운 옮김, 지만지, 2013
『경제학의 거장들 2』, 요아힘 스타르바티 외 지음 / 정진상 외 옮김, 한길사, 2007
『경제학을 만든 사람들』, 유동민 엮음, 비봉출판사, 1994
『국민경제학의 기본원리』, 카를 멩거 지음 / 민경국, 이상헌, 김이석 옮김, 자유기업원, 2002

2

막스 베버
종교경제학의 창시자

Max Weber

1864년 독일 에르프르트 출생

1882년 하이델베르크대 입학

1889년 경제학 박사학위 취득

1894년 프라이브르크대 교수

1896년 하이델베르크대 교수

1904~5년 『프로테스탄트 윤리와 자본주의 정신』 집필

1910년 독일 사회학회 창립

1918년 빈대학 교수

1920년 타계

1922년 유고집 『경제와 사회』 출간

어머니는 독실한 개신교 신자였던 반면 아버지는 믿는 종교가 없었던, 권위적인 가정에서 자란 막스 베버는 법학, 철학, 경제학으로 학문에 입문했다. 그의 평생에 걸친 학문 주제는 현대 산업사회의 새로운 구조에 대한 의미를 캐내는 것이었다. 그가 이런 문제의식을 갖게 된 배경은 20세기 전환기의 독특한 서구사회의 모습이었다.

당시 독일, 오스트리아, 미국 등 서구사회의 생활 방식을 지배한 것은 자본주의였다. 예전에 경험하지 못한 경제적 번영으로 시민들의 생활수준은 크게 향상됐다. 이런 발전은 엄격한 도덕적 기강과 헌신적인 노동, 그리고 장기 투자와 이를 가능하게 한 저축, 기업가적 혁신과 경영 기법의 개발 때문이라는 게 베버의 설명이다. 이 같은 요소들이 자본주의 경제 발전의 원천이라는 이야기다.

이런 번영의 힘은 어디에서 오는가. 어머니의 영향으로 종교에 대한 관심이 컸던 베버는 자본주의 초창기 부유 계층으로 떠오른 자본가와 경영자, 장인의 대다수가 개신교도였다는 사실에 주목한다. 자본주의 정신이 등장하기 이전의 전통주의에서는 엄격한 가톨릭 교리에 따라 필요 이상으로 돈을 벌거나 저축해 자본을 축적하는 것 등은 엄격히 제한됐다. 필요한 만큼만 벌고 쓰는 금욕적 생활이 강조됐다.

프로테스탄트 윤리가 자본주의 꽃 피워

그러나 베버는 17세기 종교개혁으로 프로테스탄트가 등장하면서 모든 게 변했다고 설명한다. 성실한 노동과 이를 통한 부의 획득은 신의 축복이라고 여겼다. 노동은 금욕을 위한 수단이자 나태를 예방하는 최상의 방법이라는 인식도 생겨났다. 근검절약은 저축으로 이어져 자본의 축적을 정당화했다. 흥미롭게도 노동과 절약은 구원의 조건이자 신앙의 진실성을 보여주는 증표로도 평가했다. 베버는 자본주의의 발생이 프로테스탄트의 산물이라고 결론지었다.

베버의 논리는 '우아하다'는 평가를 받는다. 현실 적합성을 입증하는 역사적 사례도 많다. 청교도의 집단 이주로 탄생한 국가인 미국의 번영이 대표적이다. 프로테스탄트 국가인 영국도 기계와 자본재에 가장 많이 투자하고 산업화에 성공했다. 1850년부터 1940년까지 유럽의 프로테스탄트와 가톨릭 지역의 1인당 소득을 비교한 통계 연구를 보면 전자의 지역이 일관되게 높다는 것을 보여준다. 그러나 이미 중세시대에 자본주의가 꽃을 피우기 시작했고 복식부기와 다양한 금융기법이 생겨난 지역이 이탈리아의 가톨릭 도시국가였다는 사례를 들어 베버의 논리적 취약성을 지적하기도 한다.

그럼에도 불구하고 주목할 대목은 베버의 방법론이다. 그는 자본주의와 도덕, 법 등을 진정으로 이해하고 싶다면 개인의 행동에서 출발해야 한다고 역설한다. 이른바 개인주의적 접근법이다. 그의 사상적인 토대는 견고한 방법론에 있다. 베버는 계급이나 집단을 중심으로 한 집단주의 방법을 믿지 말라고 충고한다. 집단은 생각하고 행동하는 실체가 아니라는 것이다.

표 4-1 유럽 개신교 지역과 가톨릭 지역의 1인당 소득(단위: 달러)

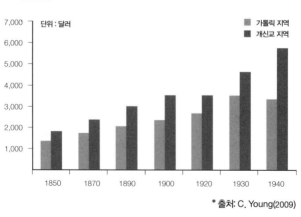

* 출처: C. Young(2009)

베버는 경제학이 객관적인 과학적 학문이 되기 위해선 학자의 주관적인 가치판단이 개입돼서는 안 된다는 원칙도 강조했다. 그런 원칙을 지키는 유일한 방법은 경험적 연구를 통한 이론의 검증이라는 게 그의 주장이다. 종교와 자본주의 관계에 대한 베버의 논리도 경험적 연구 방법을 통해 얻은 결론이다. 그는 역사적 증거를 근거로 해 자본주의에 대한 종교적 설명을 뒷받침하고 있다. 일부 증거가 불완전하고 의심이 가는 부분도 있지만 베버의 시도는 경험적 검증의 본격적인 시작이었다는 사실에 주목할 필요가 있다.

흥미로운 것은 자본주의에 대한 베버의 비전이다. 자본주의는 거대한 부를 창출한다는 게 그의 믿음이었다. 그런 가운데서도 자본주의 장래에 대해 걱정했다. 먼저 기업의 관료화에 대한 우려다. 기업관료화는 정부관료제와 똑같이 개인을 옭아매는 '강철 우리(iron cage)'와 같고 그래서 자본주의의 활력을 떨어뜨릴 것이라고 지적한다.

종교경제학 창시

베버는 자본주의가 발전할수록 세속화돼 자제력과 정직성, 성실성 등 프로테스탄트 윤리가 퇴색할 것이라는 점도 우려했다. 또 현대 자본주의 사회는 사람들 사이에 정(情)이 없고 공동체 가치도 결여돼 있다는 게 그의 진단이다. 전통사회에서는 서로 알고 지내는 이웃과 협력하지만 현대사회에서는 서로 모르는 사람들 틈 속에서 살아가고 있다는 이야기다.

하지만 베버의 이런 자본주의 문제점 지적에 대한 반론도 상당하다. 기업은 정부의 관료시스템과 전적으로 다르다는 점을 간과하고 있다는 것이다. 유연성이 없는 기업 조직은 경쟁 과정에서 도태될 수밖에 없다. 국가관료제는 그런 경쟁 과정이 없다. 일부 기업 조직이 관료화된다고 해도 혁신과 위험을 감수하는 기업가들은 여전히 존재한다는 점도 염두에 둘 필요가 있다.

자본주의가 세속화될 것이란 전망과 관련해서는 시장경제가 스스로 도덕을 유지하는 경향을 갖고 있다는 점에서 베버의 걱정은 기우라는 지적이다.

베버의 사상은 여러 가지 비판의 여지를 남겼음에도 불구하고 그가 20세기의 전환기를 이끈 위대한 사상가였다는 평가에 이의를 달 사람은 없다. 특히 그는 자본주의를 종교적 시각에서 해석해 종교경제학이라는 새로운 학문적 영역을 개척했다는 평가를 받는다.

반종교적 분위기 무력화에 기여

막스 베버의 사상은 19세기와 20세기 초 서구사회를 풍미하던 탐욕이론, 반종교 사상, 방법론적 집단주의 등 세 가지 사상을 무력화하기 위한 중요한 무기였다. 자본주의 정신이 탐욕과 이윤 추구라는 기존 주장에 대해 베버는 강력하게 도전했다. 이런 충동은 어떤 사회에서도 존재했으며 유독 자본주의에서만 목격할 수 있는 것이 아니라고 목소리를 높였다. 종교윤리를 토대로 하는 자본주의야말로 탐욕을 억제한다는 논리를 폈다. 독일의 질서자유주의를 창시한 오이켄이 교회를 질서의 수호자라고 여겼던 것도 베버의 영향에 따른 것이라는 평가다.

베버의 사상은 서구사회를 풍미하던 반종교적 분위기를 무력화시키는 데 중요한 역할을 했다. 신앙을 도덕적 장애인의 지팡이쯤으로 여겼던 니체, 종교를 환각이자 불합리한 정신적 혼란이라고 비아냥거렸던 프로이트를 겨냥해 베버는 종교야말로 자본주의를 지탱하면서 번영을 불러온 서구문명의 핵심이라고 쏘아붙였다. 그는 자본주의를 등장시킨 게 종교라는 인식을 가지고 경제적 토대가 종교를 규정한다고 주장하는 마르크스주의자들과 대립했다.

베버 논증의 지적인 힘은 유한계급의 과시소비로 자본주의를 풍자하던 미국의 인류학자 겸 경제학자 베블런과의 세기적인 논쟁에서도 드러난다. 저 멀리 아메리카 대륙의 중심부에서 베블런이 자본주의를 야만적 진화와 착취의 대표적 사례라고 목소리를 높일 때 유럽 대륙의 한복판에서 베버는 자본주의 정신이야말로 인간의 약탈적 행동을 중단시킨 결정적인 요인이라는 논리를 폈다. 베블런이 자본가를 약탈자이자 출세주의자라고 말하자 베버는 게으름과 낭비를 막고 건전한 소비생활을 촉진하는 개인의 종교적 양심과 기독교적 훈계를 모르고 하는 소리라고 응수했다. 결국 베블런은 베버의 탁월한 논리를 이길 수 없었다.

베블런과 세기적 대결

베버는 사회주의 운동과도 맞섰다. 노동자들의 이익은 물론 독일 경제의 발전을 지체시키는 게 사회주의라고 역설했다.

동아시아의 발전과 관련된 연구에 미친 베버의 영향도 결코 작지 않다. 베버 사상의 영향으로 유교 윤리를 의미하는 '동아시아의 자본주의 정신'이라는 개념이 등장했다. 그러나 중요한 점은 경제 발전이 종교 그 자체에 달려 있는 게 아니라 종교가 개인의 자유와 재산권을 보호하는 데 얼마나 크게 기여했는가에 따라 좌우된다는 것이다.

함께 읽으면 좋은 책

『막스 베버: 통합과학적 인식의 패러다임을 찾아서』, 김덕영 지음, 길, 2012
『막스 베버 사회과학방법론 선집』, 막스 베버 지음 / 전성우 옮김, 나남, 2011
『막스베버의 학문과 사상』, 이종수 엮음, 한길사, 1992
『경제학을 만든 사람들』, 유동민 엮음, 비봉출판사, 1994

3

오이겐 폰 뵘바베르크

오스트리아학파 자본론의 개척자

Eugen von Böhm-Bawerk

19세기 후반 들어 유럽 경제는 산업화 영향으로 전대미문의 번영을 이뤄가고 있었지만 카를 마르크스와 그의 사상은 이윤과 이자의 존재를 부정하고 '자본주의는 소외와 착취로 점철된 부정한 사회'라는 논리를 펼치면서 대중 속으로 파고들었다.

전통 경제학은 마르크스 사상의 선전, 선동에 속수무책이었다. 마르크스에 맞서 자본주의 발전과 성장, 분배를 설명할 적절한 이론적 틀을 갖추지 못했다. 이런 시기에 마르크스 사상은 치명적 오류로 가득 차 있다고 주장하면서 자본주의를 이해하는 새로운 길을 보여준 인물이 오스트리아 출신의 정치경제학자 오이겐 폰 뵘바베르크다.

독창적인 자본론 개척

아버지가 고위 공무원이었던 가정의 막내아들로 태어난 뵘바베르크는 원래 법학을 전공했지만 마르크스의 주장을 이론적으로 분석할 필요가 있다는 그의 스승 알베르트 셰플레 교수의 조언에 따라 독학으로 경제학에 입문했다.

오스트리아 재무부 장관을 세 차례나 지내면서 끊임없이 경제학 공부에 매진했던 뵘바베르크가 주목한 것은 자본이라는 현상인데, 이것만 제대로 이해할 수 있는 이론을 개발한다면 마르크스이론의 오류는 물론이고 자본주의를 이해하는 새로운 길을 보여줄 수 있을 것이라고 확신했다. 뵘바베르크는 저축, 투자, 기술, 자본재, 생산성, 지식 등 모든 형태의 자본이 개인들의 행위와 그들의 상호작용을 통해 생겨나는 결과이기에 인간행동 연구가 중요하다고 주장한다. 그는 저축의 총합이나 자본의 총합 등 총합 개념으로 이론을 도출하려는 거시경제학에 반대했다.

흥미로운 것은 왜 이자가 생겨나는가에 대한 뵘바베르크의 인식이다. 그는 이자가 시간선호 때문에 생겨나는 현상이라고 생각했다. 시간선호란 인간들이 동일한 품질의 자동차라고 해도 장래에 갖게 될 자동차보다 지금 가질 수 있는 자동차에 더 큰 가치를 부여하는 것처럼 '현재 재화'를 '미래 재화'보다 높이 평가한다는 뜻이다. 그러기에 미래를 위해 현재를 포기하려면 그 평가 차이에 해당되는 프리미엄이 부여되지 않으면 안 되고, 그것이 이자라는 것이다. 이자가 플러스(+) 값을 갖는 이유는 현재 재화를 미래 재화보다 더 높이 평가하기 때문이다.

따라서 뵘바베르크는 이자가 돈이 아닌 시간의 가격이라고 주장했다. 이자가 금융투자에 대한 수익, 자본재 사용에서 생기는 소득이라는 전통적인 시각은 틀렸다는 것이다. 이런 것들은 이자 지급을 위한 기금일 뿐이라는 게 그의 통찰이다.

뵘바베르크는 이자의 존재 이유가 시간선호 때문이라고 한다면 이자를 착취라고 말하는 것도 옳지 않다고 주장했다. 이자는 자본주의에서만 등장하는 역사적, 법적 범주가 아니라는 그의 지적도 흥미롭다. 이자 현상은 현재와 미래를 상이하게 평가하는 곳이면 어디서나 등장하는 그래서 체제와 무관한 현상이라고 강조했다.

자본은 보편적 번영을 위한 열쇠

자본주의의 핵심은 자본이라는 게 그의 인식이다. 슘페터가 뵘바베르크를 '부르주아 마르크스'라고 불렀던 것도, 그가 마르크스처럼 자본을 분석 전면에 내세웠기 때문이다. 그러나 그는 자본을 노동의 적으로 여긴 마르크스와는 달리 자본은 노동의 친구요, 모든 계층의 생활수준을 개선하는 보편적 번영의 열쇠라고 주장했다. 애덤 스미스의 분업과 근면이 아니라 절약과 저축, 자본 재투자가 번영의 열쇠라고 목소리를 높였다.

기존의 건물을 유지하거나 감가상각 정도의 저축을 넘어서 순저축이 없는 사회에서는 새로운 다리나 수도관을 건설할 수도 없고 발명과 발견에 투자할 여력도 없다. 이런 사회는 겨우 기존의 자본만을 유지하기 때문에 번영하지 못한다. 소득 이상으로 소비하는 사회는 저축을 통한 자본축적은 고사하고 있는 것을 갉아먹는, 그래서 자본이 줄어드는 사회다. 그 결과는 빈곤의 악순환이다.

뵘바베르크가 주목한 것은 소득의 일부를 저축하는 사회다. 물론 저축 때문에 처음에는 소비가 줄어들지만, 자본재 수요 증가로 이어져 줄어든 소비재 수요를 상쇄한다는 게 그의 견해다. 발전된 국가에서는 자본 퇴장이 없고 저축은 전부 투자된다. 그 결과 자본의 증가로 소득이 늘어나고 장차 소비재 수요도 증가한다는 것이다.

뵘바베르크는 소비는 생산을 위한 불가분의 조건이라고 주장하면서 저축은 일반적인 구매력 감소일 뿐이고 그래서 생산의 위축을 초래한다는 주장도 틀렸다고 일축했다. 결국 저축은 나중에 자녀 교육, 노후 등에 지출한다는 것을 의미하는 연기된 소비지출이라는 것을 모르고 하는 소리라고 일침을 놨다. 이런 자본론적 시각에서 뵘바베르크가 우려한 것은 오스트리아의 높은 만성적 공공부채였다. 재정건전성을 해치는 공공부채는 금융자본 시장을 위축시켜 번영의 싹을 자른다는 이유에서다.

이처럼 뵘바베르크는 자본과 이자를 새로운 시각에서 조명하고 현실에 적합한 경제성장이론을 독창적으로 개발한 인물로 평가받고 있다.

마르크스의 착취이론을 정면 비판

오이겐 폰 뵘바베르크는 누구도 비판하지 않았던 마르크스 사상을 마르크스의 독보적인 '자본론'을 기초로 해 최초로 정면으로 비판했다. 그의 비판이 너무도 강력해서 마르크스 추종자들은 직업을 찾기도 어려웠다는 게 역사가들의 보고다. 그의 비판은 착취이론에 초점이 맞춰져 있다.

착취이론은 노동 투입량이 가격을 결정하기 때문에 노동에 대한 보수는 가격과 일치해야 한다는 전제를 깔고 있다. 기업주는 가격만큼 다 주지 않고 이자와 이윤으로 제 몫을 챙기며, 노동자들에게는 겨우 먹고살 정도의 임금만을 준다는 게 착취이론이다.

그러나 뵘바베르크는 가치를 결정하는 것은 전적으로 소비자의 판단이기에 노동만이 가치를 창출한다는 이론은 틀렸다는 의견에 동조하면서 이윤이란 기업가들의 위험 부담에 대한 대가라고 봤다.

그에 따르면 기업가는 토지, 노동, 자본을 조합해 시장에서 경쟁할 완성된 재화를 창출하고 이에 대한 손익과 파산 등을 책임진다. 반면 정규적으로 월급을 받는 노동자는 이런 책임이 없고, 기업이 망해도 그들이 잃는 것은 월급일뿐이다. 따라서 생산한 것을 전부 노동자가 가질 수 없고, 기업가의 이윤은 착취가 아니라 지극히 도덕적이라는 결론이다.

뵘바베르크는 자본가가 챙기는 이자도 윤리적으로 당연하다고 설명한다. 노동자는 생산하고 이후 이를 판매해 수익이 생길 때까지 기다릴 필요 없이 노임을 받는데, 이를 가능하게 하는 게 자본가가 현재 소비를 억제하고 저축한 자본이라는 걸 명심해야 한다고 주장했다.

미제스, 하이에크 경기변동이론의 기초를 확립

마르크스 사상에 대한 뵘바베르크의 비판은, 사회주의에는 가격이 없기 때문에 소비나 생산을 위한 경제 계산이 가능하지 않다는 이유에서 사회주의는 불가능하다는 미제스의 유명한 사회주의 비판에 버금가는 중요한 역사적 사건이라는 게 학계의 일반적 평가다.

1929년 발생한 세계대공황을 설명한 자유주의 정치경제학의 거성 미제스와 하이에크가 경기변동이론 분야에서 탁월한 업적을 남길 수 있었던 것도 뵘바베르크 자본론의 힘 때문이었다는 역사가들의 주장에 귀 기울일 필요가 있다.

뵘바베르크는 세 번이나 재무부 장관이 돼 생산에 부담이 되는 조세를 개혁하고 금본위제를 도입했다. 다음의 정부부채비율이 보여주듯이 당시에는 정부부채가 매우 높았다. 그는 이런 부채를 줄이는 데에도 정치적으로 매우 큰 영향을 미쳤다. 유로화에 통합될 때까지 오스트리아의 100실링 지폐에 그의 사진이 실릴 것도 금융과 통화 부분에서 그의 영향이 얼마나 컸는지를 말해준다.

표 4-2 오스트리아 국민소득 대비 정부부채비율(단위: %)

* 출처: OECD

함께 읽으면 좋은 책

『가치 가격과 경쟁』, 송태복 지음, 한남대학교출판부, 2004
『경제학의 거장들 2』, 요아힘 슈타르바티 외 지음 / 정진상 외 옮김, 한길사, 2007
『경제학을 만든 사람들』, 유동민 엮음, 비봉출판사, 1994
『마르크스와 오스트리아 학파의 경제사상』, 홍훈 지음, 아카넷, 2000

4

크누트 빅셀
공공선택론의 선구자

Johan Gustaf Knut Wicksell

19세기 후반 유럽은 자유무역, 사유재산권의 확립 등 친시장 개혁에 주력했다. 북유럽의 중심지 스웨덴도 이런 개혁의 물결 속에 있었다. 무역장벽을 허물고 토지개혁과 금융개혁 등으로 자유의 영역이 확대됐다. 교육제도도 기술 중심 교육으로 정비돼 갔다. 그런 개혁의 결과 스웨덴의 경제는 날로 번창했다.

그럼에도 불구하고 빈곤층, 알코올 중독, 범죄 등으로 시민들의 불안감도 작지 않았다. 산업혁명의 그늘진 측면에 초점을 맞추면서 경제학 발전에 탁월한 족적을 남긴 인물이 스웨덴 출신의 크누트 빅셀이다. 일찍 부모를 잃었지만 부유한 가정에서 태어나 자란 그는 수학자가 되겠다는 생각에 수학에 입문했지만 점차 흥미를 잃었다. 대신 빈곤, 알코올 중독, 매춘, 인구과밀과 같은 사회경제 문제에 관심이 쏠렸다.

인플레 이론의 개발

빅셀은 저널리스트로 활약하면서 그런 문제의 진단과 해법을 열정적으로 다뤘다. 맬서스로부터 큰 영향을 받은 그는 빈곤과 매춘 등은 인구 증가 때문이고 이를 줄이는 효과적인 수단은 낙태 허용과 산아 제한이라고 설파했다. 그러나 그의 주장은 주목을 받지 못했다. 오히려 경제학적 맥락을 모르고 하는 소리라는 비난을 들었다.

빅셀은 그런 비난을 참을 수 없었다. 그는 영국, 독일, 오스트리아 등 외국에 머물면서 경제학을 독학했다. 수리적 논리를 이용해 기존 경제학을 새롭게 재구성하는 게 자신의 과제라고 여겼다. 그런 과제에 대한 그의 해법은 선구적이었다.

빅셀이 각별히 주목한 것은 인플레이션 문제였다. 물가불안은 경제 전반을 왜곡하는 가장 큰 요인이라고 인식하고 있었다. 따라서 물가안정이 경제정책의 첫 번째 목표여야 한다고 주장한다. 그는 그런 중요성의 인식에서 인플레이션 원인에 대한 문제를 다뤘다.

그 문제의 해법으로 시장이자율과 자연이자율의 구분은 빅셀의 획기적인 통찰로 인정받고 있다. 시장이자율은 은행이 개인이나 기업에 돈을 빌려 줄 때의 이자율이고, 자연이자율은 투자목적을 위한 실물 자본의 수요와 공급을 일치시키는 이자율이다. 두 이자율이 동일하면 경제가 안정적이라는 게 그의 설명이다.

통화당국은 화폐 수량을 늘림으로써 시장이자율을 자연이자율 아래로 낮출 수 있다. 빅셀이 해결하고자 했던 것은 그런 시장이자율 하락이 시장 과정에 어떤 영향을 미치는가의 문제였다.

대출이자율이 하락하면 새로운 자본재 사업에 투자하기 위한 기업들의 자금수요가 활발해진다. 그런 투자 계획을 실행하기 위해서는 소비재 생산에 필요한 생산요소들을 유치해야 한다. 그 결과 소비재 생산은 줄어들어 소비재 값은 인상된다. 이는 강제 저축이나 다름없다는 게 빅셀의 설명이다.

통화 공급이 지속적으로 늘어나면 기업들은 자신들이 투자한 사업을 완성하고 유지하기 위해 생산요소의 값을 올려야 한다. 노동자와 자원 소유자들은 높은 화폐소득을 통해 소비재 가격을 높이 부른다. 빅셀은 이로써 가격이 누적적으로 인상된다고 주장한다. 저축을 초과하는 대부자금의 수요는 생산 요소에 대한 수요 증가, 원료 가격 증가, 요소 소득 증가, 소비재 가격 상승 등 물가가 연쇄적으로 상승하는 결과를 가져온다는 뜻이다.

빅셀의 인플레 정책 제안은 간단하다. 정부는 인위적으로 값싼 통화 인플레를 피해 시장이자율을 항상 자연이자율과 동일하게 유지해야 한다. 그는 통화량이 증대하면 물가가 인상된다는 화폐수량설을 이자율에 대한 적응 과정을 통해 견고하게 정립했다는 평가를 받고 있다.

조세 정의의 확립

빅셀의 경제사상 중에서 백미(白眉)는 재정 사상이다. 그가 재정 문제에 관심을 갖게 된 배경은 19세기 중반 이래 미국, 영국, 독일, 스웨덴 등 주요 국들의 정부 지출이 지속적으로 증대했다는 사실이다. 그가 주목한 것은 정부 지출로부터 편익을 얻는 자와 조세부담자 사이의 불일치였다.

정의로운 조세제도는 정부지출로부터 얻는 편익에 따른 조세부담 배분이라는 게 빅셀의 주장이다. 정부 지출에 의한 편익을 얻는 자가 조세부담자여야 한다는 이야기다. 그러나 그가 판단하기에 스웨덴을 비롯한 대부분의 국가는 그와 같은 정의로운 조세제도가 확립돼 있지 못했다.

빅셀은 정부 지출의 재원을 간접세나 관세에 의존하는 조세제도는 정의롭지 못한 제도라고 목소리를 높인다. 소득이 적을수록 조세부담이 커지는 역진적 효과 때문이다. 빈곤자가 부자의 공공재화 수요를 위해 조세를 부담한다는 것은 말도 안 된다는 것이다.

빅셀이 관심을 기울인 것은 어떻게 그런 정의롭지 못한 조세제도가 형성되는가의 문제다. 그는 정치 제도의 발전은 조세제도의 개선을 위한 선결 조건이라고 답을 내린다. 나쁜 정치 제도는 나쁜 조세 또는 경제 제도를 만들어낸다고 주장한다.

빅셀은 정치 과정의 문제점을 인식해 정부 재정을 다루고 있다. 그래서 그는 경제학적 관점에서 정치를 분석하는 공공선택론의 선구자라는 평가를 받는다.

경기변동이론 개발의 토대

빅셀의 사상이 영어권에 알려지기 시작한 것은 1930년대였다. '창조적 파괴'로 유명한 슘페터는 빅셀을 '북유럽 경제학의 위대한 인물'이라고 칭송했다. 복지국가를 옹호하는 '시장사회주의자'였던 빅셀의 사상은 경기의 불안정성이 자본주의 시스템에 내재돼 있다고 믿는 '스톡홀름학파'에도 이념적 영향을 미쳤다.

주목할 것은 빅셀의 화폐사상이 자유주의 거성, 미제스와 하이에크 등 오스트리아학파에 미친 영향이다. 그들은 빅셀이 말하는 가격의 누적적 과정을 기초로 해 경기변동이론을 개발하고 1929년 세계대공황을 불러온 영향을 설명한 것으로 유명하다. 그들은 미국의 중앙은행이 1920년대 초부터 지속적으로 통화량을 늘린 결과, 가격 인상만이 아니라 생산 과정과 투자가치를 왜곡시켜 필연적으로 경기변동, 즉 불황을 야기했다는 것을 보여줬다.

오스트리아학파는 시장이자율이 하락해 야기되는 활발한 투자활동은 근본적으로 잘못된 것이라고 주장한다. 시장이자율은 실질 저축을 반영하지 않은 왜곡된 이자율이기 때문에 기업들은 자본시장에서 동시다발적인 오류를 범할 수밖에 없다는 이유에서다.

흥미롭게도 경기침체는 그런 잘못된 투자를 수정해 정상적인 상황을 회복하는 과정이라는 게 오스트리아학파의 주장이다.

오스트리아학파는 불황을 극복하겠다는 야심에서 정부가 개입하는 것은 그런 회복 과정을 방해하고 더디게 만든다는 이유로 정부 개입을 반대한다. 그러면서 1930년대 불황이 8년이나 오래 지속되고 실업률이 20%를 넘은 이유는 정부의 무모한 개입 때문이라고 설명한다.

빅셀의 사상이 1960년대 이래 학계에서 새로이 각광을 받고 있는 '헌법경제학'에 미친 영향도 간과할 수 없다. 빅셀은 정치제도가 조세제도 개선을 위한 전제조건이라는 인식에서 의회제도, 선거제도, 표결원칙을 분석해 적합한 제도를 제안한다. 그런 제도를 통해서 정치 실패를 극복해야 한다는 게 빅셀의 핵심 사상이다.

버지니아학파 헌법경제학의 기초

노벨경제학상을 수상한 자유주의 경제학자 뷰캐넌, 미국의 유명한 공공선택이론가 고든 털록을 비롯한 많은 학자들이 빅셀의 그런 접근법을 기초로 해 헌법과 같이 정치적 과정을 안내하고 조종하는 정치 제도를 분석해 자유와 재산권을 보호하는 데 적합한 대안을 제시했다.

또한 오늘날 헌법경제학자들이 균형예산제, 준칙주의 통화정책, 차별입법금지를 핵심으로 하는 법치주의 등 다양한 실체적 제도를 접근하는 것, 한국 사회에서 재정과 조세가 낭비 없이 시민들이 원하는 방향으로 이용하는 것을 보장하기 위해 재정책임과 재정규율의 중요성을 강조하는 재정포럼과 같은 사회단체나 연구단체가 증가하는 것도 빅셀 사상의 직간접적 영향이 아닐 수 없다.

함께 읽으면 좋은 책

『경제학의 거장들』, 요아힘 슈타르바티 외 지음 / 정진상 외 옮김, 한길사, 2007
『경제학을 만든 사람들』, 유동민 엮음, 비봉출판사, 1994
『정치경제학 강의: 일반이론』, 크누트 빅셀 지음 / 이규억 옮김, 한국문화사, 2012
『경제학 강의: 화폐론』, 크누트 빅셀 지음 / 오근엽 옮김, 아르케, 1999

5

앨프리드 마셜
신고전파 경제학의 거성

19세기에는 두 개의 서로 대립적인 사상이 인식의 세계를 지배했다. 한편에는 인류의 빈곤은 숙명적이고 극복할 수 없다는 맬서스와 리카도의 '우울한' 사상이 있었다. 다른 한편에선 마르크스와 그 추종자들이 사유재산 없는 사회주의가 가난에서 인류를 구원한다고 주장했다.

이 시기에 양측의 인식을 비판하며, 자본주의를 제대로 이해하고 관리한다면 가난한 사람과 부자 모두가 함께 번영을 이룰 수 있다고 설파한 인물이 등장했다. 영국 경제학자 앨프리드 마셜이다. 그는 빈곤의 숙명론은 인류 문명에 대한 모독이며 사회주의는 인류가 직면한 최대 적이라고 주장했다.

자율적인 수요 공급이 경제 성장의 동력

대학에서 수학과 물리학을 전공한 마셜이 경제학에 입문하게 된 계기는 그가 가입한 엘리트 모임이었다. 이 모임의 중심 주제는 빈곤 해소를 통한 인류의 보편적 번영 문제였다. 그런 문제의식에 매료된 그가 절실히 느낀 것은 물질적 풍요를 위한 경제학의 확립이었다.

마셜은 이런 인식을 토대로 독창적인 개념을 개발하여 신고전파경제학의 이론적 토대를 확립한다. 가장 큰 공로로 인정받고 있는 것이 수요공급원리와 가격결정, 생산비용, 균형이론 등이다. 이런 개념들에 접근하기 위해 기하학, 수리, 계량 방법을 개발한 것도 독특하다.

주목할 것은 수요공급원리다. 경제를 움직이는 것은 수요와 공급이고, 이를 통해서 가격과 산출량이 정해진다는 게 그의 생각이다. 시장을 균형으로 파악하는 그의 경제관도 흥미롭다. 균형이란 수많은 사람의 행동이 서로 조절돼 조화가 이뤄진 상황이다. 이는 수요공급의 일치로 표현된다. 시장을 주택, 자동차 등 산업별로 나눠 따로 분석하는 부분분석도 각 산업이 고립적으로 작동한다는 전제가 깔린 마셜의 기발한 착상으로 인정받고 있다.

그러나 마셜의 균형이론은 인간은 자극에 따라 기계적으로 반응한다는 비현실적 인간관에서 도출됐다는 이유로 적잖은 비판에 직면했다. 인간의 행동은 기계적이 아니라 인지적이라는 이야기다. 인지란 새로운 지식을 적극적으로 창출하고 발견하는, 인간만이 갖고 있는 요소다. 오스트리아학파를 이끌고 있는 미국 경제학자 커즈너는 인지적 인간으로 구성된 시장은 '과정'이지 결코 '균형'이 아니라고 지적한다. 모든 산업은 개별적으로 분석하는 방법에 대해서도 이견이 많다. 산업들은 서로 불가피하게 연관돼 있고 그래서 시장들은 분리할 수 없는 하나의 시장으로 작동하기에 부분분석을 통해서는 시장의 기능 원리를 제대로 파악할 수 없다는 지적도 나온다.

마셜의 독창성은 가격 변화에 구매자가 어떻게 반응하는가를 계량화한 탄력성 개념의 발견에서도 드러난다. 이런 개념은 경제주체의 행동을 이해하는 데 큰 기여를 했지만, 중앙은행이 이자율을 낮추면 투자와 소비가 증대한다는 등 재량적 통화정책처럼 정부의 가격규제를 정당화하는 데도 중요한 역할을 했다.

'여타의 것이 일정불변하다(ceteris pribus)'고 전제하고 분석하는 방법도 마셜의 탁월한 지혜라는 지적이다. 그것은 복잡계를 단순계로 만드는 방법이다. 단순계의 분석을 통해 복잡계인 시장의 기능 원리를 제대로 이해하기 곤란하다는 비판이 있긴 하다.

마셜 사상의 백미는 성장철학이다. 번영의 원천은 정부가 아니라 시장, 즉 자본가와 기업가라고 목소리를 높인다. 정부는 셰익스피어의 작품을 모양새 좋게 발간할 수는 있지만 그것을 저술할 수는 없다고 정부의 치명적 한계를 지적한다. 자본가와 자본이 없다면 사회는 야만의 세계로 되돌아가 인간 존립 그 자체가 위태롭게 된다고 그는 설명한다.

19세기 산업혁명으로 수세대 동안 자본가와 농업, 산업노동자 등 모두의 생활수준이 향상됐다는 마셜의 역사 해석도 흥미롭다. 증기기관은 인류를 저급하고 소모적인 노동에서 해방시켰고, 다양한 산업의 등장으로 임금 수준도 높아졌으며, 교육 기회도 넓어졌다는 설명이다. 자유기업은 모든 계층에 보편적인 번영을 가져다줬다는 의미다. 자본주의가 보편적 번영을 보장한다는 마셜의 주장은 캐나다의 유명한 싱크탱크인 프레이저 연구소 보고서에서도 입증된다. 경제자유가 많을수록 경제 성장률이 높고, 성장이 높은 나라일수록 최하위 소득 계층의 소득 수준도 높다는 것이다. 결론적으로 빈곤 문제의 해법은 자유기업을 통한 성장이라는 이야기다.

표 4-3 경제 자유와 빈곤층 10%의 1인당 소득(1990~2009년)

미국, 독일 등 141개국을 대상으로 재정 건전성, 조세 부담,
시장규제 등 24개 항목을 기준으로 경제 자유도를 평가하여 분류.
1등급은 자유도가 가장 높고 4등급이 가장 낮다.

* 출처: 프레이저 세계 경제 자유 보고서

빈곤층에 대한 교육의 중요성을 역설

빈곤은 인구 증가가 아니라 미숙련 노동자의 증가 때문이라는 마셜의 진단도 눈길을 끈다. 그래서 가난한 사람들에 대한 교육이 빈곤 문제의 해법이라고 주장한다. 빈곤 문제 해결에 대한 열정이 누구보다도 컸던 마셜은 자본세, 소득 누진세를 통한 재분배, 복지정책, 최소임금법을 요구하면

서 기업가는 이윤만 추구하지 말고 기사도 정신을 발휘해 빈곤 해소에 적극 나서야 한다고 주장했다. 부자는 약간 덜 부자가 되고 가난한 자는 약간 덜 가난한 것, 이것이 좋은 사회라고 목소리를 높였다. 마셜은 독점기업에 대한 우려에서 기업 규제의 필요성도 강조했다.

결론적으로 마셜은 빈곤 해소를 위한 성장철학을 부활시키면서 신고전파 경제학의 이론적, 공공정책적 기초를 확립하는 데 큰 기여를 했다는 평가를 받고 있다.

『경제학 원리』는 반세기 동안 경제학 교과서

건강을 위한 의학, 정의 구현을 위한 법학, 영적 구원을 위한 신학과 나란히 물질 번영을 위한 경제학을 확립하겠다는 생각으로 경제학에 입문한 앨프리드 마셜이 지성사나 정치사에 미친 영향도 상당하다. 수요공급원리, 탄력성, 장단기의 구분, 균형, 부분분석 등 오늘날 경제교육을 지배하는 개념들은 그에게서 비롯됐다.

마셜 전통의 경제학은 1859년 『종의 기원』의 저자 찰스 다윈이 극복하고자 했던 바로 그 뉴턴의 기계적 자연관을 전적으로 수용하고 있다는 점을 직시할 필요가 있다. 마셜은 다윈의 책을 읽고 '변화'를 특징으로 하는 진화를 중시했지만 그건 말뿐이었다.

마셜의 영향력은 고전물리학적 시각에서 시장사회를 본 그의 1890년 저서 『경제학 원리』의 판매량에서도 드러난다. 이 책은 8판이나 발간됐다. 거의 반세기 동안 서구사회의 경제학 교육 내용을 지배했다. 이 책에 뒤이어 나온 게 새뮤얼슨의 『경제학』과 최근 등장한 맨큐의 『경제학』이다. 새뮤얼슨과 맨큐의 경제학도 마셜에게 영향을 받아 고전물리학적 사고의 틀을 고스란히 반영했다.

'정치경제학'에서 '정치'라는 말이 빠지고 오늘날 '경제학'으로 불리게 된 것도 마셜의 영향이 결정적이었다. 그의 책 제목은 '경제학원론'이다. 정치라는 말을 없앤 이유는 수요-공급의 저편에 있는, 그러나 복잡한 시장 현상을 구성하는 도덕, 정치, 법, 문화, 역사, 심리 등을 버리고 오로지 역학적인 수요-공급만을 수학과 통계학으로 설명하려 했기 때문이다.

케인스와 피구의 은사

법학, 정치학, 수학에서 벗어나 독자적인 경제학과 설립에 큰 영향을 미친 마셜은 교육을 통해서도 사람들에게 많은 영향을 끼쳤다. 그는 자본주의는 유효수요의 부족으로 실업과 경제 침체가 만성적으로 발생할 수 있기 때문에 빚을 내서라도 정부가 지출을 늘려야 한다고 주장하는 케인스를 키웠다.

마셜은 마르크스와의 싸움으로도 유명하다. 마르크스가 마셜의 경제학에 대해 전망이 없는 부르주아 계급의 학문이라고 비판하자 마셜은 사회주의의 집단소유체제는 경제를 황폐화시키고 개인적인 삶과 가정 등 가장 아름다운 것까지도 파괴한다고 쏘아붙였다. 그는 마르크스주의 확산을 막는 데 중요한 역할을 했다.

함께 읽으면 좋은 책

『세계를 움직인 경제학 명서 88』, 네이 마사히로 엮음 / 이균 옮김, 한국경제신문사, 1998
『경제학원리 1, 2』, 앨프레드 마셜 지음 / 백영현 옮김, 한길사, 2010
『경제학의 거장들 2』, 요아힘 스타르바티 외 지음 / 정진상 외 옮김, 한길사, 2007
『경제학을 만든 사람들』, 유동민 엮음, 비봉출판사, 1994
『세속의 철학자들』, 로버트 L. 하일브로너 지음 / 장상환 옮김, 이마고, 2008

6

어빙 피셔
통화주의의 창시자

Irving Fisher

미국 경제는 19세기 말에 접어들면서 자유기업의 왕성한 활동의 영향으로 세계 최고 수준의 성장을 이뤘다. 1870년 4,500달러였던 1인당 국민소득은 1915년 9,000달러로 두 배 증가했다. 같은 기간 4,000만 명이었던 인구도 1억 명으로 늘어났다.

이 같은 번영에도 불구하고 빈곤과 불평등, 독점 등의 문제를 제기하며 정부가 조세, 정부지출 규제 등을 통해 경제에 개입하지 않으면 미국 자본주의는 위태롭게 될 것이라고 주장하는 진보주의 목소리가 커지고 있었다.

통화의 불안정은 자본주의에 대한 심각한 위협

이런 시기에 자본주의의 심각한 위협은 독점 등의 문제가 아니라 통화의 불안정이라고 주장하는 경제학자가 등장했다. 미국의 경제학자 어빙 피셔다. 강제력을 동원해서라도 물가를 안정화하는 게 정부의 제1과제라고 주장했다.

대학에서 수학적 재능을 인정받았지만 순수수학에는 관심이 없었던 피셔는 자유주의 학자였던 윌리엄 섬너 교수의 조언에 따라 수학자로서 경제학에 입문했다. 당시 경제학은 흐름, 인플레이션, 힘, 확장, 수축, 균형, 유통속도 등 물리학적 언어를 즐겨 사용했다. 피셔는 그런 언어를 체계적으로 이용해 역학적 모델을 만들면 자본주의의 신비를 명쾌하게 풀어낼 수 있을 것으로 믿었다. 경제 현상을 수리계량적 원리로 파악하는 수리계량경제학이 첨단 과학이라는 인식이 자리 잡던 시기였다.

피셔가 주목한 것은 자본과 통화이론이었다. 경제 안정과 직결된 분야라는 이유에서다. 그는 이자를, 동일한 액수라고 해도 현재의 소득을 미래의 소득보다 높이 평가한다는 시간선호, 그리고 투자된 소득은 장차 더 큰 소득을 가져다준다는 투자 기회가 상호 작용해 생기는 결과로 이해했다.

자본과 소득에 대한 이런 인식에서 그가 주목한 것은 소득세의 정당성에 대한 문제다.

현재의 소득에서 저축하고 이 저축을 자본재에 투자하면 나중에 소득이 창출된다. 그런데 소득세의 경우 자본재를 구입하는 데 사용된 소득에, 그리고 나중에는 그 자본이 창출한 소득에 과세해 저축은 이중으로 조세 부담을 진다는 게 피셔의 인식이다.

피셔는 이처럼 자본론의 시각에서 최초로 저축과 자본축적에 적대적인 소득세 대신 지출세, 즉 소비세를 제안한 인물이다.

관심을 끄는 것은 자본의 성격에 대한 피셔의 인식이다. 그는 자본이 동질적이고 매우 유동적이라고 주장한다. 자본이 이질적이어서 한 용도에서 사용하던 자본을 다른 용도로 쉽게 사용하기 어렵다면 적응 과정은 길어지고 회복하는 시간도 수년이 걸릴 수 있을 것이다. 그러나 자본의 이질성과 유동성은 불경기의 원인이 될 수 없다는 게 그의 시각이다.

피셔는 대신 화폐와 신용 문제에 주목했다. 이들이 물가 불안의 주범이라는 이유에서다. 여기엔 통화량이 두 배 늘어나면 가격도 두 배 인상된다는 이론적 인식이 깔려 있다. 인플레이션의 원인은 노동조합의 강성도 아니고 사업가의 탐욕이나 낮은 생산성, 독점자본주의도 아니라는 뜻이다. 그런 것들은 보조 변수에 지나지 않고 오직 화폐의 증가만이 인플레이션의 주범이라는 이야기다.

물가가 안정적이면 위기나 불황의 징조가 없고, 경제가 마찰 없이 돌아가고 있다는 증거라는 게 그의 믿음이었다. 그래서 피셔는 물가가 오르면 통화량을 줄이고, 물가가 떨어지면 통화량을 늘리는 등 일반물가 안정을 통화정책의 중요한 목표로 삼아야 한다고 주장했다. 그것이 그를 통화주의의 개척자라고 부르는 이유다.

통화량 조절을 통한 물가 안정

피셔가 정책적으로 관심을 가졌던 것은 통화량이 아니라 거시경제적 물가 수준이었다. 그래서 그는 물가 수준을 말해주는 물가지수를 작성하는 데도 주력했다. 이자율과 환율 개입, 공개시장 조작을 통한 통화량 조절 등을 통해 중앙은행은 물가를 안정시키고 장래의 불황이나 금융위기를 막을 의무가 있다고 믿었다. 피셔에게 그런 통화주의 인식에 비춰본 1920년대 경제현실은 멋들어지게 보였다. 물가는 안정적이었고 증시도 호시절을 맞고 있었다. 비행기, 자동차, 빵, 기계, 냉장고, 전기 등 경제는 지속적인 번영을 누리고 있었다. '광란의 1920년대'라고 부를 만큼 역동적 성장의 시기였다.

피셔는 주가는 영원히 하락하지 않는 고원의 경지에 도달했고 미국의 번영도 영원하리라고 공언했다. 수리경제학과 통화이론으로 명성을 날리던 그의 사상도 꽃을 피우고 있었다. 그는 카드색인기계의 발명가로서도, 주식투자자로서도 성공했다. 그는 백만장자였다.

돈이 없어 식당에서 일하면서 대학을 다니던 피셔는 결국 학문적 성공과 경제적 성공을 함께 거머쥔 입지전적 인물이다.

1929년 주식시장의 붕괴는 피셔에게 오명

물가 관리만 제대로 하면 경제에 대한 걱정은 할 필요가 없다는 게 어빙 피셔 사상의 핵심이다. 특정 부분에서 잘못된 투자가 있을 수 있지만 이는 단기적일 뿐이고 장기적으로는 저절로 그런 투자 문제가 해소된다는 게 그의 낙관적 견해였다.

그러나 피셔가 예상하지 못한 사건이 벌어졌다. 그것이 바로 대공황으로 이어진 1929년 주식시장 붕괴였다. 주가는 하락하지 않고 경제 번영도 영원하리라고 장담하던 그의 학자적 명성이 무너지는 순간이었다.

유감스럽게도 피셔의 이론으로는 경제 붕괴를 설명하거나 예측하기 곤란하다는 게 경제학계의 중론이다. 그의 이론은 통화팽창이 모든 부분에 일률적으로 물가 인상을 부른다는 내용이다. 그러나 1920년대 통화팽창의 결과가 또렷이 보여주듯이 늘어난 통화량이 모든 부문에 균일하게 흘러들어가는 게 아니라 분야별로 서로 다르게 영향을 받는다는 걸 직시할 필요가 있다. 당시 소비자 물가는 오르지 않았다. 제조업에는 생산 붐이 조성됐고, 거품이 생겨난 곳은 부동산과 주식시장이었는데 이를 인식하지 못한 게 피셔의 실수였다.

통화정책을 결정하는 데 사용되는 피셔의 물가지수도 오류가 있다는 지적이다. 물가 수준은 개별 상품의 가격을 가격지수로 측정한 평균치의 거시적 변수다. 그런데 이는 개별 기업이나 산업의 상대가격 변동, 그들의 사업 변동을 말해주는 지표가 될 수 없다는 지적이다.

표 4-4 다우존스 주가지수 (1920~1933년)

* 출처: M. Skousen(1993)

소득세 대신에 소비세를 중시하는 세제 개혁

피셔 사상은 이런 비판의 여지가 있음에도 불구하고 그 영향은 작지 않다. 오늘날 스웨덴 등 유럽 국가에서 이중과세의 비효율성을 피하면서 저축과 자본축적을 촉진하기 위해 소득세를 줄이고 소비세를 중시하는 세제개혁도 피셔의 직간접적 영향이 아닐 수 없다.

피셔의 통화이론에서 큰 영향을 받은 게 자유주의 경제학의 거성 밀턴 프리드먼의 통화주의라는 걸 주지할 필요가 있다. 그는 피셔처럼 1920년대를 안정적 번영의 시기라고 말하면서 대공황의 원인은 통화를 충분히 늘리지 못했기 때문이라고 주장해 피셔의 주장을 지원한다.

함께 읽으면 좋은 책

『세계를 움직인 경제학의 명저 88』, 네이 마사히로 엮음 / 이균 옮김, 한국경제신문사, 1998
『이코노파워』, 마크 스쿠센 지음 / 안진환 옮김, 크레듀, 2008
『10대 경제학자』, J. A. 슘페터 지음 / 정도영 옮김, 한길사, 1998
『사람을 위한 경제학』, 실비아 나사르 지음 / 김정아 옮김, 반비, 2013
『경제학의 거장들 2』, 요아힘 슈타르바티 외 지음, 정진상 외 옮김, 한길사, 2007

Chapter
05

자유주의의 몰락과
간섭주의 경제학의 지배

존 메이너드 케인스, 폴 새뮤얼슨
아서 세실 피구, 조지프 슘페터
칼 폴라니, 프랭크 나이트
존 롤스, 아마르티아 센
빌헬름 뢰프케, 카를 포퍼
알프레드 뮐러-아르막

스미스 전통의 자유세계에 대한 가장 큰 도전은 1929년 경제 붕괴와 세계대공황이었다. 그러나 마셜과 발라의 신고전파 경제학은 수요 공급의 원리를 이해할 수 있지만 그런 붕괴와 불황을 파악할 수 없었다. 이런 현상을 이해할 수 있는 유일한 이론은 미제스 하이에크가 빅셀에 의존하여 개발한 화폐와 신용이론이었지만 이는 학계에 뿌리내리지 못했다.

그런 시기에 세상은 구원투수로서, 자본주의는 근본적으로 불안정하기에 간섭이 필요하다고 주장한 케인스를 택했다. 그의 사상을 다듬어서 새로운 경제학 교과서를 만든 새뮤얼슨도 시장의 실패는 있어도 정부의 실패는 없다고 말할 정도의 간섭주의자였다.

분배와 불공정, 자원 낭비 등의 이유로 정부의 간섭이 필요하다는 후생경제학을 개발한 피구, 시장사회는 문명의 후퇴라는 칼 폴라니, 기업가의 혁신으로 눈부신 성공을 거두지만 결국 자본주의가 몰락하고 사회주의가 도래한다는 슘페터도 간섭주의가 지배하는 세계를 만드는 데 기여했다.

빈곤은 잘못된 분배의 탓이라고 주장한 아마르티아 센과 복지국가를 철학적으로 옹호한 존 롤스도 20세기 간섭주의 경제학을 지원하는 데 큰 역할을 했다. 경제자유를 위태롭게 한다는 이유로 독점과 대기업에 대한 규제와 서민층 복지를 위한 재분배를 강조한 스위스 경제학자 뢰프케, 국가의 간섭을 옹호하는 이론의 형성에 기여한 철학자 카를 포퍼, 자유와 평등의 혼합 체제를 지향하는 사회적 시장경제 개념을 개발한 독일의 알프레드 뮐러-아르막도 눈여겨볼 필요가 있다.

20세기 간섭주의 경제학의 등장으로 경제는 매우 어려운 상황에 빠지기 시작했다. 그 결과 1970년대 영국, 미국, 독일 등 주요 국가들은 심각한 경제 침체를 겪었다.

존 메이너드 케인스

정부의 간섭을 예찬하다

John Maynard Keynes

1883년 영국 케임브리지 출생

1902년 케임브리지 킹스칼리지에서 경제학 전공

1908년 케임브리지 강사로 복귀

1923년 『화폐개혁론』 출간

1925년 리디아 로포코바와 결혼

1930년 노동당 수상 경제자문위원회 위원

1930년 『화폐론』 출간

1936년 『고용·이자 및 화폐의 일반이론』 출간

1941년 IMF 설립에 참여

1946년 틸튼에서 심장마비로 사망

존 메이너드 케인스는 아버지가 경제학자였고 어머니는 케임브리지 시장을 역임한 영국의 보수적 가정에서 태어났다. 런던 명문 공립대인 킹스칼리지에 입학한 그는, 당대의 최고 엘리트로 구성된 '사도들(apostle)'이라는 사조직의 멤버였다. 그는 그런 조직에서 엘리트 의식과 지적 자부심을 키웠다. 정부의 계획과 규제로 번영을 달성할 수 있다는 믿음에는 그런 배경이 적잖게 작용했다. 그가 성장하던 시기는 청교도적 윤리를 중시하는 빅토리아 시대였다.

청교도적 가정 출신의 케인스가 블룸즈버리 그룹(Bloomsbury Group)의 핵심 멤버였던 사실은 흥미롭다. 이는 독립심과 절약 정신 등 빅토리아 시대의 도덕을 전적으로 부정하고 쾌락과 현재를 중시하는 집단이었다. 케인스는 그런 도덕이 낡은 세대의 것이라고 비웃으며 그것을 멀리하려고 애썼다. 원래 도덕은 우리가 인지할 수 없는 먼 장래를 다룬다. 그래서 도덕에 대한 비웃음은 순간적 쾌락의 중시와 미래의 경시를 의미한다. 흥미롭게도 이런 배경에서 "장기적으로 우리는 모두 죽는다"는 케인스의 유명한 말이 생겨난 것이다.

우리가 이 명언에 주목하는 이유는 첫째로 케인스의 간섭주의 경제사상을 정당화하는 핵심 근거가 됐고, 둘째로 케인스 경제관의 핵심을 말해주기 때문이다. 장기적으로 우리는 죽기 때문에 단기적 성과에 치중하는 의사결정을 중시하라는 뜻이다. 그러므로 시장경제 원칙의 효과는 장시간이 지나야 나타나기 때문에 이를 지킬 필요가 없다. 장기적인 재정건전성을 무시한 무상급식, 무상의료의 공급도 문제될 게 없다. 칸트류의 절대윤리도, 고전적 자유주의가 중시했던 원칙의 정치도 케인스에게는 시대착오적인 사상이었다.

미모의 발레리나와 결혼했고 동성애도 즐겼던 케인스의 경제관을 또렷하게 말해주는 것은 소비가 선(善)이라는 그의 주장이다. 케인스는 장기적으로 우리는 모두 죽기 때문에 저축한들 소용이 없고 소비가 중요하다는 믿음을 기초로 자본주의를 이해한다.

유효수요의 부족이 실업과 불황의 원인

소비가 미덕이라는 것은 결국 저축이 악(惡)이라는 뜻인데, 국민 전체의 소비가 충분하지 않으면 상품은 팔리지 않고, 기업은 직원을 줄여 실업이 늘고, 국민소득은 하락할 것이기 때문이다. 그는 이를 '절약의 모순'이라는 멋진 말로 표현했다. 그러니까 돈이 생기면 바로 바로 쓰는 것이 고용을 늘리는 일이요, 애국하는 길이라는 뜻이다. 그러나 케인스는 그 모순을 너무 쉽게 인정한 나머지 저축이 늘어 소비수요가 줄어들면 자본재 생산, 즉 투자 증가가 가능하다는 것을 무시했다.

우리가 직시해야 할 점은 일자리는 오로지 소비재 산업에서만 창출되는 게 아니라는 것이다. 특히 현대사회에서 일자리가 많은 산업 분야는 부품, 설비, 소재산업 등 소비재 시장과 직접적인 관련이 없는 여러 단계의 자본재 시장이다. 이런 현상을 이해하고, 절약의 모순이라는 오해를 풀기 위해서는 소비재 생산에서부터 자본재 생산 단계, 원료채취 단계 등 일련의 길고 복잡한 생산 단계를 설명하는 자본이론이 필요한데, 유감스럽게도 케인스에게는 그런 이론이 전혀 없다.

어쨌든 케인스는 자본주의가 전체 노동을 흡수할 만큼의 유효수요가 부족하기 때문에 실업과 불황이 필연이라고 진단하고, 그 해법은 총수요(소비와 투자)를 관리할 정부의 강력한 힘이라고 역설한다. 민간 투자를 늘리기 위해 이자율을 내리고 소비 성향이 강한 저소득층의 소비지출을 증대하기 위해 양육수당, 풍부한 복지급여 등 복지와 분배의 평등도 실현하라고 촉구했다. 균형예산을 지키지 말고 빚을 내서라도 정부 지출을 늘려야 한다고 주장했다.

번영의 원천은 시장이 아닌 정부

이와 같이 케인스는 번영의 원천은 자유시장이 아니라 정부라고 확신했다. 주목을 끄는 것은 그의 정부관이다. 그는 예산을 짜고, 나라 돈을 쓰고, 법을 만드는 정부 사람을 공공이익을 위해 헌신하는, 그리고 지적으로도 탁월한 엘리트라고 믿었다. 또한 정부는 판단이 뛰어나고 오류도 범할 수 없다고 생각했다.

그러나 유감스럽게도 정부를 그렇게 믿고 재량적인 권력을 허용할 경우 정부의 비대화로 기업과 개인의 자유와 재산권이 침해되고 스태그플레이션이 발생할 가능성이 높아진다는 점을 간과했다. 하이에크가 그의 사상을 '치명적 자만'이라고 말했던 것은 결코 우연이 아니다.

간과할 수 없는 것은 마르크스의 학설에 치우친 케인스의 방법론이다. 그는 진정으로 경제 현상을 설명하고 싶다면 총수요와 물가수준 등 총합변수에서 출발해야 한다고 강조하면서 '거시경제학'의 새로운 지평을 열었다.

그러나 애석하게도 케인스는 그런 접근 방식의 결함을 인식하지 못했다. 시장 과정은 원래 개인의 행동에서 비롯되는데도 거시적인 접근은 행동하는 인간을 배제하고 그 대신에 총합변수(집단의 행동)를 수용한다. 그것은 각각의 개인이 생각하고 행동하는 현상이 아니다. 그럼에도 불구하고 마치 집단이 행동하는 인간인 것처럼 꾸며서 경제 현상을 분석한다. 그래서 분석 결과는 신빙성이 떨어진다. 경제 분석에서 중요한 것은 물가수준이 아니라 가격구조이고, 총수요가 아니라 수요구조라는 점을 주지할 필요가 있다.

이런 한계에도 불구하고 그의 거시경제학은 사회민주주의의 이론적, 정책적 기반일 뿐만 아니라 그것은 오늘날 경제학 교육을 대표하는 주류 경제학이 되었다.

한국 헌법 제119조에도 영향

대공황으로 미국은 장기간 20% 내외의 실업과 마이너스 10% 내외의 성장이라는 극심한 불황을 겪었고 이는 유럽에도 파급됐다. 이런 참혹한 경험을 한 인류는 구세주로 여길 만큼 케인스에게 큰 기대를 걸었다.

그의 영향이 얼마나 컸는지를 보여주는 사례는 많다. 미국, 영국, 독일 등 많은 국가들이 완전고용법 또는 경제안정법을 제정했다. 성장과 안정을 위한 우리나라 헌법 제119조 2항도 케인스의 영향이다. 루스벨트에서 닉슨에 이르기까지 모두 케인스의 넥타이를 맨 정치가들이었다. 케인스 사상의 우월성을 입증하는 증거로 1930년대 대공황의 사례를 드는 것이 일반적이다. 그 원인을 유효수요의 부족으로 보면서 루스벨트는 케인스의 처방에 해당되는 뉴딜정책으로 대공황을 극복했다고 한다.

그러나 대공황은 유효수요의 부족에서 야기된 것이 아니라 방만한 통화 팽창의 필연적 결과였다는 것, 그리고 뉴딜정책은 오히려 불황을 대공황으로 악화시켰다는 것이 신(新)경제사학의 확고한 인식이다.

세계의 이목(耳目)은 케인스에게 집중했지만 그의 사상은 기대만큼 성과를 내지 못했다. 정부 지출만 늘리면 실업과 불황에서 경제를 살려낼 수 있다고 장담하던 그의 사상 때문에 1950년대 이후 유례없는 세계적 인플레이션과 불가피한 실업을 겪어야 했다. 결국 1970년대 만연한 스태그플레이션으로 그의 사상은 종지부를 찍었다. 케인스의 사상이 남겨놓은 것은 방만한 정부 지출로 인한 나라의 빚더미뿐이었다.

거시경제학의 치명적 결함은 기업가적 인간을 배제

그의 사상의 치명적인 결함은 거시경제학의 방법 그 자체다. 총합변수를 가지고는 경기변동의 원인을 알 수 없다. 단순히 정부지출의 증가가 고용을 증대하는 것이 아니다. 미국을 비롯해 유럽의 여러 나라들이 금융위기의 여파를 극복하기 위해 빚을 내서까지 정부지출을 늘렸지만 불황을 극복하지 못하고 있다. 오히려 정부지출을 줄이고 규제를 개혁한 스웨덴, 독일, 스위스 그리고 에스토니아 등은 경제적 어려움을 극복했다.

흥미로운 것은 케인스의 경제학이 현실에서 과학의 논리를 갖추지 못했음에도 경제학자나 정부, 관료들이 매력을 느낀다는 점이다. 그것은 국가라면 무엇인가를 할 수 있으리라는 그들의 믿음에 토대를 두고 있고, 또 거시변수는 측정 가능하며 그래서 눈으로 볼 수 있기 때문일 것이다. 그러나 그 대가는 실업과 인플레이션이다. 유감스럽지만 케인스가 없었다면 경제학이 더 풍요로웠을 것이고 세계는 더욱 번영했을 것이다.

함께 읽으면 좋은 책

『케인스의 일반이론』, 존 메이너드 케인스 지음/ 류동민 옮김, 두리미디어, 2012

『존 메이너드 케인스』, 로버트 스키델스키 지음 / 고세훈 옮김, 후마니타스, 2009

『케인스를 위한 변명』, 피터 클라크 지음 / 이주만 옮김, 랜덤하우스코리아, 2010

『고용·이자 및 화폐에 관한 일반이론』, 존 케인스 지음 / 박만섭 옮김, 지만지, 2012

『죽은 경제학자의 살아있는 아이디어』, 토드 부크홀즈 지음 / 류현 옮김, 김영사, 2009

2

폴 새뮤얼슨
수리경제학의 거장

Paul Samuelson

1915년 미국 인디애나 출생

1935년 시카고대 경제학과 졸업

1941년 하버드대 박사

1947년 MIT대 경제학 교수

1947년 『경제분석의 기초』 출간

1961년 미국 경제학회 회장

1964년 케네디 대통령 정책자문위원

1970년 노벨경제학상 수상

1986년 MIT대 연구 교수

2009년 타계

현대 거시경제학의 아버지이자 수리경제학의 창시자인 폴 새뮤얼슨은 폴란드 출신 유대인계 이민자의 아들로 태어났다. 그가 경제학에 입문하게 된 배경은 1930년대의 대공황이었다. 경제학이 직업적 학문으로 번창하던 시기에 그와 같은 역사적 사건은 여러 위대한 학자들을 경제학 분야로 유인하고 새로운 해답을 요구하는 많은 이슈를 제공했다.

새뮤얼슨은 대공황의 원인에 대한 명쾌한 설명과 처방을 제시했다고 세간의 주목을 받았던 '케인스 혁명'에 매료됐다. 그에게 케인스는 우상이었다. 허술하고 불분명한 케인스의 거시경제학을 매끄럽게 다듬고 체계화하면 실업과 성장의 효과적인 해법을 찾을 수 있다는 확신을 얻었다.

절약의 역설 주장한 케인스에 매료

새뮤얼슨은 소비 성향, 절약의 모순, 유효수요, 승수효과, 재정과 통화정책 등 케인스 경제학의 개념과 이론을 정교하게 다듬었다. 그가 각별히 주목한 것은 '구성의 모순'이라고 부르는 절약의 모순이다. 저축은 개인에게 부자가 되는 길이지만 전체가 더 많이 저축하면 경제 침체와 빈곤이 초래된다는 뜻이다. 저축보다 소비가 생산적이고 그래서 성장과 고용의 열쇠는 소비수요라는 게 새뮤얼슨의 생각이다. 정책의 역점도 투자를 통한 성장제고가 아니라 소비를 통한 완전고용으로 전환해야 한다고 목소리를 높였다.

그러나 저축을 비생산적이라고 주장한 케인스주의의 시각은 잘못이라는 오스트리아학파의 주장에 주목할 필요가 있다. 가계나 백화점에서 마구 돈을 쓴다면 소비재 투자는 증가한다. 그러나 소비재 지출 증가는 병원의 건설이나 암 치료약 개발, 신상품 개발 등에는 아무런 효과가 없다. 이들을 위해서는 소비가 아니라 저축이 필요하다.

새뮤얼슨 사상의 핵심적 오류는 저축은 투자로 연결되지 않고 경제에서 누출된다는 전제다. 그러나 저축은 혁신과 혁신의 도입을 위한 기금이라는 사실을 직시해야 한다. 저축이 많아지면 이자율이 하락해 기업들은 낡은 장비를 교체하거나 연구나 개발, 신기술 개발에 투자한다. 자본재를 생산하는 여러 단계에 투자됨으로써 저축이 소득을 증대시키는 효과가 소비의 그것보다 훨씬 더 크다는 것이 오스트리아학파의 설명이다.

역사가들은 저축이 장기 성장의 핵심요체라는 이유로 저축에 대한 새뮤얼슨의 적대감을 의심한다. 1980년대 일본, 프랑스, 미국 등 주요 국가만 보아도 저축률이 높은 나라일수록 성장률이 높다. 소비는 번영의 원인이 아니라 결과라는 '세이의 법칙'에도 귀를 기울일 필요가 있다.

새뮤얼슨이 케인스의 혁명을 체계화하는 데만 기여한 것은 아니다. 그는 경제학에 수학의 원리를 체계적으로 도입했다. 도입 배경에 대한 그의 인식도 흥미롭다. 그에게는 학계에서 내놓은 이론들이 논리도 엄밀하지 못하고 내용도 불명확하게 보였다. 경제이론에 엄밀성과 명료성을 자랑하는 수리를 이용하면 현대경제학에 일대 혁신을 일으킬 수 있다는 믿음이 생겼다.

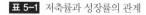

표 5-1 저축률과 성장률의 관계

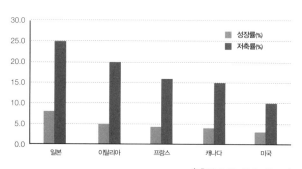

* 출처: F. Modigliani(1986)

수리원리를 경제학에 적용한 대가

새뮤얼슨은 소비이론, 비용이론, 생산이론 등 그동안 말로 표현된 경제이론을 수식이나 방정식을 활용해 간결하게 모델로 만들었다. 재정학, 국제무역 등 굵직한 주제들을 수리모형으로 제작해냈다. 경제학의 수리화가 곧 '과학화'라는 게 그의 믿음이었다. 경제학은 물리학에서 배워야 한다고 큰 소리쳤다. 수리원리로 구성되지 않은 이론은 지적인 워밍업에 지나지 않는다고 비꼬기도 했다.

새뮤얼슨은 경제학의 수리화로 노벨경제학상을 받았지만, 그는 사회과학자로서의 경제학자가 아니라 공학자로서의 경제학자라는 비판으로부터 자유롭지 못하다. 경제학을 현실과 동떨어진 제2의 물리학으로 만들었다는 이유에서다. 하이에크는 이를 '과학주의'라고 꼬집었다. 생각하고 판단하면서 행동하는 인간들이 사는 사회를 물리적 세계처럼 취급하기 때문이다.

새뮤얼슨의 시장관도 흥미롭다. 자본주의는 본질적으로 불안정하다는 게 그의 시각이다. 그러면서 이를 핸들 없는 자동차에 비유하기도 한다. 그에게 시장실패는 있어도 정부실패는 없다. 그래서 최선의 경제 체제는 자유주의가 아니라는 게 그의 신념이다. 강력한 규제와 간섭이 필요하다는 뜻이다.

그는 대공황의 예를 들어 규제 없는 자본주의는 환상이라고 역설한다. 대공황을 극복하고 사회안전망을 구축하는 등 미국 사회를 안정된 사회로 이끌었다는 이유에서 루스벨트 대통령에 대한 그의 긍정적 평가도 흥미롭다.

그러나 새뮤얼슨은 대공황은 자본주의 탓이 아니라 보호무역과 가격규제 등 정부가 무모하게 개입한 탓이었다는, 그리고 그 개입의 중심에는 루스벨트가 있었다는 역사적 사실을 간과했다고 역사가들로부터 비판을 받고 있다.

새뮤얼슨의 사상은 다양한 비판의 여지를 남겼지만 그는 두 가지 점에서 경제사상사에 큰 족적을 남겼다는 것이 일반적 평가다. 그는 케인스가 내놓은 거시경제학을 체계화해 세계적으로 확산시키는 데 큰 기여를 했다. 경제학에 수학의 원리를 도입해 수리경제학을 확립한 공로도 높이 인정받고 있다.

미국인 최초 노벨경제학상 수상

폴 새뮤얼슨만큼 큰 영향을 미친 학자는 드물다. 그는 1989년 옛 소련이 붕괴되기 3개월 전까지도 소련과 같은 명령경제도 번영할 수 있다고 목소리를 높였다. 그럼에도 1930년대 초부터 줄기차게 사회주의의 실패를 예측한 미제스와 하이에크 등의 오스트리아학파를 주류 경제학에서 밀어낼 만큼 그의 영향은 대단했다.

새뮤얼슨의 힘으로 소비함수, 승수효과, 국민소득 통계 등 거시경제학의 관심과 연구가 세계적으로 확산됐다. 그가 다듬고 매만진 케인스의 거시경제학은 이해하기가 쉽기 때문에 저널리즘으로부터 사랑을 독차지했다. 오늘날 대학의 경제학 교육에서 수리, 계량경제학과 거시경제학을 필수과목으로 만든 것도 새뮤얼슨이다. 경제 논문을 일반인에게 접근하기 어렵게 만든 것, 수학을 못하는 사람에게 경제학이 어려운 학문으로 비치게 된 것, 경제학을 상아탑으로 밀어 넣은 것 등도 새뮤얼슨의 영향이 아닐 수 없다.

프리드먼과 세기의 대결

새뮤얼슨과 밀턴 프리드먼의 세기적 대결도 유명하다. 그는 경제자유를 신봉하는 시카고 학풍을 정신분열증이라고 말하면서 재정정책과 적자예산은 시장경제를 조종하기 위해 필수불가결하다고 설파한다. 프리드먼은 시장은 스스로 문제를 해결할 역량이 있다고 반격하면서 적자를 통한 정부 지출의 효과가 미미하고 적자만 늘어 경제에 치명타를 준다는 이유로 정부 지출을 반대한다. 이런 논쟁에서 1960년대에는 케네디 대통령의 집권으로 새뮤얼슨의 정치적 영향력이 커지고 프리드먼의 사상은 밀려난다. 대통령 경제자문위원으로 활동하면서 새뮤얼슨의 사상은 케네디 정부 성장계획의 이론적 기초가 되었다.

그러나 1970년대에 들어와 사정이 달라졌다. 인플레이션과 실업 증가로 몸살을 앓고 있는 미국 경제를 케인스주의 처방으로는 해결할 수 없었다.

1990년대 빌 클린턴 대통령의 경제 정책에 직간접적으로 미친 새뮤얼슨의 영향도 무시할 수 없다. 그의 학문적 사단이 대통령 경제자문을 맡았다. 2008년 글로벌 금융위기는 새뮤얼슨이 직접 프리드먼에게 반격을 가할 기회였지만 이미 프리드먼은 세상을 떠나고 없었다.

흥미롭게도 새뮤얼슨은 금융위기의 원인을 금융시장의 규제 부족에서 찾고 있다. 위기로부터 탈출하기 위해서는 재정지출 증가가 필요하다고 역설하던 중 세상을 떠났다.

함께 읽으면 좋은 책

『노벨상의 경제학자들』, 박우희 지음, 매일경제신문사, 1995
『새뮤얼슨의 경제학』, 폴 D. 새뮤얼슨, 윌리엄 D. 노드하우스 지음 / 김홍식 옮김, 유비온, 2012
『위대한 경제학자들의 생애와 사상』, 폴 새뮤얼슨, W. 버넷 지음 / 함정호, 진태홍 옮김, 지식산업사, 2008
『세상을 구한 경제학자들』, 피터 다우어티 지음 / 송경모 옮김, 예지, 2005
『지식의 탄생』, 카렌 일제 호른 지음 / 안기순 외 옮김, 와이즈베리, 2012

3

아서 세실 피구

후생경제학의 창시자

Arthur Cecil Pigou

자본주의가 번창하던 19세기, 영국은 기업을 통해 창출된 국부로 번영을 구가하고 있었다. 전 세계에 상품 판매시장을 확보하고 프랑스의 위력을 억제할 수 있었던 것도 자유주의에 따른 번영의 힘 덕분이라고 믿었다.

그럼에도 불구하고 자본주의에는 노사문제, 빈곤과 불평등, 공장의 환경위협과 자원고갈 등 공동체의 지속적 번영을 가로막는 고질적인 장애가 있다는 것을 인식하고, 처음으로 정부 개입의 필요성을 체계적으로 밝혀낸 인물이 영국 출신의 경제학자 아서 세실 피구다.

아버지는 프랑스 장교 출신이고 어머니는 아일랜드 출신인 가정에서 태어난 피구의 어릴 적 꿈은 시인이었다. 그러나 19세기 말 이래 다양한 사회문제로 몸살을 앓고 있던 영국 경제는 그를 시(詩)의 세계로부터 끌어내 경제학에 입문시켰다.

분배가 공정해야 사회 후생도 커져

피구는 당시 세계적으로 유명했던 케임브리지대 경제학 교수 앨프리드 마셜이 경제학 분야에서 최고의 명예로 여겼던 자신의 교수직 후계자로 지명할 정도로 학자적 재능을 인정받았다.

피구가 평생 연구한 주제는 '어떻게 사회적 후생을 증진할 수 있는가'의 문제였다. 사회적 후생은 사회 구성원들의 행복을 합한 것인데, 이 합을 가능한 한 크게 만드는 게 국가의 과제라고 한다.

피구는 국민소득이 높고 소득분배가 공정하고 또 소득이 안정적일수록 사회적 후생이 증가한다고 보았다. 그러나 현실의 시장경제는 여러 가지 이유로 비효율적이고 불공정하고 불안정하다는 게 그의 주장이다. 결국 시장경제는 후생증진에 실패한다는 이야기다.

피구는 시장경제가 정부 개입 없이도 '보이지 않는 손'을 통해 자생적으로 보편적 번영을 가져다준다는 애덤 스미스의 주장은 흘러간 옛 노래라고 목소리를 높였다. 자원배분, 소득분배, 경제안정 등과 관련된 정책을 통해 정부가 경제에 적극 개입하지 않고서는 사회후생을 증진할 수 없다는 것이다.

피구는 자원배분의 비효율을 초래하는 이유가 시장경제의 독과점 때문이라고 보고, 이런 경제력 집중을 규제할 것을 강력히 요구한다. 석탄, 철도 등과 같은 독점산업은 국유화를 통해 국가가 소유해야 한다고 주장했다.

또 이기적 인간들의 행위로 작용하는 자본주의는 숲, 석탄, 석유 등 천연자원을 절약하는 게 아니라 남용을 촉진하기에 인류는 자원위기에 봉착할 게 뻔하다고 지적했다. 그렇기 때문에 정부가 손 놓고 있으라는 자유주의자들의 주장은 말도 안 된다고 이야기한다.

기업들의 오염 방출도 후생 감소를 가로막는 요인이라는 게 피구의 주장이다. 시장경제는 오염의 주범이라는 그의 반시장적 목소리는 온 세상에 울려 퍼졌다. 오염이라는 사회적 비용을 줄이거나 예방하기 위해 국가는 조세를 부과하거나 보조금을 지급해야 한다는 게 그의 논리다.

또 시장경제는 불평등을 야기하기 때문에 사회적 후생 증진을 위해서는 재분배 정책도 필요하다고 주장했다. 조세 부과에 따른 부자들의 복지 상실보다 재분배 수혜자의 복지 증진이 더 크기 때문에 전체 후생은 늘어난다는 이유에서다. 사회 후생은 경제 안정의 함수임에도 불구하고 시장경제는 경기변동으로 소득 불안정을 야기하기에 정부의 개입이 필요하다고 그는 강조했다. 경기변동을 억제하기 위해 공공투자 등 단기적인 정책이 필요하지만 장기적으로 그런 재정 정책은 효과가 없다는 걸 피구는 잘 알고 있었다. 적자 예산을 통한 경기 정책은 필연적으로 이자율 상승으로 이어져 민간투자를 밀어낸다는 것이다.

피구의 이 같은 주장에 대한 비판도 적지 않다. 먼저 독점산업 국유화 주장은 자유경쟁이 질 나쁜 상품을 비싸게 파는 독점의 문제를 효과적으로 막을 수 있다는 것, 국가 독점이 사적 독점보다 훨씬 더 위험하다는 사실을 간과했다는 게 일반적인 시각이다. 엄격한 독과점 규제는 창의적이고 혁신적인 기업가 정신을 파괴한다는 것은 오늘날 경제학의 확립된 인식이다.

피구의 자원위기론도 비판의 여지가 있다. 그의 주장은 주기적으로 등장한 종말론처럼 들린다. 16세기 영국에서 목재 소비량이 너무 많아 조만간 나무가 사라질 것이라는 목재위기론, 19세기 중반 조명용 연료로 고래기름 사용량이 늘어나면서 등장한 고래기름위기론, 석유개발 초기부터 나온 석유자원위기론 등의 위기론은 이어졌다. 그러나 이런 위기 예측은 매번 빗나갔다. 시장원리를 깨닫지 못했기 때문이다. 시장경제에선 자원이 희소해지면 가격이 오르고 따라서 자원을 절약하거나 대체에너지를 개발하는 기업가 정신이 활성화된다. 시장은 자생적으로 희소성을 발견하고 이를 해결하는 능력에서 정부보다 비교할 수 없을 정도로 탁월하다는 걸 직시할 필요가 있다.

시장은 자원을 낭비 그래서 시장 개입이 필요

시장경제가 오염의 주범이라는 피구의 인식도 사회주의였던 옛 동독의 환경이 자본주의 서독에 비해 훨씬 더 열악했다는 사실에서 허구임이 드러났다.

그는 환경오염 문제가 환경에 주인이 없기에 생겨나는 비극이기에 주인 찾아주는 것이 해법이라는 걸 인식하지 못했다.

피구는 여러 비판의 여지를 남겼지만 시장 실패가 일어날 수 있는 본질적인 문제를 이론적으로 파헤치고 사회적 후생을 극대화할 수 있는 정책을 제시하는 후생경제학을 개척한 공로를 인정받고 있다.

후생경제학적 재정학, 공정거래법을 개척

영국 케임브리지대에는 소련 출신 발레리나와 결혼한 케인스 교수가 있었다. 그는 거시경제학을 개발해 "자유자본주의는 죽었다"고 선언하면서, 실업을 구제하려면 빚을 내서라도 정부가 지출을 늘려야 한다고 주장했다.

케임브리지대에는 친 소련파 교수 피구도 있었다. 그가 세상을 떠난 후에야 영국 정부는 그 사실을 알게 됐다는 이야기도 들린다. 그는 '미시경제학의 꽃'으로 불리는 후생경제학을 개발하고, 시장경제의 실패와 결함을 밝혀내고 이를 시정하기 위한 정부 개입을 정당화했다.

서재 속의 학자였던 피구는 후생 분야에 대단히 큰 업적을 남겼음에도, 정치가적 기질을 타고난 케인스의 명성에 가려 한때는 역사의 뒤안길로 사라지는 듯하다가 20세기 중반에 다시 등장했다. 피구의 사상은 케인스와 함께 반(反)시장적 분위기 조성에 결정적 영향을 미쳤다.

특정한 시장구조를 이상적이라고 규정하고, 그런 시장구조에 적합하게 현실 시장을 개조하는 공정거래법의 이론적 뿌리는 피구의 후생경제학이다. 사회적 후생함수와 함께 수리모형을 만들어 최적 조세구조, 최적 정부 지출 등을 작성하는 재정학이 오늘날 학계를 지배하고 있는데, 이런 재정학이 확립된 것도 피구의 영향이다.

재산권을 침해하고 차별적인, 그래서 법치주의를 위반하는 내용의 복잡한 조세구조와 예산구조가 생겨난 근본적인 원인도 피구의 후생경제학으로 볼 수 있다. 그런 간섭주의 재정학을 극복하고, 그 대안으로 제시한 게 뷰캐넌의 공공선택론적 재정학이다.

그린스펀, 맨큐 등 '피구클럽' 설립

환경오염 문제를 시장실패로 보고 그 해결을 위해 경제활동을 규제하는 내용의 정부 개입을 당연시하는 풍조가 생겨난 것도 피구 사상의 영향이다. 피구 사상의 절정은 지구온난화의 주범으로 이산화탄소를 지목하고, 탄소세 도입 등 온난화를 규제하는 온난화 정책이다.

그런 정책을 촉구하기 위해 『맨큐의 경제학』의 저자로 유명한 그레고리 맨큐는 노벨경제학 수상자 게리 베커, 앨런 그린스펀 전 미국 중앙은행(Fed) 의장, 조지 슐츠 전 미국 국무장관 등과 함께 '피구클럽'까지 설립했다. 탄소배출 총량의 상한선을 정하는 오바마 미국 대통령의 환경 정책도 피구의 사상에서 비롯된 것이라고 봐도 무방하다. 그러나 지구온난화가 진정으로 우려할 만한 현상인지, 산업화가 그 온난화에 얼마나 기여했는지, 이산화탄소가 진짜 오염물질인지에 대해서는 아직도 논란의 여지가 있다.

함께 읽으면 좋은 책

『경제학의 거장들 2』, 요아힘 슈트르바티 외 지음 / 정진상 외 옮김, 한길사, 2007
『경제학을 만든 사람들』, 유동민 엮음, 비봉출판사, 1994
『시장의 배반』, 존 캐서디 지음 / 이경남 옮김, 민음사, 2011
『세계를 움직인 경제학 명저 88』, 네이 마사히로 지음 / 이균 옮김, 한국경제신문사, 1998

4

조지프 슘페터
기업가 이론의 창시자

Joseph Alois Schumpeter

어려서 아버지를 잃고 어머니가 귀족과 재혼한 가정에서 자라난 오스트리아 출신의 미국 경제학자 조지프 슘페터. 그가 평생 연구한 주제는 '자본주의 발전의 원동력이 어디에서 나오는가'라는 거대 담론이었다.

경제학의 세계적 중심지였던 빈대학을 졸업한 슘페터가 그런 문제의식을 갖게 된 것은 젊은 시절에 목격한 독일과 오스트리아의 눈부신 경제 발전 때문이었다. 두 나라는 1870년과 40년 뒤인 1910년을 비교하면 경제 규모가 3배 이상 커졌다. 국민들의 생활수준은 빠르게 높아졌다. 슘페터는 그런 경제 발전의 배경에는 사유재산권을 근간으로 하는 자본주의가 있다고 믿었다.

표 5-2 오스트리아, 독일, 영국의 국민 소득 변동(1870~1913년)

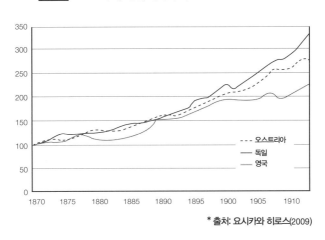

* 출처: 요시카와 히로스(2009)

경제 성장 원동력은 기업가의 창조적 파괴

슘페터는 경제 발전을 이끄는 힘의 원천을 제대로 이해한다면 '자본주의는 실패할까', '불황을 우려해야 할까', '자본주의는 살아남을까' 등과 같은 당시 사회적 이슈의 의문점을 풀어낼 수 있다고 생각했다.

주목을 끄는 것은 경제 발전의 원동력은 경제 밖으로부터 오는 게 아니라 경제 내부에 있다는 슘페터의 통찰이다. 자본주의 자체에 변화의 에너지가 내재돼 있다는 이야기다. 그는 자본주의에서 '기업가'를 발견하고는 흥분했다. '기업가'가 바로 발전의 원동력이라는 것을 간파한 것이다.

슘페터는 기업가이론 개발에 몰입했다. 기업가란 신상품과 신기술 등 혁신을 능동적으로 수행하는 주체로 열린 마음, 리더십, 통찰력 등 '엘리트적 자질'을 갖고 있다고 한다. 아무나 기업가가 되는 게 아니라는 뜻이다. 기업가란 돈벌이에만 급급한 게 아니라는 이야기다.

기업가이론의 시각에서 본 슘페터의 자본주의 비전은 다양하다. 슘페터에게 자본주의는 산업혁명, 철도, 값싼 자동차, 비행기 같이 새로운 문명을 창조하는 기계처럼 보인다. 1990년대 인플레이션 없는 신경제를 부른 것도 정보기술(IT) 혁신의 결과다. 혁신은 걱정할 필요가 없다는 게 슘페터의 낙관론이다. 대기업 권력도 문제될 게 없다. 규모의 경제나 혁신으로 소비자들이 이익을 본다는 이유에서다.

장기적으로 소득은 올라가고 상품 가격은 내려가는, 그래서 노동자 삶을 비롯해 대중의 생활수준이 높아지는 체제가 자본주의다. 가난한 사람이 부자가 되고 부자가 가난한 사람이 되는 게 자본주의라고도 한다. 그러니까 자본가—노동자 계급 구분은 의미가 없다는 이야기다. 마르크스처럼 엉뚱한 계급의식으로 노동자를 선동하지 말라는 것이다.

자본주의의 문명적 성격을 낙관하는 슘페터는 '문제는 정치'라고 목소리를 높인다. 발전의 동력을 침해하고 변화를 가로막는 것, 혁신을 거역하는 것, 기업가 정신에 피해를 주는 것은 모두 정치에서 비롯된다는 게 그의 주장이다.

기업가이론에 비춰 호황—불황의 순환을 해석하는 슘페터의 관점도 독보적이다. 기업가의 혁신으로 이윤이 높아지면 많은 기업들이 그 혁신기업의 전략을 경쟁적으로 모방해 추격하면서 경제 붐이 생겨난다. 그런 경쟁적인 행동으로 가격과 이윤이 떨어지고 불경기가 등장하는데, 이는 다음 나타날 붐의 시작이라는 게 그의 경기순환론 핵심이다. 불황은 호황으로 방만하게 몰려든 기업들을 정리해주는, 반드시 필요한 과정이라는 말도 덧붙인다.

그래서 증권시장의 붕괴나 경제위기는 일시적 현상으로, 놀랄 일이 아니라고 슘페터는 설명한다. 1929년 세계대공황도 자본주의의 병리(病理)가 아니라 흔히 있을 수 있는 경기 하강이니, 케인스처럼 호들갑을 떨지 말라고 일침을 가한다.

혁신을 실행하기 위해서는 많은 자금이 필요하다. 슘페터는 은행이 이 같은 자금조달 기능을 담당해야 한다고 했다. 그러나 그는 저축을 초과하는 방만한 신용창출(대출)의 위험성을 간과했다는 지적을 받는다. 신용팽창으로 조성된 호황은 잘못된 투자를 불러오고 많은 혁신적 사업들이 지속적으로 이뤄질 수 없다는 비판이다. 2008년 금융위기, 일본의 장기불황 등도 그와 같은 방만한 통화팽창의 결과라는 오스트리아학파의 인식에 주목할 필요가 있다.

혁신의 관료화 등으로 사회주의가 도래

기업가의 혁신으로 자본주의가 눈부신 성공을 거두지만 그 성공으로 자본주의가 몰락하고 사회주의가 도래한다고 슘페터는 주장한다. 기업가 기능이 사멸하고 대신 거대기업의 경영팀이 기업가 기능을 넘겨받음으로써 혁신이 관료화된다는 이유에서다. 지식인들의 반(反)자본주의 태도가 사회주의를 부추긴다고도 했다. 하지만 사회주의는 불확실성이 없고 효율적이어서 그 체제가 결코 나쁘지만은 않다고 한다.

그러나 사유재산이 인정되지 않는 사회주의는 가격이 없기 때문에 어디에 얼마만큼을 투자할 것인가와 같은 경제 계산이 불가능하고 그래서 사회주의도 불가능하다는 미제스의 인식을 간과했다는 지적을 받고 있다. 사회주의가 도래한다는 슘페터의 예측도 결국은 빗나갔다. 이는 자본주의 혁신 과정이 그가 예상한 것보다 훨씬 잘 기능한다는 증거다.

슘페터 사상은 여러 가지 비판의 여지를 남기긴 했지만 경제학을 넘어선 학제융합적인 그의 사상은 원대하고 심오하다는 평가를 받는다. 기업가이론을 개발해 자본주의를 새롭게 이해한 그의 공로는 독보적이었다.

야심가 슘페터의 연이은 실패

조지프 슘페터는 야심가였다. 그러나 비운의 실패가 이어졌다. 그는 빈에서 사교계의 1인자가 되겠다는 마음을 먹었고 외출을 하기 위해 한 시간 이상을 치장했다. 그러나 그는 트러블 메이커였다. 유능한 정치가가 되겠다는 꿈도 가졌고, 36세의 젊은 나이에 재무부 장관이 됐다. 그러나 경제난을 극복하는 데 실패했고 애석하게도 7개월 만에 해임됐다.

세계에서 가장 유명한 경제학자가 되겠다는 야심에서 경제학에 입문했다. 그러나 누구도 그의 사상을 거들떠보지 않았다. 수많은 사람들에게 실업과 빈곤이란 고통을 안겨준 경제위기를 일시적인 현상이라며 대수롭지 않게 여긴 그의 사상에 주목할 이유가 없었기 때문이다.

그러나 오늘날 그는 새롭게 인정받기 시작했다. 혁신, 기업가 정신, 경영전략, 창조적 파괴 등 그가 100년 전에 던진 개념들은 정보기술, 세계화, 벤처산업 등 역동적으로 변하는 세계를 이해하고 헤쳐 나가는 데 필요한 지혜를 제공하기 때문이다.

진화경제학이 전제하는 인간관이 창조적 정신

슘페터의 사상은 시장경제의 구조 변화를 새로이 조명하려는 진화경제학의 형성에 결정적인 영향을 미쳤다. 슘페터의 사상이 변동 없는 상태만을 기술하는 균형이론을 극복하고 경제 내부 자체에서 생겨나는 변화를 설명할 통찰을 제공했기 때문이다. 그러나 균형이론을 완전히 벗어나지 못했던 슘페터와는 달리 진화이론은 균형 자제를 부정한다는 점을 염두에 둘 필요가 있다.

경기 침체의 극복은 물론, 지속적인 경제 성장은 수요 처방이 아니라 공급 측에 있다는 인식을 심어준 것도 슘페터의 통찰이 아닐 수 없다. 규제가 적고 정부 지출이 적을수록, 다시 말해 경제적 자유가 많을수록 경제 성장이 높다는 인식을 이론적으로 뒷받침한 것도 슘페터다.

위기 극복을 위해 기업가적 과정을 가능하게 하는 제도적 틀을 모색하는 현대 경제정책의 이론적 기초도 슘페터의 사상이 제공했다.

1990년대 동유럽 국가의 체제 개혁에 막중한 영향

슘페터의 사상이 얼마나 큰 영향력이 있는지는 옛 동유럽 사회주의 국가의 개혁이 입증한다. 사회주의의 승리는 불가피하다고 선언했던 슘페터가 자본주의를 부활시키는 영웅이 된 곳이 바로 옛 동유럽 사회주의 국가들이다.

1990년 이래 그 나라들 곳곳에서는 '슘페터의 기업가'가 등장해, 사회주의 때문에 쓰러진 산업의 창조적 파괴를 일으켜 슘페터가 말한 호황 과정이 시작됐다고 평가했다.

경제자유가 보장되는 좋은 제도가 아니라 재분배 제도, 방만한 통화 제도, 기업 규제와 같이 나쁜 제도는 기업가의 정상적인 활동을 오도한다는 슘페터의 사상은 생생히 살아있다. 그래서 세계 최고의 경제학자 중 한 명이 바로 슘페터라는 평가가 늘어나고 있다.

함께 읽으면 좋은 책

『경제고전』, 다케나카 헤이조 지음 / 김소운 옮김, 북하이브, 2012
『케인스 VS 슘페터』, 요시카와 히로시 지음 / 신현호 옮김, 새로운제안, 2009
『경제발전의 이론』, 조지프 슘페터 지음 / 박영호 옮김, 지만지, 2012
『자본주의·사회주의·민주주의』, 조지프 슘페터 지음 / 변상진 옮김, 한길사, 2011
『세속의 철학자들』, 로버트 L. 하일브로너 지음 / 장상환 옮김, 이마고, 2008

칼 폴라니

제3의 길의 선구자

karl Polanyi

1886년 오스트리아 빈 출생

1912년 부다페스트대 법학 박사

1915년 군 입대

1924년 오스트리아 「이코노미스트」 논설위원

1933년 영국으로 망명

1945년 『거대한 전환』 출간

1947년 컬럼비아대 교수

1957년 컬럼비아대 교수직 은퇴

1964년 타계

1968년 유고집 『원시, 고대, 근대 경제』 출간

시장자유주의는 19세기 서구사회를 지배했다. 그러나 20세기에 접어들면서 개인보다 집단을 중시하는 다양한 형태의 집단주의에 자리를 내주고 밀려났다. 자유와 책임, 작은정부를 신봉하는 지식인들에겐 '절망의 시기'였다.

대공황, 빈곤, 실업, 나치즘 등 20세기 초 유럽의 위기는 사회 통제에서 벗어난, 독립적인 시장자유주의 때문이라고 진단하면서 인류가 번영을 누리기 위해선 경제를 민주적으로 통제해야 한다고 주장한 인물이 오스트리아 출신 사회경제학자 칼 폴라니다.

아버지가 철도사업가였던 헝가리계 유대인 가정에서 태어난 폴라니가 평생 다룬 문제는 경제와 사회의 관계였다. 이를 제대로 이해해야만 번영이 지속가능한 경제 질서를 모색할 수 있다는 믿음에서였다.

호혜와 재분배의 비시장경제가 이상적

경제학을 넘어 고고학, 인류학 등 광범위한 지식 탐구에 몰두했던 폴라니가 주목한 것은 과거부터 이어져온 사람들의 먹고사는 방식이었다. 그가 발견한 건 세 가지다. 첫 번째 원리는 호혜 즉, 남을 도와주는 이타적인 행동이다. 원시사회에서 가족이나 친지 간에 볼 수 있는 삶의 방식이다.

경제를 제도화하는 두 번째 원리는 재분배인데, 이는 통치자가 계획을 통해 한 집단 안에서 전체 자원을 재분배하고 사람들이 골고루 먹고살게 하는 방식이다. 고대사회와 봉건사회 삶의 행태가 바로 그것이다. 마지막 세 번째 원리는 교환이다. 시장가격에 의해 이윤추구 행동이 조정되는 경제시스템이다. 이런 경제가 등장한 시기는 19세기라는 게 폴라니의 설명이다. 따라서 시장교환은 경제 제도화의 유일한 원리가 아니라 다수 중의 하나일 뿐이라고 폴라니는 주장한다. 호혜와 재분배의 비(非)시장 경제를 무시하고 시장교환만을 지나치게 강조하는 건 잘못이라고 목소리를 높인다.

시장교환은 역사적으로 특정 기간에 나타난 현상이기에 보편적인 현상도 아니라고 한다.

흥미로운 건 비시장적 경제가 인간의 본성에 적합하고 도덕적이라는 폴라니의 해석이다. 본래 인간은 이윤추구보다 공동체를 더 생각한다는 이유에서다.

그런 낭만적인 생각에 사로잡힌 폴라니는 비시장적 경제는 공동체 사회의 윤리, 문화, 정치적 영향에 예속돼 있다고 주장하면서 이런 경제야말로 구성원들의 공생과 공영의 가치를 높인다고 치켜세운다.

그는 시장교환이 시장 바깥에 있는 문화 및 윤리 요소 등 사회의 영향에서 벗어나 독립적으로 작동한다고 주장한다. 자유시장이 사회의 통제에서 벗어남으로써 전통 관행이 파괴되고 빈곤과 실업이 야기된다는 것이다. 따라서 시장사회는 인간의 공동체적 본능에 맞지도 않고 그래서 문명의 후퇴라고 혹평한다.

그런 역효과는 19세기 자유주의 시대가 입증하고 있다는 게 폴라니의 주장이다. 곡물법 폐지를 비롯한 규제 철폐를 통해 노동, 토지 등 다양한 시장을 자유화했기 때문에 19세기 경제는 산업혁명과 같은 거대한 전환을 맞게 됐다는 이야기다. 가격 중심의 시장교환으로 전통 관행에 따른 농촌경제 신분사회의 비시장적 경제는 파괴돼 빈곤이 만연했고 사회불안도 심해졌다는 게 그의 역사 해석이다.

간섭주의는 시장의 질주를 막는 당연한 것

폴라니는 그와 같은 시장사회의 부정적 영향을 막기 위해 노조나 지주 집단이 저항운동을 벌였다고 설명한다. 또 정치권은 보호정책 규제입법으로 시장의 '질주'를 막으려 했다는 것이다.

20세기 초의 간섭주의와 사회주의 파시즘, 심지어 세계대공황도 '고삐 풀린' 시장의 질주에 대한 저항의 산물이라고 지적한다. 보호주의 성격의 반작용과 각종 입법운동이 일어나지 않았다면 시장경제 체제는 인간사회를 파멸했을 것이라는 게 그의 인식이다. 그래서 폴라니는 시장사회 대안으로 '민주적으로 통제된 경제'를 제안하면서 그의 사상의 결론을 맺는다. 그의 대안사회는 시장자유주의도 아니고 사회주의도 아니다. 그는 자유의 억압이라는 이유로 사회주의를 반대한다. 폴라니가 제안한 이 체제는 '제 3의 길'로 해석되고 있다.

그러나 그의 사상에 대한 비판도 없지 않다. 먼저 민주적 통제도 자유를 유린하는 폭정의 위험성이 내재돼 있다는 사실이다. 주목할 것은 19세기 시장자유주의가 빈곤과 실업, 삶의 불안을 불러왔다는 폴라니의 진단이다. 이는 근거가 약하다는 게 역사가들의 인식이다. 실업은 농촌의 과잉인구 탓이지 산업혁명에서 생겨난 게 아니라는 이야기다. 오히려 그런 노동력을 흡수할 일자리를 창출한 것, 기근을 없앤 게 산업혁명이었다는 것이다.

경제행동은 종교, 도덕, 문화적 요인 등 사회의 영향으로부터 자유롭지 못하다는 폴라니의 인식은 단편적이라는 지적도 받는다. 경제와 사회는 서로 영향을 주고받는 관계이기 때문이다.

『거대한 전환』 vs 『노예의 길』

폴라니의 유명한 저서 『거대한 전환』은 1944년 발간됐는데 흥미롭게도 같은 해에 하이에크의 유명한 저서 『노예의 길』도 출간됐다. 두 석학은 직접 인용하거나 논쟁하지는 않았다. 그러나 가상 논쟁을 예상해 보면 흥미로운 점이 많다.

폴라니가 "20세기 유럽 위기, 그 주범이 19세기 자유주의 때문이지요." 라고 말했다면 하이에크는 눈을 찌푸리며 이렇게 답했을 터이다. "쓸데없는 소리! 그 위기는 폴라니 당신 같은 사람이 주장한 다양한 개입주의 때문이오." 폴라니는 상기된 얼굴로 이렇게 응수했을 것이다. "자유주의가 문제가 없다면 왜 노동운동, 사회주의, 간섭주의 등의 입법이 등장했겠소!" 이에 하이에크가 하는 말, "그런 운동이 등장한 건 당신들이 현실을 왜곡한 탓이오. 자유주의는 19세기 전대미문의 발전을 불러왔소. 자유주의를 곡해하지 마시오. 자유시장이야말로 문명의 길이라는 걸 직시해야 하오."

시장의 자생적 질서를 반대

폴라니가 말하는 비(非)시장적 경제의 도덕적 기초는 석기시대에 생겨난 소규모 사회의 도덕인 연대감이다. 산업혁명 이전의 모든 세계는 그런 가치를 기반으로 한 '원시세계'였다. 그런데 폴라니는 신분제도, 부족사회, 중상주의 등 비시장적 경제가 개인들에게 안정적 삶을 제공했다는 이유에서 우호적인 입장을 취한다.

그러나 당시 기근과 전염병이 만연해 삶이 매우 불안정했다는 게 역사가들의 증언이다. 규제가 풀리면서 생산이 왕성했던 산업혁명 이후에나 비로소 경제적 안정을 말할 수 있게 됐다는 것이다.

폴라니의 사상은 20세기에 시장자유주의를 반대하는 지적 분위기를 조성하고 사회주의가 지구촌에 번져가도록 하는 데 중요한 역할을 했다.

민주주의와 시장경제의 병행발전론, 비정부 조직의 중요성을 강조하는 시민사회론, 공동체 정신을 중시하는 공동체주의도 폴라니의 영향에서 비롯된 것이다. 2008년 미국발 금융위기에 대한 좌파들의 설명도 고삐 풀린 시장의 질주라는 개념을 제시한 폴라니의 사상에서 비롯된 것이라고 봐도 무방하다.

함께 읽으면 좋은 책

『시장자유주의를 넘어서』, 김영진 지음, 한울, 2011
『칼 폴라니의 경제사상』, J. R. 스탠필드 지음 / 원용찬 옮김, 한울아카데미, 1999
『거대한 전환』, 칼 폴라니 지음 / 홍기빈 옮김, 길, 2009

6

프랭크 나이트
시카고학파의 창시자

Frank Hyneman Knight

1885년 미국 일리노이즈 출생

1913년 코넬대 철학과 졸업

1916년 코넬대 경제학 박사

1921년 『위험, 불확실성 그리고 이윤』 출간

1927년 시카고대 교수

1933년 『경제조직』 출간

1950년 미국경제학회 회장

1951년 『경쟁의 윤리』 출간

1955년 교수직 은퇴

1956년 『지성과 민주적 행위』 출간

1972년 타계

20세기에 접어들면서 미국, 유럽 등 지구촌은 개인의 자유를 유린하는 집단주의가 지배하기 시작했다. 시민들은 공룡같이 거대한 정부에 점차 예속되고 19세기에 습득했던 자유주의 유산은 소멸돼 갔다.

이런 가운데 시장경제와 자유기업의 윤리적 본질이 무엇인가에 대한 근원적인 문제의식을 가지고 경제학에 입문하여 시카고학파를 창시한 인물이 프랭크 나이트다. 그는 아버지가 농장을 경영하던 가정에서 11남매 중 맏아들로 태어나, 19세기 자유주의가 침몰한 것은 자본주의에 대한 본질적인 이해가 부족했기 때문이라고 진단했다.

철학자가 되겠다는 생각에서 한때 철학과 윤리학에 심취했던 나이트는 시장경제의 윤리적 기초는 효율성이 아니라 개인의 자유라고 주장한다. 자유사회에서 인간관계는 정부와 개인, 집단의 강제가 아니라 전적으로 자발적인 교환에 의존한다는 뜻이다. 시장 교환이 생겨나면서 인류는 원시적 삶을 극복하고 비로소 문명화된 삶이 가능해졌다는 게 그의 역사 해석이다.

기업 이윤은 불확실성을 감수한 대가

나이트가 경제자유를 각별히 중시한 것은 그것이 언론, 출판, 표현의 자유 등 시민적 자유 및 참정권과 같은 정치적 자유를 지키는 보루라는 역사적 사실 때문이다. 경제적인 자유 없이는 어떤 자유도 존재할 수 없다는 이야기다.

정치적, 경제적인 자유의 존재 조건은 무엇인가. 나이트는 모든 것이 알려진 확실한 세계에서는 자유라는 말이 불필요하다고 설명한다. 불확실성의 세계에서만이 자유의 존재 의미가 있다는 것이다. 따라서 자유와 함께 불확실성은 자유기업과 시장경제의 본질을 이해하기 위한 열쇠다.

따라서 나이트는 이윤도 불확실성과 관련해 이해해야 한다고 주장한다.

그는 손해가 생길 수 있는, 불확실한 상황을 감수하고 경제활동을 수행한 결과로서 남는 게 이윤이라고 강조하면서 기업가의 사회적 역할은 모험심에서 책임 있게 불확실성을 떠맡는 것이라고 강조한다. 시장경제가 눈부신 번영을 누릴 수 있는 것도 책임 있는 모험적 기업가들이 있기 때문이라는 게 그의 시장관이다.

아쉽게도 나이트는 위험 감수를 뛰어넘어 이윤기회를 만들어내고 신지식을 발견하는 기업가적 발견 과정을 간과했다는 지적을 받는다. 그럼에도 불구하고 이윤은 노동자를 착취한 결과라는 인식을 불식시키고 이윤의 도덕적 정당성을 입증하는데 큰 기여를 했다는 평가다.

나이트는 시장경제를 옹호하면서도 윤리적 우려를 감추지 않았다. 자본주의는 재산 상속 등으로 기회균등이 상실돼 가난한 자는 더 가난해지고 부자는 더 부유해진다고 생각했다. 그래서 분배 결과는 도덕적 근거가 허약하다고 한다. 타고난 재주는 노력과 무관한 출생이라는 '우연'에 따른 것이기에 그런 재주에 의한 경제적 성공도 도덕적 정당성이 없다는 것이다. 그래서 자본주의는 소득 재분배가 필요하다고 목소리를 높인다.

시장경제의 불평등을 우려

자유시장이 불평등을 심화한다는 나이트의 주장은 옳지 않다는 게 일반적 지적이다. 캐나다의 유명한 싱크탱크인 프레이저 연구소가 보여주듯이 빈곤층 10%의 소득 분배율은 경제자유의 정도와는 아무런 관련이 없다.

타고난 재주에 의한 소득결정은 불로소득이라는 이유로 도덕적 정당성이 없다는 주장도 비판으로부터 자유롭지 못하다. 어떤 재주를 타고났는지를 발견하고 그 재주를 기회로 만드는 것은 기업가적 노력이 없이는 가능하지 않다는 이유에서다.

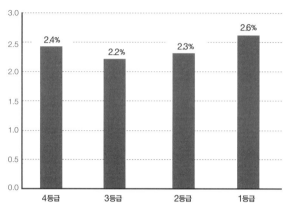

표 5-3 경제 자유와 최빈층 10% 소득 분배율(1990~2009년)
: 재정 건전성, 조세부담, 시장 구제 등 24개 항목을 기준으로 경제 자유도를 평가해 분류했다. 미국, 독일 등 141개국을 대상으로 조사했으며 1등급은 자유도가 가장 높고, 4등급이 가장 낮다.

* 출처: 프레이저 세계 경제 자유 보고서

　　나이트는 또 자유시장은 경쟁을 제한하는 독점과 담합이 반드시 뒤따른다고 봤다. 시장경제는 정부의 도움이 없이는 자생적으로 자유 경쟁이 확립될 수 없고, 그래서 반독점 정책은 국가의 중요한 과제여야 한다고 강조한다. 이런 입장은 고전적 자유주의와 전적으로 다른 시각이다.

　　고전적 자유주의는, 독점과 담합의 문제는 정부의 시장 개입에서 야기된 산물이라고 말하면서 기업의 시장 진입에 법적 장애물이 없으면 경제력 집중은 문제될 게 없다고 주장한다. 경쟁을 촉진하고 소비자를 보호한다는 이유로 도입한 대기업 규제는 자유경쟁을 보호하는 것이 아니라 경쟁적 기업 활동의 발목 잡기였다는 미국과 독일의 역사적 경험도 주목할 필요가 있다.

　　나이트는 뉴딜정책을 거부했지만 그렇다고 고전적 자유주의를 추종해 시장의 자기 치유력에 의존하지도 않았다. 그는 불경기 때 균형예산 대신 조세를 삭감하고 지출을 늘리는 등 물가인상의 위험을 무릅쓰고라도 정부가 확장정책을 통해 고용증대에 적극 나서야 한다고 주장했다. 나이트는 간섭주의의 거장 케인스보다 먼저 '케인스 처방'을 제시하고 있었다. 그래서 그를 '케인스 이전의 케인스주의자'라고 부른다.

나이트는 시장경제에 대한 간섭을 옹호하면서도 사회주의 계획 경제를 비판했다. 과학적 유토피아를 만들어 개혁하는 것은 이성의 남용이라고 말하면서, 불확실성을 특징으로 하는 세계에서 포괄적인 계획 경제는 비효율을 만들어낼 뿐만 아니라 시민의 자유도 위협한다는 것이다.

결론적으로 나이트는 온건한 재분배 정책, 독점 규제, 경기 정책 등을 내용으로 하는 '제3의 길'을 윤리적으로 뒷받침했다는 평가를 받는다. 그는 이런 지적 무기를 가지고 시카고대의 바이너, 헨리 사이먼 등과 함께 시카고학파를 구성하여 1930~40년대에 위협적이었던 집단주의 세력과 싸웠다.

프리드먼, 뷰캐넌 등 수많은 경제학자 길러내

대부분의 학자들은 자신의 저서를 통해서 대중적 인기를 끌거나 자신의 정책 제안을 정부의 고위층에 유포하여 정치적으로 영향을 미치는 게 일반적이었지만 나이트는 주로 교육을 통해 세상에 큰 영향을 미쳤다. 그가 길러낸 인물이 노벨경제학상을 받은 프리드먼, 스티글러 등이다. 1950년대 이후 이들이 스승이 창시한 시카고학파를 이끌면서 시장경제와 자유기업을 지켜냈다.

시카고대에서 나이트의 가르침이 없었다면 시카고학파도 등장하지 못했을 것이고 또 집단주의로부터 시장경제와 자유기업을 수호하는 큰 역할도 하지 못했을 것이라는 게 일반적 평가다.

사상적인 측면에서는 나이트와 그 제자들 간에 차이가 있다. 나이트는 재분배와 독점정책 등 간섭주의를 옹호했지만 그의 제자들로 구성된 시카고학파는 작은정부, 큰 시장을 지향했다. 그들은 수리, 계량경제학의 방법을 애호하지만 나이트는 그런 방법으로는 자유기업과 시장경제의 본질을 캐낼 수 없다고 경고한다. 효용극대화와 비용−편익 분석을 기반으로 하는 공리주의도 자본주의의 본질인 자유를 이해하는 데 쓸모가 없다는 게 그의 주장이다.

이런 차이에도 불구하고 프리드먼이 스스로 밝히듯이 경제자유의 중요성, 경제자유와 시민적 자유 간 관련성 등 경제자유에 관한 자신의 철학적 기초는 전적으로 그의 스승에게서 영향을 받았다. 노벨경제학상을 받은 자유주의 거목 제임스 뷰캐넌이 젊은 시절 사회주의에서 시장경제로 전향하는 데 결정적 영향을 미친 것도 스승 나이트의 강의였다.

나이트 사상의 영향은 여기에서 멈추지 않는다. 도로의 혼잡을 막기 위해 도로세의 형태로 정부가 개입하는 게 옳다는 주장이 압도할 때, 그는 도로에 혼잡이 생겨나는 이유는 도로에 대한 사유재산권이 없기 때문이라며 도로를 사유화하면 통행료(도로이용가격)를 통해 혼잡이 저절로 줄어든다고 주장한다. 이런 논리를 통해 그는 희소성에 대한 시장의 효율적 해결의 제도적 조건이 재산권 확립이라는 재산권이론의 기초를 확립했다.

출생의 불평등에 좌우되는 분배는 불공정

나이트는 시장에서 버는 소득은 개인의 타고난 재주에 좌우되는데, 이런 분배는 공정하지 못하다고 주장했다. 이 같은 사상은 미국의 사회철학자 존 롤스의 정의론의 토대가 됐다는 사실도 주목할 필요가 있다.

나이트는 생산 기간을 통해 자본을 측정하고 이자율을 시간선호로 이해하는 하이에크 등의 오스트리아학파와 세기적 대결을 벌인 것으로도 유명하다. 그는 자본을 물리적으로 합하고 이자율을 자본의 생산성으로 이해하는 자신의 자본론으로, 오스트리아학파를 주류 경제학에서 사라지게 만들었다. 이에 대한 그의 이론은 재고의 여지가 있다는 지적이 많다.

함께 읽으면 좋은 책

『경제학 세계명저 30선』, 마쓰바라 류이치로 지음 / 최선임 옮김, 지식여행, 2010
『위대한 경제학자들』, 마크 블록 지음 / 연태훈, 옥우석 옮김, 동인, 1994
『기업이론』, 여운승 엮음, 석정, 1998
『시카고학파』, 요한 판 오페르트벨트 지음 / 박수철 옮김, 에버리지홀딩스, 2011

7

존 롤스
분배정의의 개척자

John Rawls

1921년 미국 볼티모어 출생

1946년 군 제대

1950년 프린스턴대 철학박사 학위취득

1962년 하버드대 교수

1971년 『정의론』 출간

1991년 하버드대 은퇴

1993년 『정치적 자유주의』 출간

1999년 『만민법』 출간

2001년 『공정으로서의 정의』 출간

2002년 타계

분배정의론을 개척해 20세기 '가장 위대한 인물' 중 한 명으로 평가받는 미국 사회철학자 겸 정치경제학자 존 롤스. 아버지가 유명 변호사이고 어머니는 여성유권자연맹 대표로 활약한 유복한 가정에서 태어난 롤스는 소득과 재산이 재주, 능력 등 타고난 개인 특성과 출신 배경에 의해 좌우된다고 생각했다. '행운의 여신'으로부터 버림받은 집단이 서민층이고 은총을 받은 계층이 상류층이라는 인식 아래 분배사상을 전개했다. 서민층의 애환을 대변하는 온정주의 철학자라고 불릴 만큼 그의 정의관은 '자연의 복권'에 당첨되지 못한 계층의 복지증진에 초점을 맞춘다.

서민을 대변한 하버드의 성인

롤스가 그런 사상을 갖게 된 것은 어릴 때 겪은 뼈아픈 사연들 때문이었다. 그는 자기가 앓고 있던 병이 전염되어 어이없게도 어린 두 동생을 잃었다. 동생들의 죽음은 그가 말더듬이가 될 정도로 충격적이었다. 풍요 속에서 사는 자기와 비교할 때 아주 대조적으로 가난한 집에서 태어나 교육의 기회도 없고 삶의 장래도 어두운 친구들, 흑인이라는 이유로 여러 측면에서 차별받는 현실 등이 그에게는 운명의 장난처럼 보였다.

이런 경험 속에서 '도대체 정의란 무엇인가'라는 의구심이 성실하고 영민한 젊은 롤스의 머릿속에 각인됐다. 그 문제는 마침내 도덕, 철학적 거대담론이 되어 그의 대학원 과정은 물론 평생의 주제가 됐다.

롤스의 정의관 핵심은 소득과 재산의 분배를 자연에 맡기는 경제 체제는 정의롭지 못하며 자연으로부터 차별당한 서민층에게 보상하는 경제 체제가 정의사회라는 것이다. 그는 그런 사회를 위해 유명한 세 가지 정의의 원칙을 개발했다. 하나는 서민층에게도 똑같이 정치적 자유(언론, 신앙 등의 시민적 자유와 참정권과 같은 정치적 권리)를 보장해야 한다는 자유원칙이다. 두 번째는 서민층 우대정책을 통한 공정한 기회의 원칙이다. 그리고 세 번째는 서민층의 장래를 개선하는 조건에서 소득재산의 불평등을 허용한다는 차등원칙이다.

롤스의 정의 원칙은 미국의 전통적인 자유사상과는 크게 차이난다. 전통 자유사상은 개인의 자유와 재산권의 존중, 법치주의와 제한된 정부였다. 그러나 그는 이런 가치를 기반으로 하는 자유자본주의를 신뢰하지 않았다. 시장사회는 분배를 '자연의 추첨'에 맡기기 때문에 심각한 불의로 점철됐다고 믿었다.

개인의 능력은 우연의 산물이기 때문에 사회가 공유해야

롤스는 정부가 취약계층에 대한 우대정책, 상속세, 교육 등을 통해 공정한 기회를 만들어주고 높은 과세를 통해 부의 집중도 막아야 한다고 주장한다. 롤스의 정의사회는 결과적으로 거대 정부로 연결된다. 그러나 그의 정부 개입론은 당초 취지와 달리 사적 부문의 재산권과 경제자유를 침해하고 결국 서민층의 삶도 어렵게 한다는 비판도 받는다. 조세부담을 줄이고 규제를 푸는 게 서민층을 위한 것이라는 지적이다.

주목을 끄는 것은 롤스의 자유의 원칙이다. 이를 통해 보호받는 기본권은 정치적 자유이고 이는 절대적이다. 사유재산제와 경제자유는 보호의 대상이 아니다. 이것들은 있으나 없으나 정의사회와는 상관없다는 것이 그의 해석이다. 그러나 롤스의 이런 생각은 사유재산이 없으면 가격이 없고 그래서 경제계산이 불가능하다는 미제스, 하이에크의 유명한 인식을 망각하고 있다는 비판에 직면했다. 인권을 보호하는 지구상의 모든 민주주의는 자유자본주의를 기반으로 한다는 보편적 주장을 감안하면, 경제자유가 없거나 제한해도 정치적 자유가 보장될 수 있다는 롤스의 믿음은 논란대상이다. 캐나다의 유명한 싱크탱크인 프레이저 연구소가 발표한 2012년도 세계경제자유보고서도 경제자유가 많은 나라일수록 정치적 자유도 크

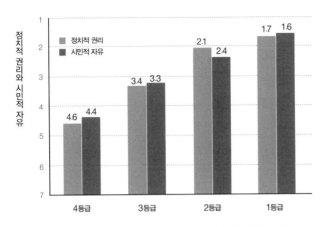

표 5-4 경제 자유와 정치적 권리와 시민적 자유의 관계

미국, 일본, 독일 등 141개국을 대상으로 조사. 재정 건전성, 조세 부담, 시장 규제 등 24개 항목을 기준으로 경제자유도를 평가, 분류했고, 1등급 자유도가 가장 높고, 4등급이 가장 낮다.

* 출처: 프레이저 세계 경제 자유 보고서(2012)

다는 것을 입증하고 있다.

우연에 의한 것이기에 타고난 재주나 능력은 개인의 소유가 아니라 집단적 자산이라는 롤스의 주장도 주목을 끈다. 김연아의 피겨스케이팅 능력, 박주영의 축구 재능은 우연에 기인한 것이니까 그들이 버는 돈은 그들에게 속한 것이 아니라는 뜻이다. 그러나 우연의 결과는 공유해야 한다는 논리적 근거도 약하거니와 우연만으로 그들의 성공을 설명할 수 있다는 믿음도 오류라는 의견이 많다.

자연이 누구에게든 특정한 재주와 능력을 부여했다고 해도 어떤 능력을 줬는지, 어떻게 이용하면 성공할 수 있는지에 대해서는 말해주지 않는다. 신비롭게도 자연은 그것을 알아내고 발견하는 것을 개인 각자의 몫으로 돌렸다. 그래서 운 자체는 성공의 필수조건이 아니다. 운을 기회로 만드는 것이 성공의 열쇠이고 그런 발견이 자기 소유의 근거라는 것을 롤스는 인식하지 못한 듯하다. 또 개인 소유가 인정될 때 비로소 인간은 자신의 능력과 재주를 최대한 개발할 동기를 갖게 된다는 점도 인식할 필요가 있다.

롤스의 사상은 많은 비판의 여지를 남기기는 했지만 정치철학, 윤리학, 심리학, 경제학 등 학제를 융합해 종래의 후생경제학이 다루지 않았던 신천지의 분배정의를 선구적으로 개척했다. 항상 겸손하고 모범적인 학자로서 서민층을 지키는 데 헌신했다는 의미로 그는 '하버드의 성인(聖人)'으로 불렸다.

분배정의를 시민들에게 각인시키는 데 기여

존 롤스의 사회정의는 구성원들이 평등함에도 자연은 어떤 사람에게는 다른 사람보다 나은 재주나 능력 등을 준다는, 그래서 재분배를 통해 이같은 자연의 은총을 사회에 돌려줘야 하고 반면에 자연으로부터 차별당한 서민층은 국가의 보살핌을 받을 권리가 있다는 내용이다. 이런 분배정의는 뒤처진 사람들을 위해 희생할 준비가 돼 있는, 그래서 집단적 양심을 가진 사람들과 '사회적 기본권'이라는 명분으로 분배 혜택을 요구할 권리를 가진 사람들이 함께하는 사회다.

롤스가 이런 비전을 제시한 시대적 배경은 성차별, 서민차별, 인종차별이 심각했던 20세기 중반이다. 미국 사회는 다수를 위해 소수가 희생해도 된다는 의미에서 머릿수를 중시하는 공리주의로 경제적, 사회적 차별이 심각했다.

롤스는 분배정의에 합당하게 미국 사회를 개혁하려고 했고 또 그런 개혁을 낙관적으로 생각했다. 그러나 사회를 개혁할 지적 능력의 한계 때문에 그런 낙관은 '치명적 자만'이라는, 그래서 우리는 자유와 제한된 정부를 기반으로 하는 '자생적 질서'에 의존하는 수밖에 없고 이것이 서민층을 보호하기 위한 지름길이라는 하이에크의 인식론적 비판에 부딪친다. 롤스 사상은 공동체에 대한 연고관계를 무시하고 권리만을 중시해, 원하는 것이면 무엇이든 권리라는 명분을 댄다는 의미의 '권리의 인플레이션'을 초래했다는 공동체 주의의 윤리적 비판에도 직면했다.

이런 비판에도 롤스의 분배사상이 미친 영향은 대단히 크다. 빌 클린턴 전 미국 대통령 부부는 서민층을 위해서는 정부 지원과 규제가 필요하다고 주장하는 롤스의 팬이었다. 연간 100만 달러 이상을 버는 가계라면 중산층보다 적은 세금을 내서는 안 된다는 워런 버핏의 조세준칙(일명 버핏세)도 국가는 강제적으로 재분배를 해도 된다는 롤스의 사상을 반영한 것이다.

클린턴, 오바마 대통령의 정책에 영향

오래 전부터 롤스의 사상을 잘 알고 있었던 오바마 미국 대통령도 역시 롤스의 팬이었다. 누구나 공정한 자기 몫을 받고 공정한 세금을 내서 교육과 기술 개발, 그리고 사회 간접자본에 투자하는 사회가 정의사회라는 그의 주장도 롤스의 사상에서 배운 내용이다.

롤스 사상이 미친 영향은 미국 사회만이 아니다. 1970년대 독일을 비롯한 유럽이 복지를 확대할 때 유럽의 정치권이나 학계는 복지 확대의 철학적 근거를 롤스의 사상에서 찾았던 것은 잘 알려진 사실이다.

함께 읽으면 좋은 책

『자유주의: 시장과 정치』, 김한원, 정진영 엮음, 부키, 2006
『자유주의의 지혜』, 민경국 지음, 아카넷, 2007
『만민법』, 존 롤스 지음 / 장동진 등 옮김, 아카넷, 2009
『사회정의론』, 존 롤스 지음 / 황경식 옮김, 서광사, 2001
『정의로의 산책 : 정의론』, 한희원 지음, 삼영사, 2011

8

아마르티아 센

빈곤의 경제학의 선구자

Amartya Sen

1933년 인도 산티니케탄 탄생

1959년 케임브리지대 박사 학위취득

1981년 『빈곤과 기아』 출간

1988년 하버드대 경제학 및 철학 교수

1994년 미국 경제학회 회장

1998년 노벨경제학상 수상

1998년 영국 케임브리지대 교수

2004년 하버드대 경제학 및 철학 교수

2007년 독일 쾰른 마이스터에카르트철학상 수상

2009년 『정의관』 출간

인도 경제학자인 아마르티아 센은 아버지가 화학 교수이고, 어머니는 여류작가인 유복한 힌두교 가정에서 태어났다. 그는 기아와 빈곤 문제 해결에 헌신하겠다고 결심하고 인도 캘커타대 경제학과에 진학했다. 그러나 그는 이념적으로 편향된 대학 분위기를 불편해했다. 결국 영국 케임브리지대로 이적했다. 당시 학생들 사이에 다양한 이념이 공존했던 케임브리지대학 분위기에 만족한 센은 이곳에서 경제학자가 되겠다는 꿈을 갖게 된다.

수학과 물리학에서 남다른 재주가 있었고 경제적으로 풍족한 가정에서 자라난 사람이 하필이면 빈곤 문제를 전문적으로 연구하겠다고 결심한 이유는 뭘까. 센에게는 특별한 경험이 있었다. 감수성이 예민한 어린 시절 겪었던 두 가지 아주 참혹한 사건에 대한 기억이었다.

하나는 무슬림 출신 노동자의 애달픈 죽음이었다. 그는 힌두교 지역에서 일자리를 찾다 힌두교도의 칼에 찔려 우연히 센의 집으로 피신했지만 끝내 숨을 거뒀다. 다른 하나는 벵골 사람들이 길거리에서 굶어 쓰러져 죽어가는 처참한 광경이었다. 이는 1943년 기근으로 300만여 명의 생명을 앗아간 대참사였다. 이런 가슴 아픈 경험 때문에 가난에 대한 동정심이 마음속에 각인돼 있었던 것이다.

그는 케임브리지대에서 박사학위를 취득하고 본격적으로 빈곤 문제 해결에 집중했다. 노벨경제학상을 받은 미국의 케네스 애로와 하버드대 철학자인 존 롤스 등은 그의 학문적 여정에 항상 동반자적 역할을 했다. 그의 연구 주제도 빈곤 문제뿐만 아니라 발전, 정의, 윤리, 공공선택, 민주주의 등으로 넓혀갔다.

빈곤은 생산의 부족이 아닌 잘못된 분배의 탓

빈곤에 대한 센의 사상은 독특하다. 굶주림과 빈곤은 생산이 부족해서가 아니라 잘못된 분배의 탓이라고 주장한다. 아프리카나 그가 어렸을 때

지켜봤던 벵골의 처참한 기근도 식량 공급이 부족한 탓이 있지만 공급된 것을 제대로 나누지 못해 야기됐다는 게 그의 분석이다. 경제가 성장해도 빈곤이 줄어든다는 보장도 없다고 한다. 이는 분배를 수정하기 위한 정부 개입이 필요하다는 뜻이기도 하다.

센은 자본주의의 빈곤 문제에 대한 분석도 내놨다. 시장의 기초가 되는 자유는 소중한 가치라는 것을, 시장은 부의 증가를 촉진한다는 것을 인정한다. 그러나 생산된 것을 정부가 개입해 제대로 분배하지 않으면 질병, 실업, 빈곤, 불평등 등과 같은 심각한 문제에 봉착하게 된다는 것을 끊임없이 경고했다.

센의 사상은 자본가나 부유한 국가의 착취로 인해 노동자 또는 제3세계가 빈곤해진다는 마르크스 사상, 그리고 저개발 국가의 빈곤은 홍수와 가

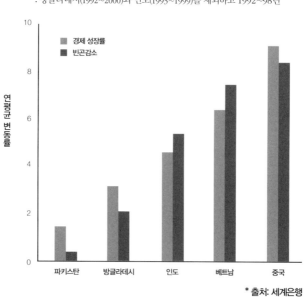

표 5-5 성장률에 따른 빈곤 감소율(단위: %)
: 방글라데시(1992~2000)와 인도(1993~1999)를 제외하고 1992~98년

* 출처: 세계은행

뭄 탓이라는 종래의 빈곤철학을 극복했다.

하지만 그가 분배의 중요성을 지나치게 강조한 나머지 분배가 일할 의욕을 위축시켜 부의 창출을 억제할 수 있다는 사실을 간과했다는 비판도 나온다. 센의 빈곤사상은 성장만으로는 빈곤을 해소할 수 없다는 성장비관론을 전제하는 데 현실적 근거가 취약하다는 지적이다. 경제가 성장할수록 빈곤층이 줄어든다는 통계가 그런 근거들이다.

1990년대 8.0%의 중국 연평균 성장률은 8.5%의 빈곤층 감소로 이어졌다. 인도는 성장률(5%)이나 빈곤층 감소율(6%)이 중국보다 모두 낮다. 1.8%의 보잘것없는 성장률을 기록한 파키스탄은 겨우 0.5%의 빈곤층 감소를 가져왔다.

어쨌든 센은 재분배를 통한 빈곤과 불평등 퇴치를 위해서는 무엇보다 굶주림과 가난으로부터 해방될 권리, 질병을 치료받을 권리, 교육받을 권리 등 사회적 기본권 확립이 필요하다고 역설한다. 국가는 그런 권리 확립을 통해 빈곤층을 지원하고 실업자를 보호하는 한편 교육과 건강 같은 '사회적 재화'를 공급할 의무를 진다는 게 그의 설명이다.

리콴유 전 싱가포르 총리와의 뜨거운 논쟁

센은 빈곤과 기아를 해소하기 위한 필수적 요건을 민주주의라고 믿는다. 방글라데시나 1950년대의 중국, 아프리카의 대규모 기아사태는 민주주의 부재 때문에 생겨난 것이라고 이해하고 있다. 그는 이런 주제로 정치적 자유보다 권위주의 정부가 신속한 경제발전을 가져온다고 '개발독재'의 불가피성을 주장했던 리콴유 전 싱가포르 총리와 뜨거운 논쟁을 벌이기도 했다.

그런 거대 담론은 경제 발전의 핵심적 동력이 사유재산과 경제자유라는 점을 간과했다는 비판을 피할 수 없었다. 발전된 국가에서 빈곤의 문제를 해결할 수 있었던 것은 민주주의라는 체제보다 시장경제의 발달 때문이었다는 것이 밝혀졌기 때문이다. 인도의 정치체제는 민주주의지만 거대한 빈곤층의 존재를 극복하지 못한 이유도 자본주의 발전이 뒤처져 있는 데 따른 것이라는 진단이 일반적이다.

센의 사상은 이런 비판의 여지를 남기긴 했지만 수학적 지식과 통계적 방법을 동원하여 종래의 경제학이 다루지 않았던 빈곤 문제를 정의하고 발전시켜 도덕 관점에서 '빈곤의 경제학'이라는 신천지를 선구적으로 개척했다. 이것이 그가 노벨경제학상을 수상한 배경이다.

일생 동안 어려운 사람 곁에서 그들을 돌봤던 마더 테레사 수녀처럼, 센도 빈곤의 경제학을 통해 세계의 가난한 사람들을 지키고 있다는 의미에서 그를 '경제학의 테레사 수녀'라고도 부른다. 이는 가난한 사람들에 대한 센의 학문적, 정서적 동정심의 적절한 표현일 것이다.

센 사상의 힘

아마르티아 센은 빈곤의 원인과 대책에 대해 상이하게 생각하는 두 진영과 싸우면서 빈곤철학을 개발했다. 한편으로 국유화를 통해 빈곤을 없애고 번영을 달성하려 했던 마르크스주의와 싸웠다. 그는 사유재산의 철폐로는 가난한 사람을 돕는 게 아니라 치명적 폭정을 부른다는 이유로 마르크스를 호되게 비판했다. 일할 자유, 생산과 소비 선택의 자유를 유린한다는 이유로 분배평등의 사회주의도 강력하게 부정한다.

다른 한편 센은 서민층을 위한 체제가 아니라는 이유로 자유주의, 자본주의와도 싸워야 했다. 그러나 자본주의의 힘을 잘 이용하면 빈곤을 타파하고, 모든 사람에게 번영을 기약하는 '얼굴을 가진 자본주의'를 확립할 수 있다고 믿었다. 하지만 그는 사회적 기본권을 강조한 나머지 자유주의로부터 공격받았고 동시에 평등분배를 배격한 나머지 좌파에도 환영받지 못했다.

센은 자신의 경제사상을 알리는 데 매우 수줍어했다. 그래서 미국과 영국, 인도 이외의 나라에는 잘 알려져 있지 않다. 그러나 그의 사상적 업적은 매우 크다. 이를 입증하는 것이 토론토대, 도쿄대, 독일의 킬 대학 등 세계 90여개 대학에서 받은 명예박사학위다.

센은 정당에 가입한 일도 없다. 영국 정부와 인도 정부가 고위 자문위원직에 위촉했지만 거절했다. 그렇지만 여러 가지 다양한 국제적 구호단체를 이끌면서 빈곤 퇴치에 앞장서 세계도 하나의 공동체이므로, 부유한 나라들은 국제적인 재분배 정책을 통해 제3세계의 빈곤과 국제적 불평등을 퇴치할 의무를 가지고 있다고 호소했다.

그는 세계은행과 유엔에서 실무적으로 활동하면서 제3세계의 빈곤 원인과 그 해결책을 제시해 빈곤한 나라의 개발정책을 계획하는 데 적극적으로 참여했다.

인간개발지수의 작성에도 기여

센은 각 나라가 얼마나 발전했는가, 그리고 어떤 정책이 필요한가를 평가하는 지표로서 유엔과 세계은행의 인간개발지수를 만드는 데 결정적 역할을 했다. 그 지표로서 원래 국민소득 시스템을 사용했다. 그러나 이는 소득의 불평등, 빈곤 문제, 환경, 교육의 기회 등을 파악할 수 없다는 이유로 폐기했다.

센이 작성한 인간개발지수는 국민소득에다 조기 사망률, 기대 수명, 문맹, 의료 혜택, 교육 등 이런저런 항목을 더하고 빼거나 각 항목에 특정 가중치를 부여해 작성한다. 최근에는 니콜라 사르코지 전 프랑스 대통령의 요청으로 센은 사회발전 측정을 위한 새로운 지표로서 국민행복지수도 개발했다.

함께 읽으면 좋은 책

『위대한 경제학자들』, 마크 블로그 지음 / 연태훈 옮김, 동인, 1994
『대한민국이 묻고 노벨 경제학자가 답하다』, 한순구 지음, 교보문고, 2012
『윤리학과 경제학』, 아마티아 센 지음 / 박순성, 강신욱 옮김, 한울아카데미, 2009
『자유로서의 발전』, 아마티아 센 지음 / 김원기 옮김, 갈라파고스, 2013
『불평등의 재검토』, 아마티아 센 지음 / 이상호, 이덕재 옮김, 한울아카데미, 2008

9

빌헬름 뢰프케
신자유주의의 창시자

Wilhelm Röpke

1930년대와 1940년대 고전적 자유주의는 이념 전쟁에서 완패했다. 독일의 민족사회주의(나치즘), 미국 루스벨트의 뉴딜, 소련의 공산주의 등 집단주의가 시대를 지배했다. 자유주의 패배의 이유는 무엇인가. 자유주의 이념 자체에 문제가 있었던 것일까, 아니면 자유주의에 대한 오해와 잘못된 정책 때문일까. 당시 이 주제는 자유주의자들 사이에서 뜨거운 쟁점이었다.

이때 결정적인 패배 이유가 고전적 자유주의 자체에 내재된 결함 때문이라고 지적하고 나선 인물이 있었다. 23세의 어린 나이로 경제학 교수가 된 빌헬름 뢰프케다. 그는 19세기 자유방임 자본주의가 봉건시대의 억압적인 신분 사회로부터 개인을 해방시켜 삶과 기회를 개선하는 등 인류의 발전에 기여했음을 인정한다.

그러나 고전적 자유주의가 사람들이 견뎌내기 어려운 심각한 문제도 야기했다고 뢰프케는 비판한다.

사적 독점의 억제를 위해 국가의 개입 필요

그는 19세기 중반 이후 담합과 독점 형태의 사적 권력으로 자유가 유린된 것, 빈부 격차가 커지고 빈곤과 무산자가 증가했던 것, 인구 밀집으로 도시 주거환경이 열악해진 것 등 자본주의가 이런 비판으로부터 결코 자유로울 수 없다고 주장한다. 이념 전쟁에서 패배한 것도 자본주의의 그와 같은 '병든' 사회구조 때문이라고 질타했다.

그러나 그런 자유주의는 사람들이 견뎌내기 어려운 심각한 문제도 야기했다고 비판한다.

그렇다고 뢰프케가 집단주의를 찬양했던 것은 결코 아니다. 독일 하노버의 한 평화로운 작은 마을에서 의사 아들로 태어나 성장한 그는 전쟁에 참가해 집단주의의 참혹함을 뼈저리게 체험했던 터였다. 오스트리아학파의 자유주의 경제학자인 미제스로부터 많은 영향을 받은 그는 집단주의의 승리를 이성에 대한 폭동이자, 자유로운 열린사회에 대한 철학적, 도덕적 위협이라고 혹독하게 비판했다.

뢰프케는 고전적 자유주의에 혁신적인 수정이 필요하다고 믿고 그 대안으로 '신자유주의(neoliberalism)'를 제안했다. 이 사상이 추구하는 최고의 가치는 개인의 자유와 존엄성이고, 이를 가장 잘 지켜주는 것이 시장경제라고 믿었다. 이 체제만이 인간의 삶의 의욕과 책임감을 강화하고 경제적 번영을 보장한다고 역설한다. 그러나 시장경제가 책임감 있는 사회적 기능을 다하기 위해서는 자유방임처럼 자유와 재산권을 보호하는 데만 치중하는 대신에 국가가 일정한 역할을 수행해야 한다고 설파했다.

뢰프케는 정부가 담합을 막고 시장 지배적인 거대 기업의 성장을 억제해 자유경쟁을 확립해야 할 과제가 있다고 주장했다. 국가의 도움이 없으면 자본주의는 자유를 침해하는 사적 권력의 문제를 스스로 해결할 수 없음에도 19세기 고전적 자유주의는 정부의 그와 같은 과제를 간과했다는 것이다.

그러나 그는 유감스럽게도 국가의 지원이나 보호가 없고 시장 진입이 자유로운 경우 담합은 스스로 해체되기 마련이라는 이론적, 역사적 사실을 무시했다는 지적을 받는다. 대기업이나 경제력 집중을 문제시한 것도 적절치 않다는 의견도 있다. 아무리 큰 기업이라고 해도 경쟁체제 속에서는 한순간에 몰락할 위험이 항상 도사리고 있다. 독점력을 남용하는 기업이 있다면 그것은 경쟁 과정에서 도태되기 마련이다. 대기업 규제는 자유경쟁을 보호하는 것이 아니라 값싸고 질 좋은 상품 공급을 의미하는 '경쟁적인' 기업 활동의 발목을 잡는 결과를 초래한다는 것이다.

사회 안전망의 중요성을 강조

뢰프케는 19세기 산업자본주의가 노동자 삶의 수준과 조건에 부정적인 영향을 미친 점을 들어 국가는 사회적 안전망을 설치할 의무가 있다고 했다. 시민들이 미래에 대한 불안감에서 그와 같은 장치를 강력히 요구하는 경우 정부는 이를 외면할 수 없다고도 했다. 그러나 그는 복지정책이 '친시장적'이어야 한다는 점도 빼놓지 않았다. 따라서 가격 규제나 보조금, 일자리 보호, 무상의료, 무상급식 등과 같은 정책은 반시장적이기 때문에 버려야 한다. 복지는 시장을 가장 적게 왜곡하는, 그래서 엄격한 선택적 복지여야 한다는 이야기다.

불황의 원인이 통화신용팽창을 통한 생산구조의 왜곡에서 비롯된다는 뢰프케의 사상은 돋보인다. 흥미로운 것은 불황기의 국가 역할이다. 잘못된 투자나 고용을 바로잡아 경제가 원상 회복하는 과정의 불황기에서는 국가가 할 일이 없지만 자금경색으로 경제가 악순환에 빠져 불황이 점차 깊어가는 긴급한 상황에서는 경기의 초기 점화를 위해 정부의 강력한 일회적 지출이 필요하다고 말한다.

그러나 19세기 산업혁명 시기에 노동대중의 각박한 삶을 자본주의 탓으로 돌린 뢰프케의 역사관은 논란의 여지를 남겼다. 노동자의 삶의 수준이 꾸준히 향상됐고 이를 가능하게 한 것이 시장경제였기 때문이다. 노동자의 실질노임도 증가했고 생활필수품 공급도 대폭 증가해 식품가격이 하락했다. 농업에서 일자리를 구하지 못한 실업자는 제조업 노동자로 생계를 꾸려가는 게 가능해졌다는 것이 비판의 논거다.

뢰프케의 신자유주의는 집단주의와 타협의 산물이라는 비판도 있지만 그럼에도 불구하고 자유를 강조하는 그의 사상은 전후 독일 경제개혁의 이념적 기초가 됐을 뿐만 아니라 자본주의에 대한 두려움에 싸여 있던 독일과 유럽사회에 시장경제가 뿌리를 내리는 데도 중요한 역할을 했다.

대중민주주의는 천박한 것

뢰프케는 잃어버린 자유를 회복하기 위해서 신자유주의의 기치를 내걸고 집단주의와 싸웠다. 나치즘이 도덕적 타락과 파괴를 부를 뿐이라고 맞서다가 나치 정부로부터 교수직을 박탈당했고 터키로 망명하는 고통을 겪어야 했다.

뢰프케는 비판의 화살을 당시 지배했던 대중민주주의에 겨누었다. 사회의 궁극적인 규범과 원칙을 무시하면서 모든 것을 다수결에 맡기는 천박한 이념은 히틀러를 불러들였고 복지국가를 평등사회를 위한 혁명의 도구로 만든다고 경고했다.

뢰프케는 1938년 8월 세상이 암울한 시기에 프랑스의 자유주의 철학자 루이 루지에의 주도로 파리에서 개최한 '월터 리프먼 콜로키움'에 하이에크, 미제스, 레이몽 아롱, 카를 포퍼, 월터 리프먼 등 26명의 석학들과 함께 참석해 자유주의 수호를 결의했다.

5일 동안 계속된 그 모임에서 다룬 주요 쟁점은 이념 전쟁에서 자유주의가 패배한 이유였다. 하이에크와 미제스 등 소수를 제외하고 대부분의 참석자들이 자유주의 자체에 잘못이 있기 때문에 패배했고 그래서 자유주의를 수정해야 한다고 주장했다. 흥미롭게도 인류가 나아갈 길은 뢰프케의 신자유주의라는 의견이 지배했다. 뢰프케는 직접 하이에크를 도와 1947년 자유주의 석학들의 모임인 몽펠르랭 소사이어티를 창립했다. 이 학회의 이념적 성향은 고전적 자유주의에 가까웠지만 그래도 뢰프케는 그 학회와 손잡고 집단주의를 물리치고 자유주의를 수호하는 데 힘썼다.

나치 이후 독일 개혁의 이론적 기초

나치 정부가 몰락한 뒤에 그는 탈규제를 비롯한 독일의 경제 개혁과 통화 개혁에 직간접적으로 영향을 미쳤다. 뢰프케는 1950년 초 실업과 무역

적자의 어려움을 극복하기 위해 독일 정부가 케인스 정책을 도입하려고 할 때 "그 정책은 성공은 고사하고 인플레이션을 가져올 뿐"이라고 맞서 결국 제도 도입을 무산시켰다.

1957년 독일이 도입한, 그리고 한국의 공정거래법에도 큰 영향을 미친 반(反)경쟁제한법도 국가 과제로서 경쟁 정책의 필요성을 강조한 뢰프케 사상이 미친 영향의 산물이다. 그러나 그는 반경쟁제한법이 많은 부분에서 자기의 생각과 다르게 반시장적으로 전개됐음을 개탄했다.

함께 읽으면 좋은 책

『생명관리정치의 탄생』, 미셸 푸코 지음 / 심세광 등 옮김, 난장, 2012
『자유주의 사회경제사상』, 이근식 지음, 한길사, 1999
『서독의 질서자유주의 오위켄과 뢰프케』, 이근식 지음, 기파랑, 2007
『자유주의 사상가 12인의 위대한 생각』, 주용식 외 지음, 월간조선사, 2004

10

카를 포퍼

'열린사회'의 창시자

Karl Popper

아버지가 유대계 변호사인 유복한 가정에서 성장한, 오스트리아 태생의 카를 포퍼는 전체주의가 횡행하던 1920~1930년대 철학에 입문했다. 그가 고민했던 사회철학적 문제는 인간들이 전체주의의 위협을 극복하고 자유와 번영을 누리면서 평화롭게 공존할 수 있는 사회질서가 어떻게 가능한가였다. 그가 찾은 답은 열린사회였다.

반증을 통한 과학적 방법을 정치에 적용

그 이념의 출발점은 과학방법론이다. 그것은 경험에 비춰 각 이론의 오류를 입증하고 제거하는 과정이다. 과학은 그런 반증을 통해 점진적으로 발전하는 것이지 혁명적으로 발전하는 게 아니라고 포퍼는 지적한다.

포퍼의 반증을 통한 방법론에는 지식은 늘 추측된 것이고 오류가 가능하다는 전제가 깔려 있다. 그래서 열린 마음으로 다른 사람들의 논박에 귀 기울이고 그 비판을 통해 잘못된 지식을 고쳐나가야 한다고 주장한다. 토론과 비판의 자유가 열린사회의 핵심인 것도 그 때문이다. 정부가 자유를 억압하거나 개인과 집단이 폭력을 사용하는 것은 용납할 수 없는 금기다.

흥미롭게도 포퍼는 이런 과학 분야의 작동 방식을 정치 영역에 확대적용한다. 과학의 과제와 마찬가지로 정치도 오류를 찾아내고 이를 수정해야한다고 하면서, 그 오류는 빈곤, 실업, 소득상실 등과 같은 경제적 고통이라고 말한다. 공공정책의 가장 긴급한 문제는 이 같은 인간의 고통이지 행복이 아니라는 게 그의 생각이다.

포퍼는 이런 과제를 수행하기 위한 방법으로 '점진적 사회공학'을 제안했다. 이는 법과 제도를 한걸음씩 개혁해가는 방법이다. 이런 방식이 개혁의 오류를 찾아내고 학습할 수 있어 예상하지 못한 결과를 줄일 수 있다는 게 그의 설명이다.

그는 거창한 청사진에 따라 사회 전체를 전면적으로 바꾸는 '유토피아

적 사회공학'에 반대한다. 전면적인 개혁은 지적 자만에서 비롯되는 것으로
자유뿐 아니라 경제까지도 파괴한다는 이유에서다.

시장경제의 분배 불평등을 개탄

포퍼의 열린사회의 핵심으로 빼놓을 수 없는 것은 약자 보호다. 이런 관
점에서 그는 자유시장을 부정적으로 바라본다. 자본주의는 경제력 불평등
을 초래하고 결과적으로 경제적 약자의 자유를 유린할 수 있다고 진단한
다. 포퍼는 약자를 보호하기 위해 교육과 재분배의 중요성을 강조했다. 강
제적 실업연금보험도 촉구했다. 실업과 경제 침체를 없애기 위해 재정지출
증대도 중요하다고 목소리를 높였다. 그가 정부 개입주의의 대표주자인 케
인스에 가깝다는 이야기를 듣는 이유다. 포퍼는 약자의 위치에 있는 중소
상공인들을 위해 독점도 통제해야 한다고 주장한다. 또 도산할 위험성이
있는 기업을 국가가 도와야 한다고 강조했다. 도산으로 야기되는 실업과
빈곤을 막을 필요가 있다는 설명이다.

그러나 포퍼의 사상과 논리에 대한 비판도 상당하다. 먼저 점진적인 개
혁 방식에 대한 비판이다. 문제가 생길 때마다 법과 제도를 바꾼다면 원칙
없는 실용주의와 다를 게 없다는 것이다. 원칙 없는 경제 개입 때문에 자
유가 점진적으로 상실될 수 있다는 목소리도 있다.

포퍼가 주장한 독점 규제에 대한 부분도 마찬가지다. 이런 규제가 중소
상공인들에게 유익하다는 보장은 없다. 정부의 보호가 없는 한 독점 문제
는 시장이 스스로 해결한다는 역사가들의 인식을 간과했다는 비판이 나온
다. 도산 위험에 처한 기업을 국가가 지원해야 한다는 부분에 대해서는 개
인적인 책임을 도외시한다면 경제나 과학에서 기업가 정신이 소멸된다는
반론이 설득력을 갖는다. 도산할 기업을 도와주는 것은 시장 자율적인 메
커니즘을 훼손한다는 이야기다.

포퍼는 과학적 지식을 매우 중시한다. 그것이 사회개혁의 이론적 기초라는 이유에서 발전의 원동력이라는 게 그의 인식이다. 사회과학 지식에 대한 그런 평가에 반기를 든 인물이 그의 친구인 하이에크다. 같은 오스트리아 출생으로 대표적인 자유시장주의 경제학자인 하이에크는 문명의 발전을 가져온 것은 과학 지식과 성격이 다른 '현장 지식'이라고 주장한다. 현장 지식이란 사적 사회의 곳곳에서 생업에 종사하는 개개인들이 제각기 갈고 닦은 지식이다. 포퍼의 '열린사회'가 하이에크의 '자생적 질서'와 완전히 다르다는 점도 주목할 만한 대목이다.

사적 사회보다 정치를 중시하는 열린사회 이론의 핵심에서 빼놓을 수 없는 것이 민주주의관이다. 민주 정치는 정치적 경쟁을 통한 오류의 제거 과정이라는 게 포퍼의 해석이다. 민주 정치는 정치 권력의 남용을 막는 효과적인 수단이라는 이야기다. 그는 민주주의에 대해 낙관적이다. 그래서 다수결 원칙이 가진 결함을 간과했다는 비판도 받는다. 지난 세기에 독일, 스웨덴 등 유럽 국가에서 경제에 부담을 주는 정부 지출 증가와 자유를 제한하는 인기 영합적인 정책이 빈번히 등장했던 것도 민주 정치의 자정 능력이 완벽하지 못한 점을 보여준다.

포퍼의 열린사회 이론은 여러 비판의 여지를 남겼지만 그는 반증논리를 통해 경제학 발전에 기여했다. 과학적 방법의 관점에서 열린사회를 도출해 전체주의의 위협으로부터 인류를 보호하는 길을 제시했다는 평가도 받는다.

프랑크푸르트학파와의 세기의 논쟁

카를 포퍼의 사상이 등장한 시기는 러시아를 비롯하여 유럽, 심지어 미국까지도 자율적인 시장과 자유 사회가 나치즘과 파시즘, 마르크스주의 등 전체주의로 교체되던 때였다. 포퍼는 뉴질랜드로 망명해야 할 정도로 나치즘의 박해로 어려움을 겪었다.

이런 시기에 포퍼는 '열린사회 이론'을 통해 집단주의의 포문을 열었다. 그가 대결했던 주요 이념은 역사적 필연을 내세우며 냉전의 한 축을 이뤘던 마르크스주의였다. 이념 전쟁에서 그가 가진 무기는 '경험을 통한 반증'이라는 방법론이다. 이 방법론은 강력했다.

그런 지적인 무기 앞에서 마르크스주의는 속수무책이었다. 포퍼는 위로부터의 변화가 토대를 바꾼다는 점을 들어 경제적 토대가 상부구조를 변화시킨다는 마르크스의 주장은 세상 물정을 모르고 하는 소리라고 공격했다. 필연적으로 자본주의가 붕괴하고 공산주의가 도래한다는 주장도 인간의 역사는 정해진 법칙에 따라 진행된다는 역사주의에서 도출된 사이비 과학이라고 통렬하게 비판한다.

포퍼는 역사주의가 이상적인 청사진에 따라 사회 전체를 전면적으로 바꾸는 유토피아적 계획 경제와 연결돼 있다고 진단한다. 그런 계획 경제는 필요한 지식을 전부 알 수 없음에도 알고 있는 것처럼 전제하는 지식의 자만이라고 혹평하면서 결국 마르크스주의는 폭력과 독재를 수반하는 '닫힌 사회'를 부를 뿐이라고 경고했다.

포퍼는 1960년대 초, 마르크스주의 추종 세력인 프랑크푸르트학파와 벌인 세기의 논쟁에서도 유토피아적 사회공학은 전제주의를 부르고 지식을 자만하는 등 치명적 결함을 보여줌으로써 열린사회를 보호하는 데 중요한 역할을 했다. 결국 1989년 옛 소련의 공산주의 몰락으로 포퍼가 옳았음이 입증됐다.

현대의 사회주의자들이 추구하는 사회개혁의 점진주의는 '우리는 모두 틀릴 수 있다'라는 포퍼의 인식론에 영향받았다는 사실에 주목할 필요가 있다.

다수의 경제학자가 '경험적 반증' 수용

빈곤층에 대한 최소 생활수준 보장이라는 자유주의의 정치적 어젠다 형성에 미친 그의 영향도 빼놓을 수 없다. 밀턴 프리드먼이 정부의 재량적 통화정책 대신에 준칙주의 정책을 제안했던 이유가 정부의 지적 자만을 막기 위해서였는데, 이것도 포퍼의 영향이었다.

주목할 것은 경험적 반증이라는 포퍼의 방법론이 경제학에 미친 영향이다. 검증에 필요한 데이터의 복잡성, 기존 이론을 고수하려는 학자의 성향 등 여러 가지 이유에서 그 방법론의 적용에 한계가 있지만 그가 경제학의 발전에 미친 영향은 결코 간과할 수 없다. 20세기 경제학의 급진적 발전도 그의 과학철학의 덕분이라고 보아도 무방하다.

함께 읽으면 좋은 책

『자유주의와 시장경제』, 민경국 지음, 위즈비즈, 2003
『칼 포퍼』, 브라이언 매기 지음 / 이명현 옮김, 문학과지성사, 1995
『자유주의 사상가 12인의 위대한 생각』, 주용식 외 지음, 월간조선사, 2004
『사회철학대계 1』, 차인석 등 지음, 민음사, 1993
『열린사회와 그 적들 1』, 칼 포퍼 지음 / 이한구 옮김, 민음사, 2006

11

알프레드 뮐러-아르막

사회적 시장경제 창안

Alfred Müller-Armack

1901년 독일 에센 출생

1923년 쾰른대 경제학 박사

1938년 뮌스터대 교수

1942년 『자본주의의 발전 법칙』 출간

1950년 쾰른대 교수 겸 경제정책연구소장

1952년 경제장관 정책 자문위원

1958년 경제부 유럽문제 차관

1959년 『종교와 경제』 출간

1974년 『사회적 시장경제의 생성』 출간

1978년 타계

제2차 세계대전으로 파괴된 독일 경제는 회생 가능성이 희박해 보였다. 경제 활동은 점령군에 통제받았다. 모든 재화는 배급제였다. 가격은 정부가 정했다. 암시장이 활개를 쳤다. 이런 처참한 상황에서 학계와 정치권의 뜨거운 쟁점은 독일이 장차 어떤 경제 질서를 추구해야 할 것인가의 문제였다. 이를 놓고 좌우의 이념 갈등이 심각했다. 한편에서는 정부의 간섭이 없는 자유시장을, 다른 한편에서는 사회주의의 통제경제를 옹호했다.

　　이런 와중에 독일 경제가 가야 할 길은 통제경제도, 자유시장도 아닌 제3의 길이라고 주장하면서 '사회적 시장경제'를 창안한 인물이 등장했다. 경제학자 알프레드 뮐러–아르막이었다.

자유와 평등의 혼합 체제

　　'사회적'이라는 형용사와 시장경제를 합성한 '사회적 시장경제'는 자유와 사회적 균형이라는 두 가지 상반된 가치로 구성돼 있는 이념이다. 모든 것을 통제하던 나치 시대에 독일 시민들은 자유를 상실했던 경험 때문에 뮐러–아르막은 시장경제의 기초가 되는 가치로서 자유를 매우 중시했다. 사적 자율과 개인의 창의를 위해서도 개인의 자유와 재산권은 보호해야 할 소중한 가치라고 여겼다.

　　그러나 그런 가치를 절대적이라고 여기는 자유주의 경제 체제는 독일 국민이 추구하는 삶의 관심과는 적합하지 않다는 게 뮐러–아르막의 설명이다. 시장경제는 경쟁과 생산성을 통해 경제적 번영을 가져다주지만 그 속에는 빈곤의 원인이 있다는 이유에서다. 재산권과 자유무역, 직업의 자유에 대한 정부의 불간섭은 분배의 부도덕성, 부당한 가격, 빈곤자의 해방을 위한 기회의 제한 등 나쁜 결과를 초래한다는 것이 그의 인식이다. 더구나 시장경제는 실업과 위기에서 자유롭지 못하다고 한다. 그러나 그는 경제적 자유가 확대될수록 빈곤층도 줄어들고 소득과 일자리도 증가한다는 논리를 간과했다는 비판도 받는다. 위기는 시장의 탓이라기보다는 정부 간섭 때문이라는 주장도 있다.

자본주의에 대한 그의 역사 인식도 부정적이다. 그는 19세기 자유방임 자본주의가 봉건시대의 억압적인 신분사회로부터 인간을 해방시켜 개인의 삶과 기회를 개선한 측면도 있지만 빈부의 격차는 물론, 빈곤과 무산자의 증가, 인구 밀집으로 도시의 주거환경을 열악하게 만들었다는 비판에서 자유로울 수 없다고 주장한다.

결국 시장경제는 윤리적으로 깨끗하지 못하기 때문에 '세탁'할 필요성이 있다는 게 뮐러-아르막의 결론이다. 사회적 시장경제가 도덕적으로 흠결이 없다고 설명한다. 그가 말하는 '사회적'이라는 단어는 사회정의, 사회복지, 경제민주화 등 사회적 형평을 의미한다. 그는 자유와 재산권을 제한해서라도 정부가 나서서 '사회적' 가치를 실현해야 한다고 목소리를 높인다.

복지, 최저임금 등 다양한 사회정책

독실한 기독교인이었던 뮐러-아르막은 노동자 삶의 안정을 위해 최저임금제도가 필요하다고 강조한다. 노동자의 일자리와 소득 안정을 위해 기업이 마음대로 해고하는 것을 막아야 한다고 주장한다. 기업 생산성을 위해 노동자를 해고하는 것은 부도덕하다는 이유에서다. 노동자 권익을 위해 노사자율권도 보장해야 한다고 설파했다.

그러나 뮐러-아르막은 이 같은 정부 규제가 '사회적' 가치 실현이라는 그의 의도와는 달리 노동시장을 경직시켜 구조적 실업을 양산한다는 비판에 직면했다. 그는 정부가 재정통화정책을 통해 경기 변동을 억제하고 완전고용을 실현할 의무가 있다고 주장하는데, 이는 케인스를 대변하고 있다는 지적이다.

뮐러-아르막은 또 정부는 자녀부모수당, 생활부조, 실업수당 등 재분배

정책을 철저히 이행할 과제도 있다고 강조했다. 그리고 연금, 의료, 실업 등에 대해서는 국가 강제보험이 필요하다고 역설했다. 그러나 이런 사회적 시장경제론은 공룡 같은 거대 국가를 정당화한다는 의구심을 불러일으키기도 했다.

경제민주화를 위해 노동자 대표가 자본가와 동등한 자격으로 자기가 속한 기업의 의사결정에 참여하는 근로자 경영참여 제도 도입을 강조하는 것도 흥미롭다. 그에게 시장경제의 경제력 집중은 심각하게 보였다. 그래서 정부의 대기업 규제는 시장경제에서 사회적 균형을 실현하기 위한 국가의 중요한 과제라고 강조한다. 그러나 그는 시장경제가 독점 문제를 스스로 해결할 수 있는 능력을 갖고 있다는 이론적, 역사적 인식을 무시했다는 비판도 나온다.

사회적 시장경제론의 백미(白眉)는 그것이 사회 통합의 원천이요, 사회 평화의 지름길이라는 주장이다. 자유주의냐, 사회주의냐를 놓고 좌우 이념 대립으로 몸살을 앓고 있던 독일 사회에서 서로 상반된 이념을 가진 시민을 '자유주의 아니면 사회주의'와 같이 한쪽 방향으로 통합하기는 불가하다는 것이 그의 인식이었다. 좌우를 아우르는 사회적 시장경제야말로 평화의 사도라고 설파했다.

뮐러-아르막은 경제학에 윤리학을 도입하여 시장경제를 도덕적으로 만들려고 각별한 힘을 쏟았던 창조적 경제학자였다. 그의 사회적 시장경제이론은 전후 독일 사회의 이념적 혼란을 수습하는 데 기여했다. 그의 사상은 사회민주주의의 이론적 기초가 됐다는 평가를 받는다.

정부의 권력을 제한할 장치의 결여

알프레드 뮐러-아르막이 정당하다고 여기는 정부의 역할은 복지, 분배, 성장, 안정 등 다양하다. 정부가 바람직한 사회를 만들 수 있는 도덕적, 지적 능력을 가지고 있다면 아무리 정부 과제가 많다고 해도 문제가 될 게 없다. 그러나 정부의 능력은 상당히 제한돼 있다는 게 오늘날 인식론의 연구 결과다. 그래서 정부의 무제한적인 능력을 전제로 한 그의 사회적 시장경제이론은 '치명적 자만'이라는 비판을 받는다.

사회적 시장경제 이념은 좌우 이념의 통합모델이라는 점에 주목할 필요가 있다. 이 모델을 통해 첨예한 이념적 갈등을 해소하고 사회평화를 실현하려는 뮐러-아르막의 발상은 창의적이면서도 이상적이라는 평가를 받고 있다. 그러나 그 모델의 실현을 위해 막대한 정부지출과 재분배 정책이 필요하기 때문에 이 같은 정책을 둘러싼 정치적 갈등은 불가피하다. 그래서 이념의 융합에 의한 사회통합은 허구라는 지적이 설득력을 얻고 있다.

뮐러-아르막의 사상에는 정부의 간섭을 제한할 어떤 장치도 없다. 그는 시장친화적 간섭을 말하고 있지만 그런 간섭은 존재하지 않는다는 것이 일반적 견해. 흥미로운 것은 시장경제를 수식하는 '사회적'이라는 용어다. 그 뜻이 막연해 사회적 시장경제는 더 이상 시장경제가 아닐 정도로 온갖 정부의 간섭도 다 용인한다는 비판도 있다. 뮐러-아르막의 사상은 그런 비판의 여지를 남겼지만 그의 영향은 작지 않다. 독일 기본법에 사회적 시장경제를 의미하는 '사회국가'를 천명하게 된 배경은 그의 사상이라는 게 일반적 평가다.

한국 헌법 제119조에 미친 영향

그러나 유감스럽게도 간섭주의는 치명적인 결과를 야기했다. 1960년대 완전 고용을 구가했던 독일 경제가 1970년대 이후에는 성장의 추락과 함께 실업이 지속적으로 늘어나 오랜 기간 10% 이상의 고실업으로 어려움을 겪은 때도 있었다. 이는 노동시장이 경직된 것에 따른 것으로 기업은 신규 고용을 회피했고 복지 확대로 조세부담자는 물론 복지 수혜자의 일할 의

표 5-6 독일의 실업률 추이

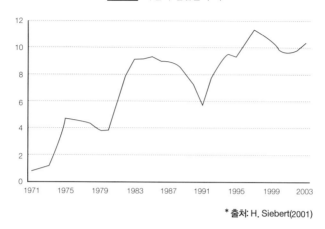

* 출처: H. Siebert(2001)

욕이 약화된 결과라는 점을 직시할 필요가 있다.

흥미로운 것은 뮐러-아르막의 사상이 한국 헌법에 미친 영향이다. 경제 자유와 시장경제를 규정한 현행헌법 제119조 제1항과 사회정의, 사회복지, 경제민주화를 규정한 제2항은 독일의 사회적 시장경제이론을 근간으로 했다는 게 많은 학자들의 평가다.

'대한민국 헌법이 추구하는 경제 질서는 사회적 시장경제'라는 헌법재판소의 판결도 그 영향을 뚜렷하게 입증한다.

함께 읽으면 좋은 책

『한국경제, 자유주의에서 돌파구를 찾아라』, 민경국 지음, FKI미디어, 2007
『질서자유주의 독일의 사회적 시장경제』, 황성준 지음, 숭실대학교출판부, 2011

자유주의
경제학의 부활,
시카고학파

밀턴 프리드먼, 조지 스티글러
멘슈어 올슨, 로널드 코스
게리 베커,
더글러스 노스,
에인 랜드

자유주의 경제학은 간섭주의 경제학이 지배하던 20세기 중반에 부활한다. 부활의 역사는 오스트리아학파 미제스, 하이에크 등으로부터 시작되지만 먼저 시카고학파의 부활을 보자.

정부 거시정책의 불안정성에 초점을 맞춘 시카고의 통화주의자 밀턴 프리드먼은 추상적인 모형이론 대신에 통계와 계량 분석을 통해서 세계대공황의 장본인은 연방준비은행의 잘못된 통화정책에서 비롯된 것이라고 주장한다.

k% 규칙으로 대표되는 안정된 통화 정책을 채택할 경우, 인류는 19세기에 누리던 번영을 다시 한 번 누릴 수 있다는 게 프리드먼 사상의 핵심이다.

규제자는 피규제자에게 다정하게 대해야 뇌물, 전관예우 등 금전적 또는 비금전적 이익을 얻을 수 있다는 뜻의 '포획이론'을 개발하여 정부의 규제 문제를 다룬 시카고학파의 또 다른 거성 스티글러도 흥미롭다.

상법, 소유권, 법, 환경법 등 법경제학을 개발하여 간섭주의를 막는 데 중요한 역할을 한 로널드 코스, 20세기 다양한 이익 집단의 등장으로 경제가 불안정할 때 집단행동이론을 개발하여 자유시장을 옹호한 멘슈어 올슨도 자유주의 경제학의 부활에 큰 기여를 했다.

이론을 적용하여 역사를 해석하는 신경제사학을 개척한 노스도 현대경제학의 애덤 스미스 모델을 재구성하여 자유주의 경제학을 부활시켰다. 그의 사상의 핵심 주제는 경제 성장에 기여한 것은 기술 변동보다는 재산권의 확립, 계약자유 등 경제 활동에 우호적인 제도라는 것이다.

탐욕과 이기심은 악이라는 주장을 반박하면서 이기심을 도덕적 가치로 승화시킨 여류 작가 에인 랜드도 자유주의 경제학의 부활에 중요한 역할을 했다.

이와 같이 경제학을 재구성한 시카고학파는 사회주의와 간섭주의를 막아내는 데 중요한 역할을 했다. 또한 경제 침체로부터 미국 경제를 구출하려는 1980년대 미국의 레이건 대통령의 규제 개혁과 통화 정책에 막대한 영향을 미쳤다.

1

밀턴 프리드먼
작은정부를 선도하다

Milton Friedman

1912년 미국 뉴욕 브루클린 출생

1933년 시카고대 석사 학위취득

1946년 컬럼비아대 박사 학위취득

1947~76년 시카고대 교수

1962년 『자본주의와 자유』 출간

1963년 『미국의 통화 역사』 출간

1976년 노벨경제학상 수상

1980년 『선택의 자유』 출간

2006년 심장병으로 별세

밀턴 프리드먼이 누구인지 모른다고 해도 그가 남긴 유명한 말을 들으면 그의 사상을 짐작할 수 있다. "공짜 점심은 없다"는 그의 말은 고전적인 명언이다. 요즘은 정치권이 쏟아내고 있는 '무상급식', '무상보육' 등의 정책이 터무니없음을 말해준다.

정부와 관련된 명언이 흥미롭다. "임시로 정부 프로그램을 운영한다는 말을 믿지 말라.", "사하라 사막의 관리를 정부에 맡겨보라, 아마도 5년 안에 모래가 바닥날 것이다.", "정부는 최상의 종이와 잉크를 사용하지만 그 결과는 쓸모가 없다.", "경영이 어려워지면 기업은 구조조정을 통해 규모를 축소하지만 정부는 기구를 더 늘린다." 말하자면 정부를 전적으로 믿어서는 안 된다는 것이다. 이는 정부를 믿고 의지해야 한다고 주장했던 케인스와 대비되는 모습이다.

자유시장은 번영의 거대한 엔진

엘리트의 세계에서 성장한 엘리트 중에 엘리트였던 케인스는 정부가 늘 자기 곁에 있다고 느꼈기 때문에 정부가 매우 우호적으로 보였을 터이다. 그러나 우크라이나 출신의 가난한 이민자의 아들로 태어난 프리드먼에게 정부는 심리적으로 멀리 있고, 자기와 상관도 없는 것으로 생각돼 정부를 의구심으로 바라봤을 것이다. 식당에서 일하면서 어렵게 공부해야 했던 미래의 경제학자에게 가까이 있었던 것은 매일매일 먹여주고 자수성가를 가능하게 한 시장바닥이었다.

그래서 자유시장에 대한 그의 비전은 우리의 흥미를 끈다. 자유시장은 번영의 거대한 엔진이며 빈곤과 억압으로 신음하는 세계의 희망이라는 것이다. 자유시장이 보장된 곳에서만 자유와 평등이 보장될 수 있으며, 규제와 간섭이 지배하는 사회에서는 빈익빈 부익부가 만연하고 불평등이 심화된다는 그의 논리는 매력적인 자유시장의 비전이다.

자유시장은 대기업의 경제력 문제까지도 스스로 해결하기 때문에 두려워할 것은 사적 권력이 아니라 국가 권력이라는 그의 주장도 흥미롭다. 오늘날 우리 정치권이 경제민주화의 명분으로 쏟아내는 대기업 규제는 일자리 창출과 소득의 성장을 방해할 뿐 실익이 없다는 뜻이다.

공교롭게도 1776년 애덤 스미스가 『국부론』을 쓴 지 200년이 되던 1976년, 노벨경제학상을 수상한 프리드먼의 간판이론은 케인스주의와의 대결 과정에서 개발한 화폐이론이다. 그는 인플레이션은 언제 어디서나 화폐적 현상이라는 유명한 인식과 함께 화폐가 고용과 성장에 강력한 영향을 미친다는 사실을 인정했다. 그러나 그는 이 사실에서 통화를 통한 자의적인 경제 개입의 가능성과 개인의 자유에 대한 심각한 위험을 보았다.

통화주의의 이론적 개척자

흥미롭게도 프리드먼은 화폐의 효과가 전개되는 경로와 시차를 알기가 불가능하다는 지식의 문제를 인식했다. 즉 케인스식 미세조정(fine tuning)이 불가능하다는 의미다. 그래서 정부의 지적 자만을 막기 위해서 정부의 재량적 통화정책 대신 k% 규칙으로 대표되는 준칙주의 정책을 제안했다. 통화당국의 독립성만으로는 재량적인 통화정책과 이로 인한 시민들의 피해를 막을 수 없다는 것을 잘 알고 있었던 것이다. 그의 통화주의 이론은 1970년대 전 세계에 만연했던 스태그플레이션을 해결하는 데 큰 기여를 했다.

정부지출 비중이 높을수록 실질성장이 낮다는 그의 생각도 매우 소중한 유산이다. 최근 유럽 각국의 사례에서 프리드먼의 생각이 옳다는 것을 어렵지 않게 알 수 있다. 즉 프랑스, 영국 등 2008년 금융위기 이후 케인스에서 영감을 얻어 정부지출 확대를 통한 경제 성장을 추진했던 나라의 경제 성장률은 낮았고 독일, 스위스, 스웨덴 등 공공 지출을 줄인 나라의 성장률은 높았다.

프리드먼 사상은 금융통화나 정부지출에 머물지 않았다. 자유와 책임의 원칙을 실현하기 위한 각종 제도를 도입해 미국 사회를 자유시장경제로 전환하는 데 결정적인 기여를 했다.

학교 선택권을 존중하는 제도로 국공립 학생들이 원하는 학교를 선택할 수 있도록 교육비 일부를 지원하는 바우처 제도, 누진세보다 훨씬 더 효율적이라는 판단 아래 단일세 제도 등의 도입을 강력히 주장했다. 의료인의 공급을 제한하는 면허제의 폐지, 소득이 일정한 수준에 못 미치는 저소득층에 부족액 중에서 일부를 보조하는 음(陰)의 소득세제도를 통한 복지 개혁, 그리고 자유를 통해서도 국가 안전을 개선하려는 모병제 등이 자유와 책임을 존중하는 제도들이다.

프리드먼이 제안했던 이런 제도들은 처음에는 매우 급진적인 철학처럼 보였다. 그래서 그 누구도 프리드먼의 제안이 실현되리라고는 전혀 생각하지 못했다. 하지만 오늘날 프리드먼의 생각은 미국의 일상적인 제도이자 상식이 됐다. '오늘의 철학은 내일의 상식'이라는 말이 그래서 생겨난 것이다.

케인스와 세기의 대결

키는 작으나, 경제학자들 중에서 우뚝 솟은 사람이라고 평가받았던 프리드먼의 사상은 1930년대 세계대공황 이후 정부의 시장 개입과 정부지출이 번영을 위해 당연한 것으로 받아들여지고, 빚을 내서라도 복지를 확대해야 한다는 사상이 지배하던 시기의 산물이다. 이 시기에는 정치적 자유가 경제적 자유보다 우월하다고 여겼고, 정치적 목적을 위해서는 경제 자유는 제한해도 된다는 믿음이 지배했다.

프리드먼은 지칠 줄 모르는 토론과 다수의 통념 앞에서도 흔들림 없이 빈틈없는 논리와 분명한 태도로 집단주의에 대한 반격에 나섰다. 그는 실로 '싸우는 경제학자'였다. 그의 화두는 간단하고 명료했다. 작은정부를 내세워 정부간섭과 정부지출은 줄이고 시장에 최대한 자유를 주자는 것이었다. 프리드먼은 대공황의 원인에 대해서도 케인스와는 달리 유효 수요의 부족이 아니라 잘못된 통화정책, 구체적으로 말해 통화 축소 때문이라고 맞섰다.

그러나 그의 사상과 이론은 시대착오적이라고 배척당하거나 무시당하기 일쑤였다. 학계의 놀림감이 되기도 했다. 그럼에도 굽히지 않고 작은정부를 사상적 기반으로 하는 시카고학파를 형성하여 이념 전쟁의 전선을 다져나갔다. 프리드먼의 사상은 1970년대 말부터 주목받기 시작했다. 스태그플레이션을 야기한 케인스주의가 버림받는 순간이었다. 1980년대 들어 그의 자유시장론은 '작은정부와 감세'로 요약되는 레이거노믹스와 대처리즘으로 화려하게 꽃을 피웠다.

칠레의 개혁에 결정적 영향

그의 사상적 영향은 미국 사회에 국한된 것이 아니었다. 국제적이었다. 1980년대 후반 자오쯔양(趙紫陽) 중국 총리가 자국의 개혁과 개방에 확신을 갖게 된 것도 그의 조언과 격려 덕분이었다. 라트비아, 에스토니아 등의 단일 소득세율 도입, 스웨덴이 공적연금을 사적연금으로 개혁한 것도 그의 사상적 힘이었다. 그의 자유시장 비전은 빈곤과 인플레이션으로 허덕이던 칠레를 구출했다. '시카고 보이(Chicago Boys)'라는 그의 칠레 추종자들의 도움이 컸다.

프리드먼의 자유주의 비전은 세계를 변화시켰다. 사상의 힘이 얼마나 큰가를 말해주는 증거다. 영국의 일간지 「텔레그래프」는 "프리드먼이 없었으면 지금의 세계는 훨씬 암울했을 것"이라고 기사화했다. 프리드먼은 시대를 앞서간 자유주의 사상의 정신적 지주다.

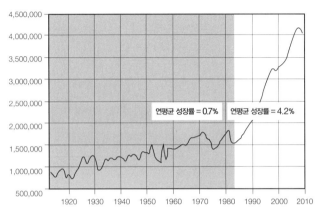

표 6-1 칠레의 1인당 실질 GDP(1913년~2009년)

연평균 성장률 = 0.7%   연평균 성장률 = 4.2%

* 출처: Global Financial Data

함께 읽으면 좋은 책

『화폐 경제학』, 밀턴 프리드먼 지음 / 김병주 옮김, 한국경제신문사, 2009
『밀턴 프리드먼 자본주의와 자유』, 밀튼 프리드먼 지음 / 신준보 등 옮김, 청어람미디어, 2007
『시카고학파』, 요한 판 오페르트벨트 지음 / 박수철 옮김, 에버리치홀딩스, 2011
『공짜점심: 점심 시간에 읽는 경제학』, 데이빗 스미스 지음 / 형선호 옮김, 이지앤, 2003

2

조지 스티글러
규제 이론의 개척자

George Joseph Stigler

정부규제의 원인과 효과에 관한 연구로 1982년 노벨경제학상을 받은 미국의 조지 스티글러는 아버지는 독일, 어머니는 헝가리 출신인 가난한 이민자 가정에서 태어났다. 그가 거시 분야의 밀턴 프리드먼과 나란히 미시분야에서 시카고학파의 기둥이 될 수 있었던 것은 시카고대학에서 프랭크 나이트 교수에게 배우고 익혔던 진리탐구의 소명의식 때문이었다.

스티글러의 사상이 추구하는 최고의 가치는 흥미롭게도 자유가 아니라 효율성이다. 시장경제를 옹호하는 이유도 경제자유가 아니라 효율성 때문이다. 시장경제를, 모든 사람의 행동이 이미 상호 간 조정돼 더 이상 변동이 필요 없는 정지 상태인 '균형'으로 이해한 것도 특이하다.

그는 시장경제에 대한 이 같은 인식을 바탕으로, 1930년대 이후 미시경제학적 지식 세계를 지배한 에드워드 챔벌린 등의 좌파사상과 싸웠다. 이 좌파사상의 핵심내용은 시장경제의 경쟁 조건은 불완전하고 독점적이기 때문에 정부가 대기업의 독점적 성향을 막기 위해 앞장서야 한다는 것이다.

규제의 포획 이론 개발

스티글러 역시 1950년대 초까지만 해도 집중도가 높은 사적 독점력을 분쇄하고 담합한 기업들을 처벌해야 한다고 생각했다. 그러나 나중에 그런 기업철학을 바꾸었다. 대기업 예찬론자였던 슘페터와 법경제학을 창시한 시카고대의 아론 디렉터 영향 때문이기도 하지만 스티글러 스스로가 연구한 대기업에 대한 계량적 통계적 분석 결과 때문이었다.

그는 경제력이 집중됐다고 해도 독점적 행동이 야기되는 것이 아니라 질 좋고 값싸게 상품을 공급한다는 사실을 발견했다. 시장지배적 기업이라고 해도 마치 '경쟁 상황에 처한' 것처럼 행동하기 때문에 독점금지 조치는 불필요하고 오히려 경제에 피해를 줄 뿐이라고 주장했다.

스티글러의 이런 경제관은 구매자와 판매자의 수에 관계없이 시장은 늘

경쟁적이라고 주장하는 현대의 '실험경제학'이 입증하고 있다. 따라서 그의 기업관에서 보면 대기업 때리기와 맥이 닿아 있는, 한국 정치권의 경제민주화 주장은 문제가 있는 것이다.

스티글러는 일반 규제이론으로 눈을 돌려 규제의 효과와 원인을 규명하는 데 진력했다. 계량분석을 통해 밝힌 것은 규제가 시장경제의 결과를 개선해 보편적 이익을 증진하는 것이 아니라 파괴할 뿐이라는 점이다. 부를 재분배하고 공동체에 '사중적 손실(死重的 損失, deadweight loss)'을 떠넘기는 것이 규제의 성격이다. 사중적 손실이란 경쟁 제한으로 인한 시장 실패로 발생하는 자원배분의 효율성 상실을 말한다. 규제는 부의 재분배적 성격 때문에 정부로부터 편익을 얻기 위한 이익단체 간의 치열한 경쟁을 야기한다. 그러나 이런 경쟁은 비생산적이고 낭비적이다.

규제가 이와 같은 성격을 지녔음에도 왜 항상 생겨나는가. 이 문제는 1970년 이전에는 별로 관심을 끌지 못했다. 당시 지배했던 공익이론에 따라 정부의 규제담당자는 사익을 버리고 전적으로 공익에 헌신한다고 믿었기 때문이다. 그러나 통찰력이 뛰어난 스티글러가 그 문제의 분석을 놓칠 리 없었다. 그는 공익이론을 버리고 규제자가 피규제자들에게 사로잡혀 이들의 이익을 보호하고 개선하기 위해 규제를 만들어낸다는 규제의 '포획이론'을 창안했다. 이는 규제정치학에 새로운 지평을 열었다.

2011년에 터진 한국의 저축은행 사태에서 볼 수 있듯이 단속기관인 금융감독원이 피단속기관인 저축은행에 포획된 것, 입법부가 법조집단에 의해 포획돼 제정한 것으로 비판받는 준법지원제 등이 대표적인 포획이론 사례들이다. 규제자와 피규제자가 다정하게 지내야 뇌물, 전관예우 등 서로에게 금전적 또는 비금전적 이익을 나눌 수 있다.

포획이론은 입법을 경제시스템의 외생적인 것이 아니라 내생적인 것으로 만드는 과정을 설명하고 있지만 규제의 공급자를 수동적으로 취급하기 때문에 정치를 보는 시각이 편협하다는 비판이 가능하다.

정보경제학의 개발

스티글러는 정보경제학을 개발해 시장경제의 비효율성을 비판하던 좌파에 도전했다. 그가 관심을 가졌던 문제는 같은 제품이라 해도 다양한 값으로 팔리는 이유다. 이를 정보탐색 비용에서 찾고 있다. 보다 싼 제품을 구입하려는 소비자는 탐색 비용을 늘려야 한다. 정보 수집에서 얻는 이익이 크다면 더 많은 정보 비용을 쓰겠지만 정보 비용이 이익보다 더 커지면 정보탐색 중단을 결정한다. 그래서 같은 상품이 다양한 가격으로 팔릴 수밖에 없다. 이런 최적탐색 논리에서 스티글러는 다양한 값의 존재는 시장의 효율성과 전적으로 양립한다는 결론에 도달한다.

그러나 그 결론은 그럴듯하지만 지식을 재화처럼 취급하는 것은 치명적 오류다. 정보탐색을 계속할 것인가를 결정하기 위해서는 구하고자 하는 지식의 가치를 미리 알아야 한다. 그러나 영화를 보지 않고서는 영화의 가치를 알기가 불가능하듯, 지식을 갖기 전에 지식의 가치를 평가하는 것은 불가능하다. 따라서 우리가 주지해야 할 점은 스티글러의 탐색논리와 정보경제학은 시장경제의 가격형성원리는 물론이고 지식산출과 지식의 사회적 이용을 설명하는 데 한계가 있다는 것이다.

이런 결함에도 시장경제를 수호하고 자유주의 경제학의 개발에서 스티글러의 업적은 결코 작지 않다. 아쉬운 점은 그가 시장에서 기업가 정신을 퇴출시킨 균형모델을 고수했고, 시카고학파가 이를 수용하는 데 강력한 영향을 미쳤다는 것이다.

챔벌린과의 세기적 대결

스티글러가 살았던 20세기는 시장에 의한 결과가 나쁠 때에는 언제나 국가가 나서서 이를 바로 잡아야 한다는 두 가지 사상이 지배하던 시기였다. 하나는 거시경제학의 케인스 사상이었다. 시장경제는 고용과 성장에서 고질적으로 불안정하기 때문에 빚을 내서라도 정부지출을 늘려야 한다고 주장했다. 거시적 차원의 통화이론으로 그에 맞서 자유주의를 지킨 인물이 밀턴 프리드먼이다.

다른 하나는 미시경제학의 챔벌린이다. 이는 소비자는 비합리적이고, 조작당하기 때문에 대기업의 횡포를 막고 소비자의 후생을 지키기 위해서는 국가의 개입이 필요하다고 역설했다. 스티글러는 이런 좌파사상과 싸워 자유주의를 지켰다. 독점금지법을 자유기업의 마그나 카르타인 것처럼 여기고 동시에 공익을 위한 법이라는 주장이 지배했다. 그러나 그는 전기요금과 신주 발행에 대한 규제, 최소임금제나 임대료 규제 등 그 어떤 것도 규제 목적을 달성하기는 고사하고 오히려 문제를 더욱 키웠다는 것을 보여주면서 규제의 치명적 위험성과 시장의 우월성을 설파했다. 그런 노력으로 스티글러는 한때 강렬했던 규제에 대한 열광도 식힐 수 있었다.

1980년대 탈규제에 영향

그의 사상이 꽃을 피운 것은 특히 1981년 레이건 행정부 시기다. 시카고 스타일의 법률가와 경제학자 다수가 독점금지 관련 부서에 동원됐다. 그들은 가격차별, 독점화, 수직적 결합을 금지한 현행 독점법의 집행도 자제했다. 레이건 시기, 탈규제의 노력으로 전년도에 비해 규제당국의 공무원 수나 규제예산도 대폭 줄었다. 레이건 행정부 제1기에 정부 지출은 1.6%, 고용은 연평균 4.4%나 줄었다. 집권 2기에는 지출은 연평균 3.8%, 고용은 0.6% 증가했지만 그래도 이는 상대적으로 낮은 비율의 증가다.

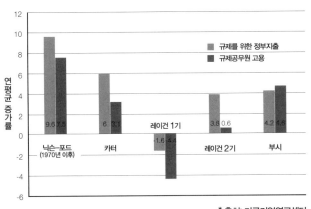

표 6-2 규제 지출과 규제 공무원 증가율

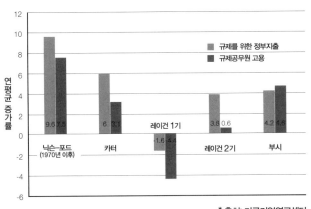

연평균 증가율

- 규제를 위한 정부지출
- 규제공무원 고용

닉슨-포드 (1970년 이후) 9.6 7.5

카터 6 3.1

레이건 1기 -1.6 -4.6

레이건 2기 3.8 0.6

부시 4.2 4.6

* 출처: 미국기업연구센터

레이건 시기의 규제개혁에도 스티글러의 영향이 컸다. 항공산업의 규제를 없앴다. 그 결과 새로운 항공 회사 설립이 가능해졌다. 새로운 경쟁도 촉진돼 항공료가 싸졌다. 항공 서비스 수요자들이 매년 100억 달러를 절약할 수 있었다. 트럭운수 산업의 규제를 해제함으로써 운수 비용도 감소됐다. 규제가 철폐된 직후 2년 동안 1만 개의 새로운 트럭운수 회사가 설립됐다. 규제 해제가 운송비용의 하락을 가져올 뿐만 아니라 트럭으로 운반되는 식품이나 그 밖의 상품 가격 하락으로 이어졌다.

흥미롭게도 스티글러는 경제학이 정치에 미치는 영향이 미미하다고 주장했지만, 애덤 스미스나 리카도의 예에서 볼 수 있듯이 그런 주장은 옳지 않다. 무엇보다 스티글러 자신의 사상도 정치에 많은 영향을 미쳤다.

함께 읽으면 좋은 책

『위대한 경제학자들』, 마크 블로그 지음 / 연태훈 등 옮김, 동인, 1994
『시장경제의 법과 질서』, 민경국 지음, 자유기업센터, 1997
『노벨상의 경제학자들』, 박우희 지음, 매일경제신문사, 1995
『경제학을 만든 사람들』, 유동민 엮음, 비봉출판사, 1994

3

로널드 코스

법경제학의 창시자

Ronald Harry Coase

법경제학 발전에 선구자적 공로로 노벨경제학상을 수상한 로널드 코스는 영국 런던 근교에서 태어났다. 외아들로 외롭게 성장한 탓인지 그의 학문 여정도 '외톨이'였다. 다른 학자와 공동으로 연구한 실적이 거의 없다. 누구나 다 사용하던 수리모형이나 수학공식을 전혀 사용하지 않았다. 경제학계 이단아로 취급당할 정도로 재산권, 법, 기업 등 정통경제학에서 벗어난 분야만을 골라 평생 연구했다.

코스가 경제학에 입문한 과정도 독특하다. 런던경제대 상학과(지금의 경영학과)에 진학했다. 처음에는 기업 매니저가 될 생각도 했지만 변호사가 되겠다고 마음을 바꿔 산업법을 공부했다. 그런데 그의 일생을 바꿔놓은 사건이 생겼다. 평생 은사가 될 상학과 교수인 아널드 플랜트의 강의였다. 그는 시장경제가 어떻게 가격체계에 의해 조화롭게 움직이는가를 멋지게 설명했다. 경영학 과목에서 지시와 명령으로 기업 구성원들의 행동을 조정하는 기업조직만을 익혀온 코스에게 시장의 조정 메커니즘은 환상적이었다.

코스는 변호사가 되겠다는 생각을 접고, 시장과 가격을 연구하는 경제학에 발을 내디뎠다. 로빈스, 하이에크, 힉스, 러너 등 당시 런던경제대 경제학과에 있던 저명한 교수들의 사상을 광범위하게 섭렵하면서 경제학 지식을 쌓아갔다.

기업이론의 선구자

코스는 공식적인 경제교육을 통해 성장한 것이 아니라 전적으로 우연한 경로를 통해 경제학에 입문했다. 대학을 졸업한 뒤 던디상업대 강사로 일하면서 본격적으로 경제 문제를 연구했다. '기업이 왜 존재하는가'의 문제가 당시 20대 초반 젊은 경제학자 코스에겐 초미의 관심거리였다. 정통경제학에서는 아무도 그런 질문을 던지지 않았다. 기업의 존재는 설명이 필요 없이 당연하다고 믿었기 때문이다.

코스에게는 그 존재가 결코 당연한 것처럼 보이지 않았다. 가격구조를 통해 사람들의 행동을 멋지게 조정하는 것이 시장인데, 그런 시장 속에 매니저의 지시와 명령에 의해 행동이 조정되는, 그래서 시장과는 전혀 성격이 다른 기업조직이 존재하고 있어서다.

코스는 기업이 존재하는 이유를 거래비용으로 명쾌하게 설명했다. 거래비용이란 계약 상대방을 찾는 비용, 계약조건을 협상하는 비용, 그리고 계약준수 여부를 감시하는 비용을 말한다. 이런 비용을 줄이기 위해 기업이 존재한다는 게 코스의 설명이다. 그러나 유감스럽게도 경제학자들은 그의 논문이 발표된 지 40년이 지나서야 비로소 그 진가를 깨달았다.

코스가 학계에 신선한 충격을 준 것은 '외부효과'의 문제였다. 이는 매연을 배출하는 기업이 인근에 사는 주민에게 피해를 주는 현상이다. 정부가 개입해 원인자인 기업에 세금을 부과하거나 규제를 가하는 것이 피해에 대한 책임을 지우는 정통경제학의 방식이다.

그러나 코스는 그런 해법을 간섭주의라고 반대한다. 그의 핵심철학은 환경문제의 근본 원인은 환경에 주인이 없기 때문에 그것을 남용해 생겨나는 현상이고, 이런 문제를 해소하기 위해서는 환경에 주인을 찾아주어야 한다는 것이다.

코스는 이런 사상에 기초해 전통적인 해법을 비판한다. 정통경제학은 일방적으로 원인자(기업)에게 책임을 돌리는데, 이것 자체가 잘못이라는 것이다. 외부효과는 '상호적'이기 때문이다. 애연가가 흡연으로 옆에 있는 금연자에게 피해를 주는 것과 똑같이 금연자 때문에 애연가가 흡연을 못해 괴로우면 이것도 후자가 당하는 외부효과의 피해라고 보는 것이다.

만약 주민에게 환경권(깨끗한 공기를 마실 권리)과 공장에 오염에 대한 책임을 부여해서 주민이 환경의 주인이 된다면 조세나 규제를 통한 정부 개입이 필요 없다는 것이 코스의 논리다. 거래비용이 높지 않다면 기업과 주민 사이에 권리의 거래를 통해 자발적으로 공해문제가 해결될 수 있다. 게다가 '코스 정리'로 잘 알려져 있듯이 거래비용이 높지 않다면 환경권을 주민에게 허용하든 혹은 오염을 배출할 권리(오염배출권)를 기업에 주든, 다시 말하면 누가 환경의 주인이 되든 자원배분에는 아무런 영향이 없다.

환경문제의 새로운 인식

문제는 현실적으로 거래비용이 높다는 점이다. 그래서 주민을 환경의 주인(환경권)으로 만드느냐 아니면 기업을 환경의 주인(오염배출권)으로 하느냐에 따라 자원배분이 효율적일 수도, 비효율적일 수도 있다. 따라서 누구를 주인으로 하느냐가 중요하다.

코스는 상호적으로 외부효과를 발생시키는 두 가지 행동(오염배출, 깨끗한 공기의 이용)이 초래하는 전체 경제적인 비용과 편익을 계산해, 두 행동 가운데 가장 높은 편익을 보장하는 행동을 하는 측을 환경의 주인으로 만들어야 한다고 주장한다. 당시에 이런 인식은 혁명적인 발상이었다.

코스는 경제적 효율성과 사회적 평화를 보장하는 시장경제와 법질서의 묘미를 밝히기 위해 재산권과 법, 조직, 제도 등 종래의 경제학이 다루지 않았던 신천지를 독특한 시각과 통찰력으로 개척했다. 그가 일찍이 주류 경제학 틀 속에서 성장했더라면 도저히 해낼 수 없었을 일이다. 자유로운 생각을 가질 수 있는 경로를 통해 경제학에 입문했던 것이 그에게 법경제학의 선구적 역할이라는 행운을 준 셈이다.

법경제학의 기초 개발

경제학에서 지난 30여 년간 급격히 성장해온 두 분야가 있다. 하나는 기업이론이고 다른 하나는 법경제학이다. 이 두 분야는 전적으로 코스에 의존해 발전해온 것이다. 그가 20세기 가장 영향력이 큰 경제학자의 대열에 우뚝 서게 된 것, 그가 그 분야의 리더로 급부상한 것도 그 때문이다.

코스는 시장경제와 법질서의 오묘함을 탐구하고 그 결과를 보급하기 위한 노력에도 인색하지 않았다. 그는 「법경제학 저널」의 편집을 맡으면서 자유주의 법사상을 확립하고 이를 확산하는 데도 중요한 역할을 담당했다. 그 저널은 주로 법집행, 반독점, 환경법, 그리고 법경제 일반 등 경제학자와 법률가들에게 연구 방법과 방향을 제시하는 매우 유명한 간행물이다.

코스는 리처드 포스너, 프랭크 이스터부룩 등 시카고 로스쿨의 동료 교수들과 함께 판사를 비롯한 법조인에게 자유시장경제를 교육하는 등 자유운동조직에서 핵심적 역할을 맡아 이 운동을 성공적으로 이끌었다.

코스의 경제사상이 현실 정치에도 얼마나 큰 영향을 줬는지는 환경정책이 입증한다. 재산권 설정을 통한 환경정책은 그의 주요 정책 어젠다. 독일의 루루강, 우퍼강, 그리고 엠셔강 등 강 유역의 주민들로 구성된 협회에 강물에 대한 집단적 재산권을 부여하는 독일 제도는 대표적인 예다. 이 제도는 강물을 오염시킬 경우 회원권을 구입하게 하고 강물 정화에 필요한 비용을 지불하게 한다.

연료소비에 일정률의 세금을 부과해 깨끗한 대기의 사용자에게 대가를 받아내는 제도, 바닷물이나 강물을 사용하는 기업들로부터 물 사용료를 받는 제도 등 공공재화의 무임승차를 막기 위해 다른 재화의 소비와 연계시키는 환경사용료 제도도 코스의 사상과 분리해서 생각할 수 없다. 100년 전 영국의 등대는 선박과 선박회사에 부담금을 부과하는 방식으로 운영자금을 조달했다는 것이 코스의 발견이다. 그 부담금을 내는 선박만이 항구가 제공하는 편익을 이용할 수 있었다.

오염배출권의 이론적 기초

오늘날 유명한 오염배출권 거래제의 핵심도 코스 사상에서 비롯된 것이다. 오염배출권의 정부(또는 특정단체나 국제기구)가 특정오염물질 배출 총량을 정한 후 오염물을 배출할 수 있는 권리를 민간에게 매각하는 방식이다. 이 권리 소유자만이 오염물 배출이 가능하다. 그 권리는 소유자들 사이에서 자발적 계약을 통해 매매가 가능하다.

오늘날 세계 탄소배출권 시장 규모를 보면 그 제도가 매우 빠르게 확산돼 가고 있음을 알 수 있다. 2005년에 105억 달러였다가 2007년에 600억 달러, 2009년 1,437억 달러, 2011년에는 1,760억 달러로 증가하고 있다. 이와 같이 오늘날 실시되고 있는 정책 어젠다를 보면 코스가 환경정책의 혁명을 일으킨 장본인이라고 말해도 무방할 것이다.

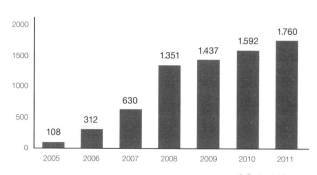

표 6-3 세계 탄소 시장 규모 추이(단위: 억 달러)

* 출처: 세계은행, 에너지관리공단

함께 읽으면 좋은 책

『자유주의: 시장과 정치』, 김한원, 정진영 엮음, 부키, 2006
『위대한 경제학자들』, 마크 블로그 지음 / 연태훈 등 옮김, 동인, 1994
『시장경제의 법과 질서』, 민경국 지음, 자유기업센터, 1997
『시카고학파』, 요한 판 오페르트벨트 지음 / 박수철 옮김, 에버리치홀딩스, 2011
『경제학의 제국을 건설한 사람들』, 윌리엄 브레이트, 배리 허쉬 지음 / 김민주 옮김, 미래의창, 2004

4

게리 베커

미시경제학의 지평을 넓히다

Gary Stanley Becker

1930년 미국 펜실베이니아 핏츠빌 출생

1957년 컬럼비아대 교수

1957년 『차별의 경제학』 출간

1964년 『인간자본』 출간

1967년 존 베이츠 클라크 메달상 수상

1968년 『범죄와 형벌의 경제학적 접근』 출간

1970년 시카고대 교수

1976년 『인간 행위에 대한 경제학적 접근』 출간

1992년 노벨경제학상 수상

2007년 미국대통령 자유메달상 수상

미시경제학의 지평을 넓힌 공로로 노벨경제학상을 받은 미국의 게리 베커는 아버지는 캐나다, 어머니는 동유럽 출신인 이민자 가정에서 태어났다. 베커의 주요 관심은 유년 시절부터 인종차별, 불평등, 계층 갈등 등과 같은 사회문제였다. 그에게 경제는 관심 밖이었다. 프린스턴대에 진학해서도 경제학은 필수과목이기에 수강했을 뿐 큰 흥미를 느끼지 못했다.

미시경제학의 지평을 넓혀

경제학을 연구하려면 시카고대로 옮기라는 당시 바이너 프린스턴대 교수의 조언에 따라, 베커는 시카고대로 갔다. 그는 이곳에서 진로를 경제학으로 바꾼 결정적인 계기를 만난다. 그것은 밀턴 프리드먼의 열정적이고 자신감에 넘치는 강의로, 미시이론과 가격조정효과에 관한 것이었다. 경제학의 용도에 대해 의구심이 컸던 젊은 베커에게 프리드먼의 환상적인 강의는 하나의 감동이었다.

프리드먼 강의의 핵심 내용은 시장 참여자는 누구나 자신의 이익을 추구하는, 영리한 행위자라는 것이었다. 즉, 인간이 수지타산에 따라 투자하고 물건을 사고판다는 뜻이다. 수학에 남다른 능력을 타고난 베커는 이런 합리적 선택이론을 잘만 적용한다면 사회학에서나 다루는 세상의 다양한 문제를 경제학으로 풀 수 있다고 믿었다.

베커가 합리적 선택이론을 처음 적용한 분야는 어릴 때부터 미국 사회에서 자주 목격했고, 그래서 마음속으로 늘 궁금했던 차별 문제였다. 능력이 스티브 잡스처럼 뛰어남에도 불구하고 여성이나 흑인이라는 이유로 채용을 꺼리는 기업가들의 행동에 관해 궁금해하면서 왜 특정 인종의 사람이나 여성들이 배격당할까 의구심을 가졌던 터였다.

베커는 기업가의 그런 행동이 초래하는 비용에 근거해 차별 현상을 이해하려고 했다. 흑인과 백인, 남녀를 가리지 않고 유능한 여성 또는 흑인을 고용한 경쟁 기업은 우위를 확보한다. 따라서 베커가 내린 결론은 성차별이나 인종차별은 모두에게 경제적 손실을 가져온다는 것, 그래서 차별 행위는 수지가 맞는 행동이 아니라는 것이다. 그는 이 같은 차별을 없애는 가장 좋은 방법은 자유경쟁이라고 역설한다.

베커는 이어 교육과 인력 양성, 보건 등 인적 자본의 형성에 대해 본격적으로 연구했다. 그는 인적 자본도 물적 자본의 형성을 위한 투자와 동일한 방식으로, 비용과 편익의 의미로 분석이 가능하다고 봤다.

인적자본론의 원조는 노벨경제학상을 수상한 슐츠였다. 그러나 베커는 교육과 소득의 관계 등 인적자본론을 일반 이론으로 확대, 발전시켜 1960년대 풍미했던 '교육경제학'의 기초를 확립했다. 경제사상에서 인적자본론의 혁명을 일으켰다는 평가를 받고 있는 이유는 이 때문이다.

베커는 비용–편익 분석의 접근을 결혼, 출산, 교육, 이혼 등 가족 문제에도 적용했다. 그의 이론적 세계에서 자녀는 냉장고와 같은 내구재나 다름없다. 수지타산에 기초해 냉장고를 구매하듯 출산도 효용과 비용을 따져서 결정한다. 효용은 아이를 키우는 재미, 노후에 자녀에 대한 부모의 심리적, 재정적 의존 등이다. 비용은 좋은 일자리 포기와 같은 기회비용, 시간 비용, 양육비용 등이다.

베커의 이론세계에서 출산율이 떨어지는 것은 출산이 수지맞는 일이 아니라는 의미다. 그러나 그의 이런 주장에는 실증적인 설득력이 약하다는 지적도 나온다. 스웨덴, 독일 등 많은 나라들이 1960년 이후 출산 감소를 막기 위해 출산 비용을 줄이는 가족 정책을 실시했음에도 불구하고 출산율은 계속 감소했다. 출산은 수지타산만으로 결정되는 게 아니라 가치관 등도 영향을 미친다는 이야기다.

결혼도 수지타산에 근거한다고 베커는 주장한다. '사랑'이라는 감정은 거추장스러운 존재다. 이혼도 전적으로 수지타산의 문제다. 그러나 그와 같은 시각은 가족의 기반이 되는 유대감의 도덕을 무시하고 있다는 비판을 받았다.

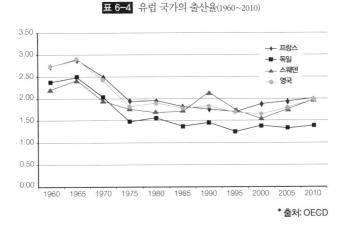

표 6-4 유럽 국가의 출산율(1960~2010)

* 출처: OECD

모든 사회 현상을 수지타산으로 인식

베커는 범죄에도 경제 분석틀을 들이댔다. 범죄는 수지에 맞는 일이기 때문에 발생한다고 주장한다. 범죄를 저지르는 것은 범죄를 통해 얻는 편익이 범죄비용보다 크기 때문이라는 것이다. 범죄자도 다른 모든 인간과 똑같이 인센티브에 반응한다. 따라서 범죄를 막을 수 있는 길은 높은 검거율과 기소율, 그리고 엄격한 형벌이라고 베커는 주장한다. 그가 중죄에 대한 사형 제도를 수용하는 것도 범죄억제 효과 때문이다.

범죄에 관한 베커의 이론은 범죄가 개인의 탓이 아닌 환경과 빈곤의 탓이라는 좌파의 주장보다는 진전된 것임엔 틀림없다. 하지만 시장모델을 범죄에 적용함으로써 심각한 사회문제를 희화화했다는 비판을 피하긴 어려워 보인다. 범인의 범죄 행위와 기업의 이윤 추구 행위를 같은 선상에 놓고 있기 때문이다. 어떤 사람이 범죄자가 되는 과정에는 그의 윤리관이나 기본적인 동기가 다른 사람들과 다른 부분이 상당히 깔려 있는 경우가 많다.

베커는 그의 효용극대화를 전제로 한 시장모델을 범죄, 가정, 결혼 등과 같은 사회현상에 무차별적으로 적용했다. 기교가 넘치는 착상과 대범함 그리고 학문적 야심을 유감없이 발휘했다. 학문의 경계선을 무너뜨리면서 경제학의 지평도 넓혔다. 이것이 노벨경제학상을 수상한 결정적인 배경이고, 그를 '미시경제학의 혁명가'로 부르는 이유이기도 하다.

인적 자본과 관련 좌파와 세기적 대결

베커는 효용을 극대화하려는, 이기적이고 합리적인 인간을 전제로 한 효용-편익 분석틀을 통해 연구 영역을 거침없이 확대해나갔다. 그의 경제학을 '제국주의적'이라고 말하는 것도 결코 우연이 아니다. 경제학의 '영토'를 넓혔다는 뜻이다. 그는 사회현상에 경제학의 분석 방법을 적용하여 학제융합적 인식을 일깨웠다.

베커의 연구 결과는 경제학계에선 항상 논쟁거리였다. 그를 경제학의 이단아로 취급했고 연구영역 확대에 대해서도 강한 의구심을 표명했다. 좌파 논객들도 베커를 비판했다. 마르크스적인 세계관을 가진 사람들에게 '인적 자본'이라는 말은 그 자체가 수용할 수 없는 것이었다. 마르크스주의자에게 있어 자본은 원래 착취와 동일한 의미다. 그들은 교육이 소득창출 능력을 높여주는 방법이라기보다는 잘난 사람과 못난 사람, 줄 세우기 또는 잘났다는 것을 보여주는 도구일 뿐이라고 비판했다.

하지만 그런 비판에 항복할 베커가 아니었다. 그는 자신의 연구 방법을 더욱 더 많은 사회현상에 적용하며 새로운 영역을 개척해나갔다. 이런 그를 지원해주는 후원자들이 있었다. 그의 은사였던 시카고학파의 밀턴 프리드먼과 조지 스티글러였다. 이들은 베커의 연구 방법과 그 결과를 전폭적으로 지지하면서 비판자들의 비판 논리를 반박하는 데도 지원을 아끼지 않았다.

그러나 베커의 이론은 적지 않은 문제점을 내재하고 있다는 비판도 이어진다. 무엇보다 수지타산에 필요한 인간의 지적 능력, 즉 경제적 합리성을 과대평가하고 있다는 것이다. 그래서 그의 이론은 현실의 인간은 물론 시장사회를 이해하는 데 적합하지 않다는 오스트리아학파 하이에크의 비판을 받게 된다. 연구영역의 확대라는 의미의 제국주의적 태도 그 자체는 고무적이지만 하이에크의 시각에서 보면 베커 이론에 의한 영토 확장은 무모하고 위험하다는 비판이 가능하기 때문이다.

교육경제학, 가족경제학, 범죄경제학의 기틀을 마련

베커는 정치활동에는 가담하지 않았다. 정부에 어떤 자문 역할도 맡지 않았다. 선거 캠프에서 일하지도 않았다. 연구에만 온 정열을 쏟았다. 그래서 학계에 미친 영향은 크다. 교육경제학, 가족경제학, 범죄경제학 등이 대학의 경제학 교육과목으로 자리 잡는 데 기틀을 마련한 것은 그의 공로가 아닐 수 없다. 베커는 정치에 가담하지 않았지만 그의 사상은 정치권의 정책에 강력한 영향을 미쳤다.

함께 읽으면 좋은 책

『노벨상의 경제학자들』, 박우희 지음, 매일경제신문사, 1995
『괴짜 경제학』, 스티븐 레빗 등 지음 / 안진환 옮김, 웅진지식하우스, 2007
『경제학의 제국을 건설한 사람들』, 윌리엄 브레이트, 배리 허쉬 지음 / 김민주 옮김, 미래의창, 2004
『죽은 경제학자의 살아있는 아이디어』, 토드 부크홀츠 지음 / 류현 옮김, 김영사, 2009
『지식의 탄생』, 카렌 일제 호른 지음 / 안기순 외 옮김, 와이즈베리, 2012

맨슈어 올슨

집단행동론의 창시자

Mancur Lloyd Olson

1932년 미국 노스다코타 출생

1956년 영국 옥스퍼드대 졸업

1963년 하버드대 경제학박사 학위 취득

1965년 『집단행동 논리』 출간

1967년 미국 보건교육 후생성 차관보

1969년 메릴랜드대 교수

1982년 『국가의 흥망성쇠』 출간

1985년 미국 학술원 회원

1998년 심장마비로 타계

2000년 유고집 『지배권력과 경제번영』 출간

집단행동 연구 분야를 새롭게 개척한 공로로 유력한 노벨경제학상 수상 후보에 올랐지만 끝내 수상하지 못하고 일찍 세상을 떠난 미국 경제학자 멘슈어 올슨.

노르웨이 출신 이민 가정에서 태어난 그는 집단행동논리연구로 경제학에 입문했다. 정치와 경제를 이해하고, 번영의 근본 원인을 파악하려면 이익집단의 연구가 필수적이라고 믿었던 듯하다.

집단행동이론의 개척자

집단행동논리의 핵심은 이렇다. 경쟁 없이 손쉽게 돈을 벌 수 있는 방법을 찾는 것이 인간의 보편적 심리다. 공급자들이 담합해 경쟁자의 시장 진입을 막고 가격을 올려 소비자를 희생시켜서 이익을 챙긴다.

이익집단은 로비를 통해 정부를 압박하고 각종 특권을 얻어낸다. 특권이란 경쟁으로부터 집단구성원들을 보호하는 면허제, 인허가제, 관세, 비관세, 시장규제들이다.

작은 그룹은 뭉치기가 쉽고 이해상관도도 높아 그룹 이기심을 관철하기도 용이하다. 그러나 소비자, 납세자, 노인 등의 그룹은 규모가 커 뭉치기 어렵고 그래서 조직된 이익집단에 의해 착취당한다는 게 올슨의 설명이다. 이익집단은 재화를 생산해 돈을 버는 것이 아니라 조직이 미약한 그룹들을 희생시켜 이익을 챙기는 '분배연합'이라는 그의 개탄도 주목할 만하다.

올슨은 이런 논리로 지대추구 사회의 등장을 설명한다. 지대추구란 생산적인 경쟁 대신 국가의 보호를 받아 힘들이지 않고 돈벌이 하는 행동이다.

주목할 것은 집단행동의 논리가 경제번영에 미치는 영향이다. 분배연합의 목적은 구성원들을 경쟁으로부터 보호하는 것이기에 그들의 혁신능력과 생산성 하락은 필연적이다. 분배연합이 득세하는 경제는 변화하는 환경에 대응할 능력이 둔화되고 그 결과는 경제의 '동맥경화'라는 것이 올슨의 설명이다.

올슨은 그룹 이기심으로 무장된 이익집단이 사회 전체에 피해를 주는 무리로, 경제 성장의 중대한 적(敵)이라고 지적한다. 올슨은 국가가 생산성을 높이고 번영을 이루기 위해선 정치와 경제가 이익단체의 압력으로부터 벗어나 자유경쟁을 통한 생산적 이윤추구를 할 수 있는 구조를 만들어야 한다고 강조한다.

집단행동논리를 기초로 한 올슨의 역사 해석도 주목을 끈다. 독일과 일본은 세계대전의 참패에도 연평균 8%의 고성장을 이어간 반면 전쟁에서 승리했던 영국과 미국은 연평균 2~3%의 낮은 성장을 기록했다.

회생 가능성이 없어 보이던 패전국들이 경이적인 성과를 이룬 배경에는 경제 성장을 억제하는 분배연합들이 패전과 함께 완전히 붕괴된 것이 요인이 됐다. 이에 반해 승전국들은 사회가 비교적 안정적이었기 때문에 분배연합이 득세해 효율적인 경제 성장을 어렵게 만들었다는 게 올슨의 해석이다.

표 6-5 각국 경제 성장률 추이

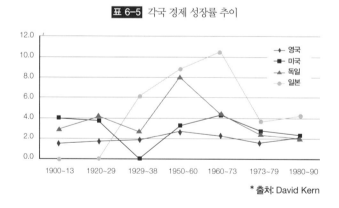

* 출처: David Kern

올슨의 그런 역사 해석에는 그만의 독특한 이론적 인식이 깔려 있다. 혁명, 전쟁, 파국 등과 같이 안정된 사회를 파괴하는 요인들은 기득권을 유지하려는 분배연합을 해체시키고 결과적으로 경제적 활력소로 작용하지만, 그런 위기가 없는 안정된 사회는 분배연합의 득세로 큰 정부를 불러와 경제를 둔화시킨다는 것이다.

집단행동논리로 옛 소련 붕괴 설명

올슨은 이익집단의 논리로 옛 소련의 흥망성쇠도 설명한다. 스탈린의 계획 경제가 처음에 성공한 것은 혁명과 함께 강력한 철권통치로 분배연합의 특권층(노멘클라투라)이 득세할 수 없었기 때문이라는 게 그의 주장이다.

그러나 시간이 지남에 따라 국유산업에서 번성한 귀족층이 정부관료와 담합해 최고지도부의 권력과 권위를 무너뜨리고, 이것이 결국 공산당 체제의 붕괴로 이어졌다고 말한다. 체제 붕괴 이후 러시아의 체제 전환이 어려웠던 점도 그런 분배연합의 존속 때문이라고 올슨은 설명한다. 이와 달리 중국이 개혁에 성공한 것은 기득권 세력인 분배연합이 문화대혁명 기간 중 근절됐기 때문이라는 것이다.

소련 계획 경제의 흥망에 대한 올슨의 해석은 분배연합이 창궐하지 않았더라면 소련 경제는 성공할 수도 있었다는 의미로 볼 수 있는데, 이는 시장경제가 '번영의 길'이라는 올슨 자신의 주장과 상충된다는 지적도 나온다. 계획 경제는 사유재산이 인정되지 않기 때문에 가격이 없고 그래서 어디에 얼마나 투자할 것인가와 같은 경제 계산이 불가능하다. 따라서 노멘클라투라가 번식하지 않았다고 해도 소련 경제는 무너졌을 것이라는 게 오스트리아학파의 인식이다.

올슨은 번영을 위해 독재정부보다 민주주의가 바람직하다고 진단했다. 그러나 그는 홍콩이나 싱가포르, 중국 등이 보여주는 것처럼 경제자유를 중시하는 독재라면 번영을 누릴 수 있다는 사실은 간과한 듯하다. 더구나 올슨이 지적했듯이 민주주의 체제 아래에서 이익집단이 판을 칠 경우 경제적 번영에 미치는 치명적인 악영향도 무시할 수 없다.

올슨은 집단행동 결정에서 경제적 이해관계만을 중시하고 이념과 신념 등은 무시해 1989년 동유럽 공산당 체제에 대한 대규모 시위를 설명하기 어렵다는 비판도 있다. 이에 반해 케인스와 하이에크는 사회 변동의 추진력은 이념이며 그래서 이념이 중요하다고 진단했다.

올슨의 사상은 비판의 여지를 남기긴 했지만 어느 누구도 다루지 않았던 집단행동이론을 개척해 이익집단의 본질과 문제점을 꿰뚫어 보고 지속적인 경제번영이 어떻게 가능한지를 명쾌하게 설명했다는 점에서 높은 평가를 받는다.

성장을 가로막는 이익집단

올슨 사상의 핵심은 번영을 보장하는 것은 재산권을 기반으로 하는 시장경제라는 것, 그러나 그 기반을 해치고 성장을 가로막는 것이 이익집단이라는 것, 그리고 재산권을 확립해 시장을 확장하는 정치 제도는 민주주의라는 것이다.

번영의 지름길은 자본, 자원, 인구가 아니라 시장경제임을 강조하고 이익단체가 번영의 적이라고 개탄하는 올슨의 사상은 매우 소중하다. 일본, 미국 등 오늘날 선진국들의 경기침체도 기득권 수호의 그룹이기주의에서 나온, 올슨의 제도적 동맥경화증 탓이라는 목소리에 주목할 필요가 있다. 정부 없이는 재산권의 확립도, 경제번영도 가능하지 않다는 올슨의 주장도 흥미를 끈다.

'다원주의' 이론의 결함을 밝혀

올슨의 사상은 '다원주의' 이론의 결함을 밝혀냈다. 그 이론에 따르면 공동의 이해관계가 있으면 사람들은 자동적으로 집단을 조직하고, 집단들은 서로 대칭적이기 때문에 그들의 경쟁은 사회 전체에 보편적 이익을 가져온다는 것이다. 그러나 그는 규모가 클수록 뭉치기가 어렵다는 논리로 그 대칭성을 부인하고 있다.

올슨은 공동의 계급이익을 가진 노동자는 모두 혁명에 가담한다는 마르크스의 계급이론도 잘못됐다고 주장한다. 그 이론은 혁명에 기여하지 않고도 다른 사람들의 노력으로 달성된 결과를 향유하는 무임승차 행동의 가능성을 간과했다는 것이 올슨의 비판이다.

올슨의 사상은 이익집단의 힘이 불평등하기 때문에 정부가 취약한 집단의 대항력을 키워야한다는 존 케네스 갤브레이스의 사상도 잘못됐다는 것을 밝혀냈다.

번영을 위해서는 이익집단의 견제가 필요

올슨의 사상이 탁월함을 인정한 인물은 누구보다도 하이에크다. 그는 현대사회의 진정한 착취자는 그룹 충성심으로부터 권력을 도출해 민주주의를 부패시킨 이익집단이라고 한다. 그래서 하이에크는 헌법을 개정해 이익집단의 정치적 영향력을 차단할 수 있는 헌법장치를 마련해야 한다고 강조한다.

올슨의 사상은 수많은 논점들을 촉발해 정치학과 사회학 그리고 공공선택론의 연구 분야를 확대했고 이로써 경제학을 넘어 사회과학 전반의 발전에 큰 기여를 했다.

그의 사상은 하나의 학문적 성장산업이 됐다는 사실에도 주목할 필요가 있다. 12개국 언어로 번역된 그의 저서 『국가의 흥망성쇠』는 경제사학계

를 휩쓸었고 또 국가정책에 관한 최우수 저서로 미국 정치학회의 유명한
캠머러 상을 받았다.

함께 읽으면 좋은 책

『집단행동의 논리』, 멘슈어 올슨 지음 / 윤여덕 옮김, 한국학술정보, 2003
『지배권력과 경제번영』, 멘슈어 올슨 지음 / 최광 옮김, 나남, 2010
『이익집단정치』, 이정희 지음, 인간사랑, 2010

6

더글러스 노스

신제도주의를 선도하다

Douglass North

제도경제학의 기초를 확립하고 경제사 연구의 새 지평을 연 공로로 노벨 경제학상을 받은 미국의 더글러스 노스는 아버지가 생명보험회사 매니저인 평범한 가정에서 성장했다. 캘리포니아대에 진학해 정치학, 철학, 경제학을 복수전공하며 마르크스주의에 심취했다. 대공황으로 매우 힘든 미국 사회를 구할 수 있는 것은 마르크스 이념뿐이라고 여겼다. 노스는 대학을 졸업하고 병역을 마친 뒤 경제학자가 되기로 결심하고 캘리포니아대 대학원에 진학했다. 어떤 방향으로 연구할 것인가를 고민하고 있을 무렵 그를 매혹시킨 강의가 있었다. 경제이론을 바탕으로 복잡한 경제사를 풀어가는 멜빈 나이트 교수의 명쾌한 강의였다.

신경제사학의 개척자

노스는 경제 성장의 역사에 경제이론을 잘만 적용한다면 세상의 다양한 문제를 풀 수 있을 뿐만 아니라 순전히 역사적 사실만을 찾아 기술하는 무미건조한 역사학도 극복할 수 있다는 믿음을 가졌다. 그래서 경제사에 관한 지식을 섭렵하면서 이론적 지식도 부지런히 축적했다.

그는 박사학위를 받은 뒤 '이론을 통한 역사 해석'에 몰입했다. 첫 연구는 미국의 경제 성장 요인에 관한 것이었다. 이 연구를 통해 노스가 확인한 것은 미국의 경제 성장에 기여한 것이 기술 변동보다는 재산권의 확립, 계약 자유 등 경제활동에 우호적인 제도였다는 것이다.

제도란 법률, 재산권, 헌법 등과 같은 공식적인 제도와 관행, 관습, 도덕과 같은 비공식 제도를 말하는데, 이런 제도는 한 사회 구성원의 행동 과정을 안내하거나 조종하는 일종의 게임 규칙이다. 노스는 제도만이 어떤 나라의 경제는 부유하게 되고 다른 나라의 경제는 가난하게 된 이유를 설명할 수 있다고 생각한다.

그러나 이 같은 이유를 만족스럽게 해명할 수 있으려면 '어떤 제도가 어떻게 번영을 가져다주는가, '그런 제도가 어떻게 생성하고 변동하는가' 등과 같은 많은 문제를 해결하지 않으면 안 됐다. 그래서 이론 없이 제도를 다뤘던 옛 제도주의와는 달리 이론을 토대로 한 '신제도주의' 경제학이라는 새로운 분야를 개척했다.

노스의 핵심 사상은 재산권을 보호하고, 거래를 협상하고, 계약을 집행하며, 감시하는 거래비용을 최소화하여 상호 간에 유익한 교환을 할 수 있는 제도를 확립하는 나라는 번영을 누린다는 것이다. 즉 경제자유와 재산을 확실하게 보호하는 나라는 번영하는 반면 그렇지 못한 나라는 궁핍하다고 지적한다. 그는 자본축적, 규모의 경제, 기술 발전 등은 경제적 번영 그 자체이지 그 원인이 될 수 없다고 주장하며 전통적인 성장이론이 다루지 않은 제도 분야를 채우고 있다.

노스는 제도경제학적 인식을 이용해 영국은 왜 번영을 구가할 수 있었고 스페인은 왜 침몰했는지를 밝힌다. 영국은 절대주의 시대에도 국왕의 권력이 의회의 제한을 받았기에 개인의 경제활동이 비교적 자유로웠다. 그러나 스페인에서는 절대군주의 힘이 강력해 개인의 자유와 재산권의 침해가 빈번했다. 이것이 두 나라의 번영이 서로 차이나는 이유다.

각 나라의 발전 격차는 제도에 좌우

중국과 유럽의 성장에 대한 노스의 비교사(比較史)도 흥미롭다. 15세기 이전까지만 해도 유럽보다 부유했던 중국이 지속적으로 침체의 길로 접어들어 20세기 중반에는 3,000만 명이 굶어죽는 대참사를 겪었던 것은 권력이 중앙에 집중돼 경제자유와 사적 영역이 없었기 때문이다. 그러나 유럽은 작은 나라로 나누어져 경쟁적이고 분권적이었다. 그 결과 절대군주의 힘이 비교적 약해져 경제활동의 자유와 재산권이 잘 보호됐다. '유럽문명의 기적'은 그런 결과라는 것이 노스의 역사 해석이다.

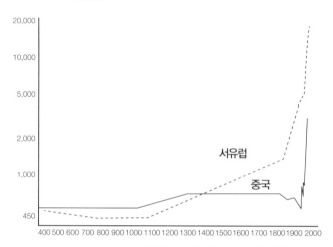

표 6-6 중국과 서유럽의 1인당 소득(400~1998년)

* 출처: Angus Maddison, 「The World Economy:
A Millennial Perspective」

　유럽처럼 번영을 가져오는 좋은 제도가 있음에도 왜 나쁜 제도가 등장해 끈질기게 존속하는가. 노스는 공식적인 제도를 만들어내는 정치를 시민들이 완벽하게 감시하고 통제하기가 쉽지 않기 때문에 그런 상황이 생겨난다고 생각한다. 그는 '경로 의존성'이라고 부르는 제도적 현상으로 나쁜 제도가 견고하게 존속하는 이유를 설명한다. 즉, 제도적 구조가 일단 형성되면 여러 가지 이유에서 그것이 비록 나쁘다고 해도 그 구조에서 빠져나오기 어렵다는 것이다. 중남미 국가들이 독립하여 미국과 유사한 헌법을 제정했지만 중앙집권적인 관료적 통제가 사라지지 않은 것이 그 대표적 예다.

　경제적 성과를 결정하는 것은 정부가 인위적인 계획을 통해 만든 실정법적인 공식제도만이 아니다. 관습, 공유된 믿음과 태도, 도덕 등 사회구성원들의 상호작용에서 저절로 만들어진 비공식 제도는 장기적으로 오랜 경험을 통해 형성된 문화다. 변화 속도가 매우 느리고 인위적으로 바꾸기도 힘든 그런 문화가 경제 성장에 결정적인 영향을 미치기 때문에 노스는 비공식 제도의 분석에도 열중했다.

노스의 신제도주의 경제사의 백미는 신경과학과의 접목이다. 제도 생성과 변화를 결정하는 것은 세상에 대한 해석과 인지를 산출하는 '신념체계'인데 이를 형성하고 변동시키는 것이 물리화학적으로 작용하는 두뇌의 신경구조라는 지적이다.

노스의 신제도주의 경제사는 인간의 상호작용과 제도의 진화에 초점을 맞춰 인류의 발전사를 이해하기 위한 거대 담론이다. 그 패러다임은 경제학을 넘어서 사회철학, 신경과학, 정치이론, 공공선택론 등 학제를 융합한 첨단과학이라고 봐도 무방할 듯하다.

종속이론에 대한 정면 비판

더글러스 노스의 핵심 사상은 역사, 제도적 환경, 경로 의존성, 신념 체계로 구성돼 있다. 이들이 없이는 경제의 변동 과정을 설명할 수 없다. 실천적 의미는 시장원칙을 확실하게 지키는 나라는 경제적으로 성공하고, 그렇지 못한 나라는 실패한다는 점이다.

그런데 그의 사상은 기업가이론이 없기 때문에 어떻게 경제자유가 번영을 가능하게 하는가에 대한 설명이 미흡하다는 비판, 이미 일어난 사건을 사후적으로 정당화하는 것에 지나지 않는다거나 인류의 역사를 거래비용을 둘러싼 협상의 역사로 이해하는 것은 당치도 않다는 지적 등 여러 비판을 받고 있다.

이런 비판에도 노스의 사상은 역사에 대한 풍요로운 인식을 제공하고 있다. 단적인 예로 중세의 영주–농노 관계를 신변 보호와 노동 제공의 교환관계로 이해함으로써 그 관계를 착취관계로 이해한 마르크스이론을 개선했다. 중남미가 경제적으로 낙후된 이유를 선진국이 착취했기 때문이라는 종속이론이 잘못이라는 것도 드러났다. 즉 스페인 식민지였던 중남미 경제가 어려운 이유는 스페인의 실패한 관료주의 제도를 이식했기 때문이고 영국의 식민지였던 북미는 자유와 재산권을 보호하는 성공한 영국 시스템을 받아들였기 때문에 잘사는 나라가 됐다는 것이 노스의 역사 해석이다.

노스는 1997년에는 신제도주의 국제학회를 창립해 제도연구를 확산시키는 데 진력했다. 그의 사상은 제도주의 혁명이라고 부를 만큼 경제학은 물론 정치학, 법학 등에도 막중한 영향을 미쳤다. 실무에 미친 영향도 간과할 수 없다. 세계은행이 매년 발간하는 '세계 개발 보고서'에서 2003년에는 '시장을 위한 제도 구축'이라는 제목의 보고서를 비롯해 그 후에도 제도 문제를 지속적으로 다룬 것은 전적으로 노스의 영향이다.

후진국 개발경제학에 미친 영향

후진국 개발경제학에 미친 그의 영향도 무시할 수 없다. 후진국 개발에서 중요한 것은 제도의 개혁, 특히 비공식 제도와 신념체계의 변화라는 것을 일깨웠다. 선진국의 제도를 이식한다고 해서 후진국이 성공할 수 있는 것도 아님을 명백히 했다. 이로써 그는 유엔과 세계은행의 개발원조 패러다임을 제도지향적으로 바꾼 인물이 됐다.

노스는 1993년 밀턴 프리드먼과 함께 만든 '세계 경제 자유보고서'에도 참여했다. 이 보고서는 캐나다의 유명한 싱크탱크인 프레이저 연구소가 90개국의 자유주의 연구소와 협력해 141개국의 경제자유지수를 계산해 각 나라의 순위를 정해 매년 발표한다.

경제자유지수는 노스가 개발한 것인데 재산권 보호, 노동시장 규제, 기업 규제 등 24개 항목을 기준으로 작성한다. 경제자유지수의 이론적 기초에는 규제와 조세 부담이 작을수록, 즉 경제자유가 많을수록 경제적 번영이 크다는 그의 제도사상이 담겨 있다.

함께 읽으면 좋은 책

『자유주의: 시장과 정치』, 김한원, 정진영 엮음, 부키, 2006
『제도, 제도변화, 경제적 성과』, 더글러스 C. 노스 지음 / 이병기 옮김, 자유기업센터, 1996
『서구세계의 성장』, 더글러스 C. 노스 지음, 로버트 폴 토머스 지음 / 이상호 옮김, 자유기업센터, 1999
『위대한 경제학자들』, 마크 블로그 지음 / 연태훈 옮김, 동인, 1994
『지식의 탄생』, 카렌 일제 호른 지음 / 안기순 외 옮김, 와이스베리, 2012

에인 랜드

이기심을 도덕적으로 승화하다

20세기 들어 집단주의가 번져가면서 지구촌의 자유는 점차 위축돼 갔다. 독일, 이탈리아 등 서방 국가에서도 러시아 스탈린식 폭정이 지배했다. 상당수 지식인은 폭군의 죄를 눈감아주거나 정당화하기까지 했다. 자유의 마지막 희망처럼 보였던 미국과 영국마저도 점차 집단주의 흐름에 빠져들고 있었다.

이 같은 상황에서 자유를 외치며 인류를 구원하는 길은 '최소 국가'라고 주장한 인물이 미국 여류소설가이자 사회 철학자인 에인 랜드였다. 최소국가란 폭력, 사기, 기만으로부터 시민을 보호하고 계약을 집행하는 과제만을 수행하는 일종의 자유방임 국가다. 이런 국가만이 도덕적으로 정당하다는 게 그의 주장이다.

권리이론적 자유주의자

랜드가 자유주의 세계관을 갖게 된 것은 그가 태어나 성장한 러시아에서의 체험 때문이었다. 그는 어렸을 때 아버지가 약국을 경영해 생활이 넉넉한 편이었다. 그러나 1917년 러시아 혁명으로 약국은 국유화됐고, 가족은 하루아침에 거지 신세로 전락했다. 어려서부터 소설가가 되겠다는 꿈을 품고 대학에 진학해 역사와 철학을 전공했지만 공산주의 박해로 꿈을 이루기 어려워지자 그는 홀로 미국으로 망명했다.

작가적 재주를 타고난 랜드는 자유주의 사회철학을 개발하고 이를 소설과 논문 등의 형태로 발표했다. 그의 사상 핵심은 권리이론인데 이는 인간 본성에서 도출한 것이다. 랜드는 본래 인간이 지적 능력으로 자기 삶을 추구하는 존재라고 설명한다. 이기심이 덕성의 본질이고 나를 위해 타인의 희생을 요구하거나 반대로 다른 사람을 위해 자신을 희생하는 이타주의는 죽음의 철학이며 부도덕하다고 주장한다.

랜드는 인간의 생존을 위해 필요한 게 권리라고 강조했다. 이 권리는 두 가지다. 첫째는 자기소유권, 누구나 자신의 신체와 지적 능력을 소유할 권리다. 타인의 자유를 침해하지 않는 한 그런 자산을 자유롭게 사용할 권리도 있다.

둘째는 재산권인데, 이는 타인과의 자발적 교환과 생산 활동을 통해 재산을 습득할 권리다. 이런 권리는 개인이 자신의 재산을 자유롭게 사용할 권리에서 나온다. 재산권은 자유롭고 문명화된 합리적 사회의 징표라는 게 랜드의 주장이다. 권리란 누구나 타인에게 방해받지 않고 자신의 삶을 추구할 수 있는 조건이라는 이유에서다. 누구나 타인의 권리를 침해하지 않을 의무가 있기에 권리는 인간을 수단으로 여겨서는 안 된다는 뜻도 들어 있다.

이런 권리이론에 기초한 랜드의 자본주의 옹호론도 흥미롭다. 그는 자본주의가 소중한 이유는 경제적 번영만이 아니라 인성에서 도출된 자유, 재산, 생명에 대한 개인의 권리를 진지하게 존중하는 체제이기 때문이라고 강조했다.

랜드는 시장사회가 모든 사람을 자유롭고 독립된 존재로 인정하는 사회라고 목소리를 높인다. 자유로운 계약을 통해 호혜적 기회를 이용할 수 있는 체제가 자본주의라고 본다. 인간들은 독립적 판단과 노동의 결실을 통해 스스로 경제적으로 성공적인 삶을 만들어갈 수 있고 그래서 자본주의에서만이 노동의 즐거움과 자부심, 자긍심을 가질 수 있다고 주장한다.

기업가는 세상을 떠받드는 영웅

기업가는 세상을 떠받치는 영웅이라는 랜드의 주장도 주목할 만하다. 관개시설, 제약, 의료기 등을 발명하고 수백만 가지의 혁신으로 공포, 유행병, 기근에서 인간을 구출하고 소득 증대 일자리 창출 등 풍요의 세상을 만든 게 기업가라고 지적한다. 원인이 정부의 개입에 있음에도 문제나 위기가 있을 때마다 기업가를 희생양으로 삼아 규제 늘리기와 증세 등 통제를 강화하는 건 최악의 불의고, 기업에 대한 비난은 미국을 위대하게 만든 핵심을 공격하는 것이나 다름없다고 꼬집는다.

흥미로운 것은 랜드의 국가관이다. 무정부주의는 순진한 생각이라는 게 그의 인식이다. 조직화된 정부가 없으면 필연적으로 범죄자가 등장한다는 이유에서다. 국가는 국방, 경찰업무, 분쟁해결을 위한 법률서비스 등 권리를 보호하는 과제 그 이상을 허용해서는 안 된다고 말한다.

그러나 작은정부라고 해도 권력을 독점하고 있기에 큰 정부로 변신할 위험성이 상존한다. 랜드의 사상에는 그런 위험을 방지할 제도적 장치와 헌법에 대한 진지한 분석이 없다는 점에서 비판을 받는다. 역사에서 이타심은 정치 권력과 폭정을 정당화하는 명분으로 작용했다는 이유로 이타심 그 자체가 부도덕하다는 랜드의 인식도 비판 대상이다. 강제적 이타주의는 분명히 부도덕하다. 그러나 자발적으로 타인을 돌봐주는 게 내 행복의 침해라고 보기는 어렵다. 가족이나 친지와 같은 소규모 사회는 자발적 이타심을 기초로 하고 있고 사회의 안정에도 중요한 역할을 한다는 점에서다.

일부 비판의 여지가 있음에도 랜드는 권리이론의 새로운 철학적 기초에서 자유주의를 개발하는 데 선구자적 역할을 했다는 평가다.

랜드는 고전적 자유주의와 완전히 다른 자유주의 사상을 확립했다. 고전적 자유주의가 인간의 인지에 대해 주관주의를 전제한 반면 랜드는 객관주의에 기초했다. 그는 인간이 합리적 역량으로 윤리 코드를 인위적으로 세울 수 있다고 믿었다. 그러나 고전적 자유주의는 그런 역량에 대해 비관적이고 윤리 코드의 진화를 신봉한다.

랜드의 사상은 20세기 중반 집단주의에 대한 반대 여론을 조성해 세력 확대를 막아내는 데 중요한 역할을 했다.

복지국가의 부도덕성을 설파

그는 의료인들의 희생을 강요하는 의료복지의 사회화에 주목했다. 이런 강요된 희생의 예로 미국이나 다른 나라에 비해 낮은 독일 의사들의 보수를 들었다. 랜드는 의사들의 두뇌 유출 또는 진료시간 단축이라는 형태로 그들이 파업할 것이라고 경고했고, 경고는 적중했다. 의료복지의 확대는 인력 유출은 물론 의료의 비효율성으로 환자의 해외 유출로까지 이어졌다.

랜드는 복지국가의 부도덕성을 밝혀서 복지국가에 대한 반대 여론을 조성하는 데도 크게 기여했다. 스스로의 노력으로 살아가는 게 부도덕하고 타인의 노력을 통해 사는 게 도덕적이라는 복지국가의 고질적 모순을 지적하며, 복지국가의 이타주의는 사랑이 아닌 인간 증오라고 꼬집기도 했다.

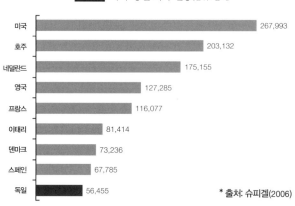

표 6-7 각국 병원 의사 연봉(단위: 달러)

국가	연봉
미국	267,993
호주	203,132
네덜란드	175,155
영국	127,285
프랑스	116,077
이태리	81,414
덴마크	73,236
스페인	67,785
독일	56,455

* 출처: 슈피겔(2006)

『아틀라스』, 『마천루』 2,500만 부 팔려

랜드 사상의 힘이 얼마나 컸던가는 그의 사상적 대중보급판인 소설 '마천루'와 그의 철학 전체를 집대성한 소설 '아틀라스'가 입증한다. 이기적인 창조자가 만들어낸 혁신과 기술개발이 이타적 인간들의 희생정신보다 인류의 구원에 훨씬 더 큰 기여를 한다는 내용의 『마천루』는 세계에서 2,500만 부 이상 팔렸다. 지금도 매년 30만 부 이상 판매되고 있을 정도다.

전체를 위해 희생을 강요 당하는 기업가와 기술자 등 각 분야 리더들이 사회를 등지고 개인의 창조력과 자발성이 최대한 보장되는 아틀라스라는 신도시로 이동해 활동하는 내용을 그린 '아틀라스'는 미국인의 인생에 가장 큰 영향을 미친 책 중 성경에 이어 2위를 차지할 정도로 미국인의 자유주의 정신세계를 이끌어온 책이라는 평가다.

탈규제와 감세정책으로 경제를 구출한 로널드 레이건 전 미국 대통령, 18년간 미국 중앙은행장으로 재임했던 앨런 그린스펀이 랜드의 팬이었다는 것도 흥미롭다.

역사가들이 1960년대의 자유주의 운동사를 쓸 때 랜드부터 시작할 정도로 그는 자유주의 지적 운동에 큰 영향을 미쳤다. 학계에 미친 영향 또한 간과할 수 없다. 현재 「아인랜드 연구저널」이 정기적으로 발행되는 것은 물론 '객관주의 센터', '아인랜드연구소' 등과 같은 그의 사상에 헌신하는 조직들도 여러 대학에 설립돼 있다.

함께 읽으면 좋은 책

『자유지상주의자들 자유주의자들 그리고 민주주의자들』, 김비환 지음, 성균관대학교출판부, 2005
『101명의 위대한 철학자』, 매슨 피리 지음 / 강준호 옮김, 서광사, 2011
『자본주의의 이상』, 아인 랜드 지음 / 강기춘 옮김, 자유기업센터, 1998
『아틀라스』, 에인 랜드 지음 / 민승남 옮김, 휴머니스트, 2013
『철학, 누가 그것을 필요로 하는가』, 아인 랜드 지음 / 이종욱 등 옮김, 자유기업센터, 1998

자유주의
경제학의 부활,
오스트리아학파

루트비히 폰 미제스, 헨리 해즐릿
로버트 노직, 머리 로스바드
이스라엘 커즈너, 제임스 뷰캐넌
발터 오이켄, 프리드리히 하이에크

20세기 중반에는 오스트리아학파의 자유주의 경제학이 재구성돼, 당시 지배하고 있던 사회주의와 간섭주의에 대항하는 중요한 지적 무기가 됐다.

우선 계획 경제의 불가능성, 경기변동이론, 통화이론, 자본론 등으로 자유주의 경제관이 부활하는 데 결정적인 역할을 한 미제스에 주목할 필요가 있다.

미제스의 사상을 알기 쉽게 풀이하면서 오스트리아학파의 사상을 미국에 확산시키는 데 중요한 역할을 한 저널리스트 헨리 해즐릿도 빼놓을 수 없다. 최소 정부를 철학적으로 설파한 노직도 자유주의 경제학의 부활을 지원했다.

자유시장은 고유한 인성과 자연권을 구현한 것이기 때문에 그 체제는 절대적이라고 주장한 로스바드, 전체주의 폭정으로 잃어버린 자유를 찾기 위해 자유가 없이는 인간의 존엄성도 있을 수 없다는 자유론을 가지고 새로운 경제학을 재구성한 독일의 프라이브르크학파의 창시자 발터 오이켄도 주목할 필요가 있다.

상상력과 창조성에서 나오는 '기민성'을 의미하는 기업가 정신을 개발하여 시장 기능에 대한 이해도 높은 이스라엘 커즈너, 정부 실패에 대한 이론을 정립하여 국가의 신비를 벗기고 경제학을 재구성하는 데 중요한 역할을 한 제임스 뷰캐넌도 간과해서는 안 된다.

스코틀랜드 계몽주의 전통의 자유주의 경제학이 부활하는 데 중요한 역할을 한 인물은 누가 뭐라고 해도 오스트리아학파의 거장 하이에크다. 그는 지식의 한계라는 심오한 인식론과 자생적 질서이론으로 간섭주의와 사회주의를 막아내고 자유사회에 대한 이해를 돕는 데 중요한 역할을 했다.

오스트리아학파는 1989년 사회주의 몰락, 1970년대의 불황, 1930년대의 세계대공황, 2008년 세계 금융 위기, 일본의 잃어버린 20년 등에 대한 설득력 있는 설명을 제공한다. 1980년 미국의 레이건 대통령과 영국의 마가렛 대처 수상의 성공적인 개혁의 이론적, 철학적 뒷받침이 됐다는 점도 주지해야 한다.

그래서 오스트리아학파의 자유주의 경제학은 미래를 위한 경제학이라고 봐도 무방하다.

1

루트비히 폰 미제스

자유주의 경제학의 거성

Ludwig Edler von Mises

1881년 오스트리아 렘베르크 출생

1906년 빈대학 법학박사

1912년 『화폐 및 유통수단의 이론』 출간

1922년 『공동경제-사회주의 연구』 출간

1926년 오스트리아 경기변동연구소 설립

1934년 제네바 국제관계연구소 교수

1940년 뉴욕으로 망명

1945년 뉴욕대 방문교수

1949년 『인간 행동』 영문판 출간

1969년 뉴욕대 은퇴

1973년 타계

오스트리아 태생의 자유주의 경제학자 루트비히 폰 미제스가 중요하게 여긴 사회적 기본 가치는 사유재산과 자유 그리고 평화다. 이들 가치를 가장 잘 실현하는 것은 번영의 원천인 자유시장이다. 유럽과 미국에서 자유주의 선구자 역할을 했던 미제스의 평생에 걸친 과제는 사회와 경제를 바라보는 새로운 인식체계를 확립하는 것이었다.

주목을 끄는 것은 오스트리아학파의 전통을 이끈 미제스의 방법론이다. 그는 우리가 가격, 화폐, 시장, 법과 도덕, 관습 등을 진정으로 이해하고 싶다면 개인의 행동(개인주의)에서 출발해, 그런 경제 현상을 개인들끼리의 상호작용 결과로 설명해야 한다고 역설한다. 인간 행동은 자신의 목표(동기)와 지식(인지)을 통해 나타나는데, 그 행동목표와 지식은 개인 각자에게 있어 고유하다는 의미에서 주관적(주관주의)이라는 점도 강조했다. 그래서 인간을 다루는 경제학은 자연과학과 달라야 한다는 것이 그의 입장이다.

미제스는 수리계량적 방법을 믿지 말라고 충고한다. 통계자료는 복잡한 인간 행동 과정의 역사적 흔적일 뿐, 이는 미래지향적인 인간 행동과 시장과정을 설명하는 데 적합하지 않다는 이유에서다. 인간 행동을 결정하는 주관적인 기대는 말로도 표현할 수 없는 암묵적 지식으로 구성돼 있다. 케인스의 소비함수처럼 총계변수는 '행동하는 인간'을 시장에서 퇴출시키고 총합변수가 마치 행동하는 것처럼 꾸며서 시장경제를 다루기 때문에 거시경제학은 과학이 아니다. 절반의 주관주의로 일관하는 균형론의 미시분야도 쓸모없다.

사회주의자와 세기적 경제 계산 논쟁

미제스의 자유시장 비전도 흥미롭다. 시장경제는 정확하게, 그리고 적시에 분업적 경제를 조정하는 데 필요한 모든 정보와 유인을 산출한다. 그래서 시장사회는 자유와 문명의 불가분의 조건이다. 그것은 소비자 중심 사회라는 점도 주지할 필요가 있다. 생산의 최종 목적은 소비이기 때문이다. 어느 한 기업이 돈을 번 것은 그만큼 소비자들에게 봉사했다는 증거다. 동네 빵집이 어려워진 것은 대기업에 속한 빵집 때문이 아니라 대형 빵집을 찾는 소비자들 때문이다.

시장경제의 소비자 중심 원리를 이해하지 못하면 필연적으로 국가의 개입을 부르게 되는데 그 결과는 모두에게 불리하다는 것을 직시해야 한다. 이는 대기업 규제와 중소기업 보호를 특징으로 하는 '경제민주화'도 소비자 중심 원리에 저촉되고 그래서 위험하다는 의미다.

미제스는 국가의 특혜나 인허가 등 시장 진입을 가로막는 법적 장애물이 없다면 잠재적 경쟁의 존재 때문에 '독점'을 걱정할 필요가 없다고 말한다. 시장경제는 경제력 남용 문제를 스스로 해결할 수 있는 탁월한 능력이 있다. 그럼에도 정부가 대기업을 규제하면 이는 경쟁 보호가 아니라 경쟁적인 기업 활동의 발목을 잡는 경쟁 제한을 초래한다고 경고한다.

미제스의 이런 주장은 신(新)경제사가들이 미국의 독점금지 정책사를 분석해 입증했다. 미국은 1890년 셔먼의 독점금지법과 그 이후 다양한 입법으로 시장경제에 개입했지만 싼값으로 질 좋은 상품을 공급하는 경쟁적인 기업의 활동만을 억제하는 어리석음을 범했다는 것이 그들의 주장이다. 우리나라 공정거래법도 재고돼야 할 필요성이 있음을 말해준다.

미제스는 시장경제의 불평등에 대해서도 걱정할 필요가 없다고 말한다. 불평등은 과학기술과 노임 상승, 높은 생활수준을 보장하는 데 필수적인 자본축적에 도움이 되기 때문이다. 그는 시장경제가 빈익빈 부익부를 야기한다는 주장에 대해서도 강력히 반대한다. 시장경제의 변화와 역동성, 불확실성으로 계층 사이의 이동성이 강하게 작용하기 때문이다.

독보적 경기변동이론의 개발

미제스 사상은 개인주의와 주관주의를 기초로 해 통화이론, 자본론, 이자이론을 개발하고 이들을 통합하고 개척한 경기변동이론에서 빛을 발하고 있다. 그 핵심 내용은 경기변동이 순전히 화폐적 현상이고 이는 통화신용팽창으로 시장이자율이 낮아져 투자자들에게 잘못된 투자를 유도하여, 당장은 호황이지만 장기적으론 불황이 야기될 수밖에 없다는 것이다. 이런 상황에서 재정과 통화를 늘릴 경우 이는 정상 회복을 방해할 뿐이라고 말한다. 이는 일본의 잃어버린 20년의 장기불황을 설명해주는 미제스의 지혜다.

미제스의 경기변동이론은 1930년대 미국의 대공황을 잘 설명해준다. 케인스가 믿었던 것처럼 유효수요의 부족이나 마르크스주의가 희망한 것처럼 자본주의 위기의 탓이 아니었다. 밀턴 프리드먼의 주장처럼 단순히 돈을 줄인 탓도 아니었다. 미국 중앙은행이 1922년부터 지속적으로 통화를 늘려 인위적으로 만든 경제 붐이 불가피하게 터진 결과였다. 그 불경기가 전대미문의 대공황으로 이어진 것은 소득세 인상, 보호무역 그리고 각종 규제 때문이었다.

'노벨상을 수상할 단 한 명의 경제학자를 꼽으라면 단연 미제스라고 말할 수 있을 만큼 경제학 방법론에서부터 경제이론과 경제철학에 이르기까지 제대로 된 경제학의 발전을 위한 그의 선구자적 공헌은 지대했다. 균형이론의 미시, 수리와 통계, 그리고 거시경제학으로 척박한 경제지식계에 숨통을 터주는 그의 자유주의 경제학은 영원히 필요할 것이다.

타협 없는 자유주의자

미제스 사상은 사회주의, 케인스주의, 복지국가 등의 집단주의가 시대정신으로 인식되던 시기에 등장했다. 그는 사회주의를 가장 통렬하게 비판한 자유주의 경제학자 중 한 명이다. 사유재산이 인정되지 않기 때문에 손익계산에 필수적인 가격의 형성이 불가능하고 그래서 사회주의는 불가능하며 결국 망한다고 주장했다.

당시 미제스의 주장을 믿는 사람들은 소수였다. 슘페터는 순수한 논리로 보면 사회주의는 잘못이 없다고 말했다. 노벨경제학상 수상자였던 새뮤얼슨은 1989년 동유럽사회주의가 무너지기 몇 개월 전까지도 소련과 같은 사회도 번영할 수 있다고 주장했다. 군나르 뮈르달, 케네스 애로, 모리스 알레 등의 노벨 경제학상 수상자들도 사회주의를 그런 식으로 인정했다. 그러나 사회주의는 실패했다. 노벨상을 수상하지 못한 미제스의 말이 적중했다. 그럼에도 그들 중 누구도 자신의 오류에 대하여 사과하지 않았다.

미제스는 간섭주의도 유용한 체제가 아님을 분명히 했다. 시장에 대한 간섭은 예측하지 못했던 결과 때문에 또 다른 규제와 간섭을 불러온다고 지적했다. 간섭주의도 결국 사회주의로 가는 길이라는 것을 분명히 하면서 제3의 길과 같은 중도(中道)는 없다고 단언했다. 그의 주장이 타당했다는 것은 스웨덴과 독일의 복지국가 정책 실패가 입증한다.

안타깝게도 미제스는 그의 경제학에 대한 공헌에 비해 제대로 인정받지 못했다. 노벨상 수상자도 되지 못했고 심지어 주류학계는 그를 냉대했다. 수리와 통계가 경제학을 진정한 과학의 기초라는 믿음이 지배한 주류학계의 과학성을 부정했기 때문일 것이다.

미제스는 결코 시류에 영합하지 않았다. 오늘날 자유주의 이념이 살아있는 것은 그의 불굴의 투지 덕분이라고 해도 과언이 아니다. 그는 21세기에 다시 인정받고 있다.

미제스가 그리워지는 이유

침체된 경제를 살리기 위해서는 인플레이션을 무릅쓰고라도 돈을 풀어야 한다는 주장이 압도적이고 환경, 주택과 건강, 교육 문제에서 사회주의와 간섭주의가 지배하고 있는 현대사회에서 시류에 영합하는 중도가 아닌 미제스와 같은 원칙적 자유주의자가 더 절실해진 배경이기도 하다.

2008년 금융위기 이후 미국과 유럽 등에 만연하고 있는 세계적인 경제 침체에 직면해 국가주의 '망령'이 되살아났다. 자유와 개인주의의 적(敵)이 산재해 있는 이런 상황에서 분명한 세계관과 확고한 사회이론이 없으면 사회적 혼란은 필연이다. 여기에 큰 힘이 되는 것이 미제스의 사상이다.

함께 읽으면 좋은 책

『루드비히 폰 미제스』, 이몬 버틀러 지음 / 김이석 옮김, 자유기업원, 2000
『자유주의』, 루트비히 폰 미제스 지음 / 이지순 옮김, 자유기업원, 1998
『인간행동』, 루트비히 폰 미제스 지음 / 박종운 옮김, 지만지, 2013
『자유주의 사상가 12인의 위대한 생각』, 주용식 외 지음, 월간조선사, 2004

2

헨리 해즐릿
경제교육의 중요성을 설파하다

19세기 말 이후 기울기 시작하던 자유주의는 20세기 초반 들어 '몰락' 수준으로 떨어졌다. '개인의 자유', '시장경제', '작은정부' 등을 주장하면 시대의 낙오자로 낙인찍힐 정도였다. 그런 탓에 자유주의를 전공하는 경제학자는 물론이고 자유주의 저널리스트도 소수였다.

자유주의가 이처럼 위축된 상황에서 일관된 논리로 간섭주의의 오류를 지적하고 자유경제를 수호한 인물이 미국 저널리스트 겸 경제철학자인 헨리 해즐릿이다.

어려서 아버지를 여의고 어려운 가정형편에서 자란 그는 고등학교 졸업장밖에 없는 미숙련 근로자로, 저임금과 빈번한 해고 속에서 불안정한 생활을 해야 했다. 이런 어려움을 겪는 동안 청년 해즐릿은 새로운 기술과 능력을 습득하면 높은 노임과 안정된 일자리를 얻을 수 있다는 걸 확인했다. 탁월한 글쓰기 재주를 인정받았던 그는 저널리스트가 되기로 마음먹고 경제를 보는 관점을 확립할 필요성을 느꼈다. 그리고 인식론, 경제학, 철학, 윤리학 등을 두루 섭렵했다.

사회협력을 가능하게 하는 게 가격 구조

해즐릿은 자유주의가 위축된 게 이념 자체에 오류가 있어서가 아니라, 자유주의에 대한 오해와 이를 정치적으로 악용한 데서 비롯됐다고 판단했다. 그는 시장경제가 어떻게 작동하고 어떤 공공정책이 적합한가에 대한 담론을 일생의 과제로 여겼다.

주목할 부분은 개인이나 사회 번영을 위한 필수적 기초는 사회협력인데 이를 가능케 하는 가격의 역할에 대한 해즐릿의 설명이다. 사람들이 생산물이나 서비스의 구매와 판매를 통해 서로 협력하기 위해서는 장차 무엇을 할 것인가를 말해주는 지식이 필요한데, 이런 지식을 전달하는 게 가격이라는 것이다. 따라서 가격의 신호 기능을 이해하려면 노동비용에 의해 가격이 결정된다는 논리에서 벗어나야 한다고 목소리를 높였다. 가격 시스템의 역할로 시장경제는 정부 간섭 없이도 스스로 조절하고, 자생적으로 질서가 형성된다는 게 해즐릿의 논리다. 20세기 초 이래 정부 규제가 크게 늘어난 이유도 시장의 자생력을 이해하지 못한 탓이라고 안타까워했다.

이윤은 혁신이나 생산비 절감 등을 통해 달성된다는 해즐릿의 논리도 명쾌하다. 이윤은 가격을 올리거나 노임을 낮추는 등 소비자와 노동자를 착취한 결과라는 주장은 말도 안 되는 소리라고 꼬집는다. 기업의 이윤 추구야말로 노동자는 물론, 소비자의 후생을 증진시켜 사회 번영을 이끄는 원동력이라고 강조한다.

이윤 추구를 위한 경쟁은 독점을 야기하기에, 정부 개입이 필요하다는 주장도 배격한다. 공급자가 하나고 따라서 가격을 결정할 힘을 가지고 있다는 의미의 독점이라는 말은 적실성(適實性)이 없을 뿐만 아니라 이런 독점 개념을 기초로 한 미국의 반독점 정책은 자의적이고 경제자유를 제약해 결과적으로 기술 혁신과 경제적 번영을 저해할 뿐이라고 주장한다.

경제 번영을 가져오는 기술 개발은 실업을 야기한다며 자본주의를 비판한 일각의 논리에 대해선 경험적인 사례를 들어 맞받아쳤다. 1760년 영국에서 물레를 사용하는 방적공과 베 짜는 직공 7,900명에게 방적기를 제공했는데, 27년이 지난 1787년 면방업에 종사하는 노동자 수가 32만 명으로 크게 증가한 것을 어떻게 설명할 것이냐고 묻는다. 그러면서 그는 자본과 기계는 노동의 친구고 보편적 풍요를 가져오는 핵심 요소라고 주장한다.

해즐릿은 시장경제가 빈곤을 야기한다는 이유로 그 체제를 폄훼하고 재분배를 옹호하는 세력에 대해서도 재분배는 소득 창출을 위한 조건과 제도를 파괴한다는 논리로 응수했다. 빈곤 퇴치의 유일한 방법은 성장이라는 그의 성장철학이 돋보인다. 부의 증진은 우정, 동감, 소속감 등 도덕의 증진과 보존에도 기여한다는 주장도 참신하다.

단기적 공공정책의 장기적 효과는 치명적

해즐릿 사상의 백미는 눈에 보이는 효과에만 집착하고 눈에 보이지 않는 것은 무시하는 공공정책의 치명적 오류에 대한 인식이다. 금융 특혜나 가격 통제, 최소임금제 등과 같이 당장 눈에 보이는 공공정책은 단기적 효과는 좋을지 몰라도 장기적으로는 치명적인 결과를 가져온다고 지적했다. 눈에 보이는 효과에만 몰입하고 장기적인 효과를 무시하는 경제학자들도 치명적인 간섭주의의 책임에서 자유로울 수 없다고 그는 강조한다. 그런 경제학자는 선보다는 악을 산출한다는 게 해즐릿의 지적이다. 이들 때문에 균형예산 원칙, 금본위제 입법을 억제하는 장치 등 개인의 자유를 보호하기 위해 정부 권력을 제한하는 제도가 사라지게 됐다고 설명한다.

단기적 효과는 물론 장기적인 영향까지 고려하는 훌륭한 경제학자는 시장경제의 원칙을 철저히 지키는, 그래서 자유를 주창하고 제한된 정부를 주장할 수밖에 없다고 그는 강조했다. 자유, 정의, 번영이라는 세 가지 가치의 삼위일체를 구현한 것이 시장경제라는 게 해즐릿 사상의 결론이다.

저널리스트로서 경제교육에 영향

헨리 해즐릿은 '주관주의, 개인주의, 시장은 균형이 아니라 과정'이라는 등의 오스트리아학파 자유주의 철학을 재조명해 자유주의 사상을 확립했다. 그가 뛰어난 경제철학자로 평가받는 것도 이 때문이다.

해즐릿은 자유주의에 대한 오해를 불식시키고, 인류가 가야 할 길은 자유시장뿐이라고 설파했다. 그러나 루스벨트 뉴딜정책, 케인스 정책으로 미국의 정부지출은 급증했다. 존슨 대통령의 '위대한 사회'를 반영하는 복지국가 확대도 정부지출 증가로 이어졌다.

그럼에도 해즐릿은 인류문명을 파괴한다는 이유로 반(反)자유주의 이념과의 싸움을 멈추지 않았다. 그의 지론은 궁극적으로 승리하는 건 자유주

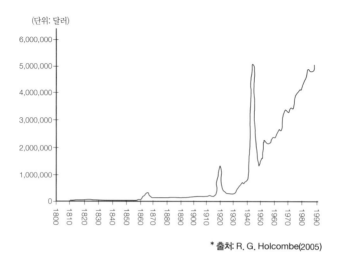

표 7-1 미국의 1인당 연방정부 지출 변화(1990년 불변 가격)

(단위: 달러)

* 출처: R. G. Holcombe(2005)

의 이념이고, 인간의 이성은 이런 이념을 발견할 능력이 있기 때문이라고 설명했다.

해즐릿은 저널리스트로서 대중에 자유주의 여론을 형성하는 데 큰 역할을 했다. 일반인들을 위해 복잡하고 어려운 주제를 쉽고 간명하게 설명해주는 역할, 즉 대중과 전문연구를 연결하는 가교 역할에 충실했던 인물이 해즐릿이다. 해즐릿은 19세기 프랑스의 자유주의자인 클로드 프레데릭 바스티아와 비유된다. 바스티아 역시 자유주의 철학을 이해하기 쉽게 풀어 대중에 충실히 전달한 인물로 유명하다. 그래서 해즐릿을 20세기 바스티아라고 부르기도 한다.

미제스의 사상을 미국에 확산하는 데 중요한 기여

20세기 자유주의의 거성 루트비히 폰 미제스의 사상은 일반인들이 이해하기 쉽지 않았다. 해즐릿은 이런 미제스의 사상을 쉽게 현실에 접목하는 역할을 훌륭하게 해냈다는 평가다. 프리드리히 하이에크의 명저 『노예의 길』이 미국에서 베스트셀러에 오르는 기회를 만들어 하이에크 자유주의 사상을 미국에 알리는 데 결정적인 역할을 한 인물도 그다.

해즐릿은 저축은 나쁘고 인플레를 통해 실업을 구제할 수 있다고 믿고, 필요하면 언제든 빚을 내서라도 정부지출을 늘려야 한다는 등 눈에 보이는 단기효과에 몰입하는 케인스주의를 비판적으로 분석하여 반케인스주의의 견고한 전선을 형성한 탁월한 경제철학자로 평가를 받고 있다. 로널드 레이건 전 미국 대통령도 1981년 보수주의자 모임에서 해즐릿은 자유주의 사상으로 미국 사회의 번영에 크게 기여했다고 공개적으로 칭송했다.

해즐릿은 1947년 하이에크와 함께 몽 펠르랭 소사이어티 창업에도 중요한 기여를 했다.

함께 읽으면 좋은 책

『케인스의 일반이론』, 존 메이너드 케인스 지음 / 류동민 옮김, 두리미디어, 2012
『노예의 길』, 프리드리히 A. 하이에크 지음, 김이석 옮김, 나남, 2006
『경제학의 교훈』, 헨리 해즐릿 지음 / 강기춘 옮김, 자유기업센터, 1999

3

로버트 노직

최소국가론의 철학적 창시자

Robert nozick

20세기는 정부가 재분배, 고용, 성장 등 국가의 목적을 위해 자의적으로 시장에 개입하던 시대였다. 지식인들은 '정부 간섭' 문제에 대해 철학적 차원에서 근본적인 해법을 찾기보다는 경제적 차원에서만 다루거나 공룡과 같은 거대정부를 정당화하는 데 주력했다.

이런 가운데 정부 개입의 정당성을 근원적으로 의심한 인물이 미국의 정치철학자 겸 정치경제학자인 로버트 노직이다. 러시아에서 이주한 유태계 사업가의 아들로 태어난 그는 '최소국가론'을 제시하여 잃어버린 개인 권리를 되찾는 데 결정적인 기여를 했다.

최소국가란 폭력과 사기, 기만으로부터 시민들을 보호하고 계약을 집행하는 과제만을 수행하는 자유방임 국가를 말한다. 이런 국가만이 도덕적으로 정당하다는 게 노직의 생각이다.

노직은 청년 시절 사회주의 학생단체를 결성하고 그 활동에 적극 가담한 사회주의자였다. 자유주의로 전향하게 된 계기는 친구와의 이념적 논쟁이었다. 자유주의에 심취했던 그 친구는 토론에서 항상 미제스와 하이에크를 거론하면서 논리를 전개했다. 독서광이었던 노직은 그 석학들의 문헌들을 지나칠 수 없었다. 이들 서적을 탐독하는 사이 어느덧 학문적으로 성장해 자유주의 철학자로서 하버드대 교수까지 되었다.

권리이론의 세 가지 요소 개발

노직의 자유주의 핵심은 권리이론이다. 이 이론은 크게 3개 부문으로 구성돼 있다. 첫 번째 요소는 인간은 목적 그 자체이지 수단이 아니라는 의미의 칸트적 존엄이다. 투자할 사업 분야를 선택하거나 삶의 목적을 설정하고 꾸려나갈 자유에 대한 개인적 권리는 그런 존엄에서 나온다는 게 노직의 주장이다.

두 번째 요소는 자기 소유권이다. 누구나 자신이 지닌 능력과 재주, 노동 등 자연적 자산에 대한 권리를 갖고 있다. 타인의 자유를 침해하지 않는 한 그런 자산을 자유롭게 사용할 권리가 있다는 것이다. 마지막 세 번째 요소는 사유재산권과 소득 및 재산에 대한 권리다. 이런 권리는 개인이 자신의 자산을 자유롭게 사용할 권리에서 나온다.

사유재산권이 없으면 개인의 생명과 자유에 대한 권리는 큰 의미가 없기 때문에 재산권은 자기소유의 권리와 자유권만큼 절대적이라는 게 노직의 입장이다. 그래서 자유와 생명, 사유재산에 대한 권리는 자유주의의 삼위일체다.

흔히 사유재산 제도와 자유경제는 경제적 번영을 가져다주는 핵심 요소이기에 소중하다고 일컬어진다. 관료의 고질적인 비효율, 그리고 빈곤과 실업, 환경오염과 같은 특정 문제 해결에서 정부의 빈약한 성과 때문에 국가 과제를 줄여야 한다는 주장도 이어진다.

노직은 자유경제의 중요성을 권리이론에 입각해 보다 근원적인 옹호논리를 편다. 시장경제와 작은정부가 소중한 것은 효율성 때문이라기보다는 그것이 자유, 재산, 생명에 대한 개인의 권리를 진지하게 존중하는 체제이기 때문이라는 게 그의 설명이다.

노직이 조세부담을 늘리는 것에 반대하는 것도 경제활동 의욕의 위축 등 경제적 이유가 아니라 국가목적을 위해 억지로 부역하는 강제노동과 같고, 그래서 자기소유의 권리를 심각하게 침해한다는 이유에서다. 현대 복지국가가 부도덕한 것도 비효율적이고 낭비적이기 때문만이 아니다. 시민들을 그와 같은 국가목적을 위한 수단으로 취급하여 국가의 노예로 만들기 때문이라는 것이 노직의 반대 논리다.

노직에게 도덕적으로 정당한 국가는 개인의 생명과 자유, 재산을 지키는 야경국가뿐이다. 그런 과제를 넘어서 교육, 사회보험, 복지 등 현대 정부가 수행하는 과제는 시민들의 자유권과 재산권의 침해만을 초래하기에 부도덕하고 그래서 교육과 사회보험은 자유시장에, 복지는 종교자선단체에 맡기는 게 타당하다고 주장한다.

최소국가이념의 비판자들은 분배정의를 위한 정부의 과제가 너무 적다고 불만이다. 그러나 시장에서 자생적으로 형성되는 소득 재산 분배를 정의롭다거나 정의롭지 못하다고 따지는 것은 옳지 않다고 노직은 주장한다. 시장에는 분배하는 사령탑이 없다는 이유에서다.

그럼에도 사회정의의 명분으로 시장의 분배 결과를 인위적으로 시정한다면 이는 개인의 권리들에 대한 심각한 침해를 야기한다는 노직의 주장에 주목할 필요가 있다.

최소국가론의 철학적 기반을 제공

최소국가에 대한 노직의 비전도 흥미롭다. 로직은 자유주의라고 해서 오로지 자본주의의 도덕적 품성으로만 살아야 하는 것은 아니라고 설명한다.

사회주의나 평등 원칙에 따라서 살기를 원하는 사람들은 자유로이 공동체를 구성해 그들끼리 소득을 재분배할 수 있다. 자선단체 같은 집단을 결성하여 이타적인 욕구도 충족할 수 있다. 그래서 최소국가는 경제적 번영은 물론 다양한 가치도 마찰 없이 추구할 수 있기에 사회적 평화도 가능하다는 것이 노직의 주장이다.

그러나 빈곤층 문제를 교회나 자선단체에만 의존해 해결하기 어렵다는 비판도 있다. 자유경쟁을 확보, 유지하기 위해서는 보호국가적 과제만으로는 부족하고 별도의 법과 제도가 필요하다는 지적도 있다.

노직의 자유주의 사상은 많은 쟁점을 남겨놓기는 했지만 권리이론을 개발하고 최소국가론을 개척하여 간섭주의의 근본적인 문제를 파헤치고 다양한 가치를 지닌 인간들이 어떻게 평화롭게 공존할 수 있는지를 보여줬다는 점에서 높은 평가를 받고 있다.

철학으로 훈련받은 노직은 하이에크로부터 매우 큰 영향을 받았다. 그들은 자유사회를 위해 똑같은 목소리를 내지만 구체적인 사상적 내용에서는 차이가 많다.

노직이 정립한 사상은 '권리이론'에 입각한 '합리주의적 자유주의'다. 이는 자생적으로 생겨나는 관습에 대한 경외감에서 이론을 전개하는 것이 아니라, 합리적으로 계획한 선험적인 사회질서로 현실 세계를 개혁하려는 것이다. 이는 존 로크의 전통이다.

'자유이론'에서 출발하는 하이에크는 그런 전통을 수용할 수 없다. 인간의 지적 능력은 극도로 제한돼 있기에 사회를 계획할 수 없기 때문이다. 그는 유익한 관행과 제도의 등장에 대한 인식에서 자생적 진화에 의존한다. 그래서 그의 이념은 '진화론적 자유주의'며, 이는 애덤 스미스의 전통이다.

표 7-2 이념 삼각형

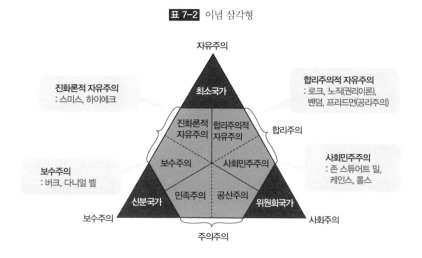

* 출처: 민경국(2007)

롤스와 세기적 대결

노직은 하버드대 동료 교수였던 롤스와의 '세기적인 대결'로 유명하다. 알다시피 롤스는 사회민주주의 철학자였다. 개인이 몸에 지닌 모든 자연적 자원은 개인의 소유일 수 없으니 공공자산이어야 하고, 이게 '없는 자'를 위한 것이라는 논리로 복지국가 모델의 이론적 기초를 제공했던 인물이다. 노직은 '가진 자'의 논리라는 비판에도 엄정한 논리로 롤스의 그런 사상을 거부했다. 개인의 능력과 재주가 모든 사람의 공동소유라면 개인이라는 존재는 의미가 없다는 이유에서다. 책임과 자율을 부정하는 논리는 우리의 도덕적 직관과도 맞지 않는다는 게 그의 설명이다.

노직은 미제스, 하이에크와 함께 20세기에 가장 큰 목소리로 인류의 번영을 위해 자유와 사유재산, 제한된 정부가 얼마나 소중한지 말해줬다. 정치적으로나 학문적으로 좌경화된 분위기를 급진적으로 변화시킨 것이 개인적 권리의 중요성을 설파한 노직의 사상이다.

레이거노믹스에 영향

1974년에 출간된 그의 걸작 『아나키에서 유토피아로』가 11개국 언어로 번역됐고 제2차 세계대전 이후 가장 영향력이 컸던 100대 저서 가운데 하나로 뽑혔던 것은 결코 우연이 아니다. 사유재산권과 시장경제를 옹호하는 주제가 철학계의 정상적인 연구 토픽으로 자리 잡게 된 것도 노직의 영향이다.

자유주의가 전대미문의 번영을 가져온 대처리즘과 레이거노믹스로 꽃을 피우게 된 데에도 노직의 영향을 빼놓을 수 없다는 게 일반적 평가다. 정치권에 조세부담에 대한 경각심을 갖게 한 것도 그의 사상의 강력한 힘이라는 주장도 있다. 그는 일찍 세상을 떠났지만 그의 사상의 권리 수호 역할은 아직까지도 계속되고 있다.

함께 읽으면 좋은 책

『자유주의 비판』, 김균 외 지음, 풀빛, 1996
『자유지상주의자들 자유주의자들 그리고 민주주의자들』, 김비환 지음, 성균 관대학교출판부, 2005
『아나키에서 유토피아로』, 로버트 노직 지음 / 남경희 옮김, 문학과지성사, 2000
『101명의 위대한 철학자』, 매슨 피리 지음 / 강준호 옮김, 서광사, 2011

4

머리 로스바드
'무정부적 자유시장론'의 개척자

Murray Rothbard

1926년 미국 뉴욕 출생

1956년 컬럼비아대 박사

1962년 『인간 경제 국가』 출간

1963년 브루클린 폴리테크닉 연구소 교수

1963년 『미국의 대공황』 출간

1973년 『새로운 자유를 찾아서』 출간

1982년 『자유의 윤리 출간』 출간

1985년 네바다대 교수

1995년 『애덤 스미스 이전의 경제사상과 고전파경제학』 출간

1995년 심장마비로 타계

폴란드 출신 화학자인 아버지와 러시아 출신 어머니의 이민 가정에서 태어난 미국 경제학자 머리 로스바드. 그는 자연권 이론을 기초로 해 정부의 존재 자체를 근본적으로 의심하고, 시장경제만이 인류에 자유와 풍요 그리고 평화를 보장하는 유일한 체제라는 주장을 편 대표적인 오스트리아학파 경제학자다. 자연권 이론은 인간 본성에서 자연의 법칙처럼 객관적이고 시공을 초월하는 보편적 권리를 도출할 수 있다고 믿는 사상이다.

본래 인간이란 생존하고 번창하기 위해 생각하고 배우고 평가하며 자신의 목적과 수단을 선택하는, 즉 '자유의지'를 가진 존재라는 것이 로스바드의 설명이다. 따라서 그런 존재에게 중요한 것은 생명, 자유, 재산에 대한 권리인데 이 자연권은 동서고금을 불문하고 존중해야 할 절대적 가치라는 것이다.

자유시장은 불가양도의 자연권을 구현

관심을 끄는 것은 로스바드의 시장관이다. 자유시장은 고유한 인성과 자연권을 구현한 것이기에 그 체제는 절대적이라고 한다. 자유시장이야말로 모든 사람들의 삶을 개선하는 상생의 질서라는 게 그의 인식이다. 가격과 각종 제도에 힘입어 스스로 질서가 생기는데, 시장경제가 혼란을 부추길 수 있다는 우려는 기우에 불과하다는 것이 로스바드의 생각이다.

진입 자유에 제한이 없는 자유경쟁은 상품 가격과 생산비용을 최소로 줄이고 품질은 최대로 개선할 수 있다는 점도 그의 중요한 경쟁옹호론이다.

자유시장의 작동 원리를 철두철미하게 신뢰했던 로스바드는 자유시장이 독점을 야기하기에 정부의 개입이 필요하다는 주장도 단호히 배격한다. 그의 반론의 핵심은 공급자가 하나고 그래서 가격을 결정할 힘을 가지고 있다는 의미의 독점이라는 말은 적실성(的實性)이 없으며, 독점가격과 경쟁가격을 구분할 그 어떤 기준도 있을 수 없다는 것이다. 그래서 진정한 독점이란 자유로운 시장 진입이 금지된 상황으로 파악해야 한다는 것이 로스바드의 생각이다.

로스바드가 주목하는 대표적인 독점은 경찰, 사법 서비스의 정부 독점이다. 정부 이외에는 누구도 경찰 같은 자기방어 시설을 가질 수 없고 또 개인들은 회사를 설립해 이 같은 서비스를 공급할 수 없다. 사설 재판소나 사설 경찰의 설립이 엄격히 금지돼 있기 때문이다. 정부는 입법부를 설치해 법도 독점적으로 생산한다. 통화 발행도 정부가 독점하고 있다.

로스바드는 정부의 그런 공권력 독점을 극도로 우려했다. 그것이 자유와 재산, 심지어 생명까지도 심각하게 위협한다는 이유에서다. 그는 모든 과세는 납세자의 재산을 빼앗는 행위라고 봤다. 세금을 통한 보조금은 비효율적인 사람을 위해 효율적인 사람을 처벌한다는 이유로 정부의 과세권 철회를 요구했다.

화폐 발행을 정부가 독점한 것도 문제다. 정부의 인위적인 금리조작으로 통화가 팽창하면 인플레이션과 경기변동이 필연적이라는 게 오스트리아학파에 입각한 로스바드의 설명이다.

1929년의 세계대공황도 정부의 통화팽창에서 비롯되었다고 주장한다. 정부의 통화정책이 몰고 오는 심각한 문제는 세계 경제를 불황 속에 빠뜨린 최근의 글로벌 금융위기에서도 확인됐다. 그래서 그는 화폐발행 독점권을 폐지하고 민간 차원의 금본위제도로 복귀해야 한다고 주장했다.

치안과 경찰 서비스도 시장을 통해서

치안과 경찰 비용이 상승하고 서비스의 품질도 열악하며 조세 부담만 늘어나는 이유도 경찰, 사법 서비스의 정부 독점 때문이라는 게 그의 진단이다. 법 생산의 독점도 문제다. 인·허가제, 보호무역, 보조금 제도 등에서 볼 수 있듯이 시장 진입의 자유를 억제해 독점을 야기하는 법의 생산도

입법의 독점에서 비롯됐다고 한다.

로스바드는 독점 문제의 해법을 자유시장에서 찾는다. 시장에 맡기면 재판을 담당하는 회사도 생겨나고 범인을 체포하거나 판결을 집행하는 등의 경찰 업무를 담당하는 경비회사도 생겨난다. 그런 회사들은 자유시장에서 경쟁적으로 사법, 보호 서비스를 판매하고 시민들은 자유로운 계약을 통해 서비스를 구매할 수 있다.

법도 '재판회사'들의 자유경쟁을 통해 자생적으로 형성되고 그런 경쟁의 결과는 양질의 재판과 법의 형성으로 이어진다는 게 로스바드의 상상이다. 이쯤에서 보면 로스바드의 세계에는 정부는 사라지고 시장만 남는다. '무정부 자본주의'다.

그러나 그의 사상은 문제가 없지 않다. 인성으로부터 객관적이고 시공을 초월한 도덕 원칙을 찾으려는 그의 자연법적 접근은 사회주의 '계획 사상'만큼이나 '치명적 자만'이라는 비판도 받는다.

정부가 없는 상황이 계속 유지될 수 있는지도 의문스럽다. 소련 해체 직후의 러시아와 월남전 직후의 베트남에서 볼 수 있듯이 정부가 없으면 마피아 집단이 등장한다. 정부의 등장은 필연적이라는 미국의 유명한 공공선택론자 홀콤의 주장에도 귀를 기울일 필요가 있다.

'자유의지'를 전제한 것도 문제로 지적된다. 자유의지는 신경과학이 보여주듯 존재하지도 않고, 독일의 경제학자 판베르크가 확인한 것처럼 설사 존재한다고 해도 그런 개인적 차원의 개념은 사회적 차원의 자유와 책임을 이해하는 데 도움이 될 수 없기 때문이다.

로스바드는 이런 비판의 여지를 남기긴 했지만 경제학, 철학, 역사학, 윤리학 등 학제를 융합하여 오스트리아학파 내 한 분파의 사상을 심화하고 확대해 정부에 대한 자유시장의 절대적 우월성을 잘 보여줬다는 평가를 받고 있다.

문제 해결 이론 아닌 세상을 보는 틀 구성

머리 로스바드는 특정 문제 해결에 필요한 이론 개발이 아니라 세상을 바라보는 기본 틀을 구성하려는 야심찬 학자였다. 그것이 그를 '시스템 빌더'라고 부르는 이유다. 경제사상사에서 그런 칭호로 불리는 인물은 애덤 스미스, 카를 마르크스, 존 스튜어트 밀, 프리드리히 하이에크, 루트비히 폰 미제스 등 극소수다.

로스바드는 마르크스주의의 대척점에 서 있다. 국가에 완전히 의존하는 마르크스주의의 대안으로 전적으로 시장에 의존하는 '무정부 자본주의론'을 제시했다. 마르크스는 사회와 경제 현상을 바라보는 인상적이고 통일된 사고의 틀을 제공했지만, 노동가치론부터 공황이론에 이르기까지 옳은 점이 하나도 없다는 게 로스바드의 평가다.

로스바드는 자연과 조화롭게 사는 원시인들의 삶을 동경한 낭만주의 시대의 희생자가 바로 마르크스라고 지적한다. 그런 사상은 유토피아적인 데 반해 자신의 무정부주의 사상은 현실적인 인성을 바탕으로 하기에 결코 유토피아적이지 않다는 주장이다.

그러나 적실성이 있는 인성을 적극적으로 규정하는 것은 불가하다는 비판적 합리주의자 포퍼의 주장을 무시해서는 안 된다. 로스바드는 교육 제도, 사회보장 등의 정부 독점은 비효율성과 낭비를 초래하고 선택의 자유를 침해한다는 이유로 자유시장에 맡길 것을 주장하는 점에서 하이에크, 밀턴 프리드먼의 작은정부론과 일치한다.

통화론자 프리드먼과도 논쟁

흥미로운 것은 1929년 대공황과 관련된 로스바드와 프리드먼의 대격돌이다. 프리드먼은 1963년 저서 『미국의 금융사』에서 1920년대 연방은행은 적절한 행동을 취했지만 1929~1932년에는 통화감축이라는 부적절한 행동으로 경제를 파괴했다고 주장한다. 그러나 로스바드는 같은 해에 펴낸 『미국의 대공황』에서 1920년대 내내 통화팽창으로 대공황의 씨앗이 싹트고 있었다고 진단하고 디플레이션 정책은 잘못된 투자를 정리하는 데 유익했다고 반론을 제기한다.

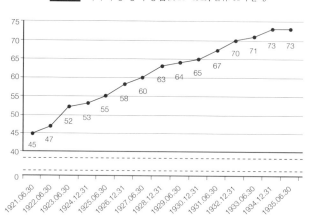

표 7-3 미국의 총 통화 공급(1921~1929, 단위: 10억 달러)

* 출처: Rothbard America's Great Depression(1963)

로스바드와 작은정부론 사이의 가장 큰 긴장은 정부의 강제력 행사와 관련된 부분이다. 작은정부론은 엄격한 규칙을 통해서 국가의 자의적인 강제력 행사를 막으려고 한다. 그러나 로스바드는 그 같은 해법을 반대한다. 모든 정부에는 규칙을 위반해 정부 권력이 무제한이 되는 내재적 경향이 존재한다는 이유에서다.

사법적 독점과 조세 권력이 주어지는 한, 정부 권력을 제한해 개인의 자유와 생명, 그리고 재산을 보호하는 것은 환상이라는 것이 로스바드의 설명이다.

함께 읽으면 좋은 책

『자유지상주의자들 자유주의자들 그리고 민주주의자들』, 김비환 지음, 성균
관대학교출판부, 2005
『개인주의적 아나키즘』, 김은석 지음, 우물이있는집, 2004
『인간 경제 국가 1, 2』, 머레이 N. 라스바드 지음 / 전용덕, 김이석 옮김, 나남,
2006
『촘스키, 세상의 물음에 답하다』, 노엄 촘스키 지음 / 이종인 옮김, 시대의창,
2013

5

이스라엘 커즈너
기업가 정신 이론의 개척자

Israel Kirzner

1930년 영국 런던 출생

1952년 브루클린대 졸업

1957년 뉴욕대 경제학 박사

1968년 뉴욕대 정교수

1973년 『경쟁과 기업가 정신』 출간

1979년 『인지, 기회 이윤: 기업가 정신론 연구』 출간

1985년 『발견과 자본주의 과정』 출간

1989년 『발견, 자본주의 그리고 분배정의』 출간

2001년 뉴욕대 은퇴

2006년 스웨덴 국제기업가 정신상 수상

기업가 정신 이론을 개발해 자유주의 경제학을 가장 훌륭하게 발전시킨 인물로 평가받는 이스라엘 커즈너는 유태계 가정에서 태어나 남아프리카와 영국에서 어린 시절을 보냈다. 그는 가족과 함께 미국으로 이주해 브루클린대를 졸업한 뒤 은행가가 되겠다는 생각에 뉴욕대 석사 과정에 진학했다.

커즈너는 미제스의 경제이론 강의에 등록했다. 당시 미제스는 하이에크와 함께 오스트리아학파를 이끄는 핵심 인물이었다. 강의 첫날 "시장은 과정이다"라는 미제스 말 한마디가 젊은 커즈너를 당혹스럽게 만들었다. 도대체 그 말이 무슨 뜻인지 알 수 없었기 때문이다.

커즈너는 그 말을 들은 후, 평생 은사가 될 미제스와 자주 만나면서 그의 심오한 경제사상에 빠져들었다. 은행가가 되겠다는 생각을 접고 미제스의 지도로 박사 과정을 거치면서 학문의 길로 들어섰다.

기업가 정신은 창조적 건설

커즈너의 머릿속에 각인된 것은 '기업가 정신'이라는 매력적인 키워드였다. 그는 기업가 정신론을 제대로만 개발하면 '왜 시장은 과정인가'라는 물음도 풀 수 있을 뿐만 아니라 시장현상에 대한 새로운 이해도 가능할 것이라는 확신을 가졌다. 그래서 그는 평생 동안 기업가 정신론을 개발, 자유시장의 매력적인 비전을 제시했다.

기업가 정신에 대한 커즈너의 핵심 사상은 기업가의 상상력과 창조성에서 나오는 '기민성'이다. 이는 불확실한 세상에서 새로운 이윤 기회를 포착하는 프로정신을 뜻한다. 새로운 상품과 새로운 생산 방법 등을 창출하는 혁신도 그와 같은 기업가 정신의 산물이다.

흥미로운 것은 그런 정신이 작동할 수 있는 경제적 환경이다. 완전한 지식을 가진 인간들의 확실한 세계를 표현하는 '균형'에서는 새로운 이윤기회도, 혁신도 있을 수 없다. 그래서 커즈너는 기업가 정신이 생명력을 갖는 세계는 사람들이 모르는 것이 많은, 그래서 불확실한 경제적 우주라고 주장한다. 그런 세계에서만이 불완전한 지식 때문에 충족되지 못한 소비자의 수요가 항상 있게 마련이고, 알려져 있지 않은 이윤 기회와 혁신거리가 계속 생겨난다는 이유에서다.

커즈너의 이 같은 사상에서 우리는 기업가의 독특한 사회적 역할을 볼 수 있다. 긴급한 수요자의 욕구를 찾아내고 이를 효과적으로 충족시킬 새로운 방법을 발견하는 것, 다시 말해 시장의 불균형을 균형으로 만드는 것이다. 이는 '창조적 건설'이다.

그러나 커즈너의 그런 생각은 기업가를 균형을 파괴하는 사람으로 취급하는, 그래서 '창조적 파괴'라고 말하는 슘페터와 다르다. 커즈너는 이윤 기회도 없는 균형에서는 기업가가 나올 수 없다는 이유로 슘페터의 주장을 수용하지 않는다. 자동차의 도입이 마차 산업을 파괴한 것이 아니라 폐물이 된 마차 산업에 지나치게 많은 자원이 배분된 시점, 즉 불균형인 때에 자동차가 도입되었다는 것이 커즈너의 해석이다.

기업가 이윤에 대한 그의 도덕적 정당성도 눈길을 끈다. 이윤은 위험부담에 대한 대가라는 주장을 부인한다. 위험은 생산과정의 일상적인 비용, 그 이상이 아니라는 이유에서다. 이윤을 불확실성에 대한 대가로 이해하는 것도 적합하지 않다. 그 대신에 그는 발견자(창조자)가 소유자여야 한다는 유명한 '발견의 소유자격론'을 개발했다. 이에 따르면 이윤은 발견의 대가다.

커즈너는 기업가 정신의 이해 없이는 경제발전도 파악할 수 없다고 주장한다. 성장과 일자리는 혁신을 위한 민간 부문의 숱한 시행과 착오의 과정에서 만들어진다. 아이패드, 인터넷 등의 발견은 모두 시장의 그와 같은 과정의 결과다.

주목할 것은 혁신의 원천이다. 어느 한 기업가의 혁신은 다른 기업가의 행동에서 나온다. 고속도로, 가솔린, 수리 시설 등의 시장이 없었으면 헨리 포드의 자동차 대량 생산은 불가능했을 것이다. 고든 무어가 마이크로프로세서를 고안함으로써 스티브 잡스는 개인용 컴퓨터를 조립할 수 있었다.

경제 번영은 기업가 정신의 자기증폭적 산물

이와 같이 기업가 정신은 더 많은 기업가 정신을 가능하게 하는 환경을 조성한다. 그래서 커즈너는 성장이 자기증폭의 과정이라고 설명한다. 기업가 정신과 경제 성장을 서로 연결시키는 것이 이윤 기회의 발견이라면, 기업가의 이윤이 높다는 것은 곧 기업가가 그만큼 경제 성장에 기여한다는 것을 의미한다. 기업가의 기민성은 끝없고, 성장의 잠재력도 한이 없다. 그래서 성장의 한계라는 말은 옳지 않다는 커즈너의 주장도 매력적이다.

기업가 정신의 제도적 서식지는 정치적 자유와 민주화가 아니라 경제자유라는 커즈너의 인식도 관심 대상이다. 조세, 정부규제, 재분배를 통한 정부 개입은 기업가 정신을 갉아먹고 기업가적 발견을 위축시킨다고 경고한다.

이와 같이 커즈너는 경제학계가 외면하던 기업가 정신 이론을 부활시켜 새로운 모양으로 개발했다. 더구나 그는 기업가 사상을 통해 비정통 경제학으로 취급받던 오스트리아학파의 경제학도 부활시켜 자유시장경제의 세계화에도 기여했다. 그를 기업가 정신 이론의 개척자라고 부르는 이유다.

시장균형론 대신에 과정론을 개발

이스라엘 커즈너는 지식의 주관성과 제한성, 그리고 지식의 오류 가능성이라는 오스트리아학파의 기본적인 철학에서 기업가 정신 이론을 도출해 시장과정론과 분배정의, 자유, 성장론을 체계화하고 있다.

그런데 시장경제의 본질이 기업가적 과정임에도 정통경제학에는 기업가가 빠져 있다. 주어진 여건에서 효용 극대화를 추구하는 인간을 전제하고 균형이론에 의존하는 스티글러, 베커 등 시카고학파의 경제학은 시장분석에서 기업가를 퇴출시키는 치명적인 우를 범했다는 것이 커즈너의 설명이다. 완전경쟁 모델에 대한 불만에서 독점, 과점, 독점적 경쟁 등이 고안됐지만 이것도 기업가 정신을 배제했고 그래서 '시장과정'을 이해하는 데 도움이 되지 않는다고 주장한다.

커즈너의 위대한 공로는 경제학에서 무시당한 기업가 정신을 찾아 이를 부활시켰다는 점이다. 그러나 그의 이론은 시장 과정의 궁극적인 지향점을 균형이라고 전제함으로써, 시장경제를 미래에 대해 폐쇄된 시스템으로 취급하고 말았다는 비판으로부터 자유롭지 못하다. 그럼에도 커즈너는 기존의 이론들이 범한 오류를 극복하고 있다. 미제스와 하이에크, 그리고 뷰캐넌의 사상은 이윤의 존재를 도덕적으로 정당화하는 독립적인 원천이 없다. 그들의 분배사상에는 도덕적 공백이 있다는 뜻이다. 이를 메운 것이 발견자가 소유해야 한다는 커즈너의 분배 정의다.

노동가치론에 따라 이윤의 존재를 부정하는 마르크스의 착취이론을 명쾌하게 부정한 것도 커즈너가 개발한 발견의 소유자격론이다. 특정한 재화의 생산이 장차 이익을 가져오리라는 기업가적 발견과 비전이 없으면 노동의 투입과 함께 그 재화의 생산이 불가능하다. 그래서 생산된 재화는 기업가에 속하고 그 재화에서 계약 노임을 뺀 이윤은 당연히 생산의 발견자인 기업가에게 속한다. 그래서 기업가 이윤은 착취의 결과가 아니라는 것이 커즈너의 설명이다.

기업가 이윤은 발견의 대가

흥미로운 것은 누구나 자기가 생산한 것을 가질 권리가 있다는 밀턴 프리드먼의 노동의 소유자격론도 마르크스의 착취이론과 같이 생산 그 자체의 발견을 간과하고 있다는 점이다. 자본주의 철학의 원조라고 여기는 영국의 정치철학자 존 로크의 재산권이론도 노동을 소유와 연결시킴으로써 기업가적 발견을 간과하고 있다

경제적 번영을 위한 기업가 정신의 중요성을 강조하는 커즈너의 경제사상은 학계는 물론 정치권에 막대한 영향을 미쳤다.

창업의 수, 시장규제 등으로 구성된 기업가 정신 지수를 연구해 발표하는 국제적 사례가 21세기 들어와 급진적으로 증가한 까닭도 그와 같은 중요성을 반영한 것이라고 볼 수 있다. 커즈너는 2006년 스웨덴 정부가 수여하는 국제기업가 정신 연구상을 받기도 했다.

함께 읽으면 좋은 책

『기업가 정신과 국가 경쟁력』, 노부호 지음, 서강대학교출판부, 2005
『시장경제의 법과 질서』, 민경국 지음, 자유기업센터, 1997
『이병철의 기업가 정신』, 야지마 긴지 지음 / 이정환 옮김, W미디어, 2010
『자본주의 이념의 경제학적 재조명』, 권영훈 외 지음, 정신문화연구원, 1988
『경쟁과 기업가 정신』, 이스라엘 커즈너 지음 / 이성순 옮김, 자유기업센터, 1998

6

제임스 뷰캐넌
정부실패론을 주창하다

James McGill Buchanan

1919년 미국 테네시주 출생

1937년 테네시 주립교육대 졸업

1948년 시카고대 경제학박사 학위취득

1951년 플로리다 주립대 교수

1956년 버지니아대 경제학 교수

1962년 『합의의 계산』 출간

1974년 『자유의 한계』 출간

1983년 조지메이슨대 교수

1985년 『규칙의 존재 이유』 출간

1986년 노벨경제학상 수상

2013년 타계

케인스를 비롯한 주류경제학과 사회주의 등 모든 간섭주의 경제학은 시장이 실패할 수밖에 없으며 또한 탐욕적이라고 묘사한다. 반면 정치는 공공심에서 국민 행복(사회적 후생함수)을 위해 행동한다고 말한다. 따라서 정부 역할을 더욱 더 강화해야 인류가 '시장 실패'를 극복하고 번영을 누릴 수 있다고 주장한다.

가난한 미국 남부 출신이라는 이유로 법적 차별을 겪어야 했고 기득권자의 독단적인 지배에 대한 혐오감을 안고 성장한 제임스 뷰캐넌은 인간 행동의 그와 같은 비대칭적 시각을 결코 받아들일 수 없었다. 시카고대학의 프랭크 나이트(순수이론 경제학의 수립자이자 자유시장경제를 주창한 시카고학파 창시자 중 한 명)로부터 학문적 자신감을 키운 그는 '시장 실패'보다 훨씬 더 무서운 것이 '정치 실패'라고 주장하며 간섭주의 경제학을 흔들어댔다.

공공선택론의 창시자

간섭주의 경제학이 얼마나 치명적인 오류를 범하고 있는가를 또렷이 보여주는 것은 잘 알려진 로마황제의 우화다. 내용은 이렇다. 두 가수는 서로 자기가 노래를 잘 부른다고 다투다가 황제의 심판을 받기로 했다. 첫 번째 가수가 먼저 노래를 불렀다. 그가 노래를 끝내자마자 황제는 두 번째 가수의 노래를 들어보지도 않고 두 번째 가수에게 상을 줬다. 첫 번째 가수가 황제의 음악적 눈높이에 미달했기 때문이었다. 그러나 사실 두 번째 가수는 음치에 가까운 사람이었다.

이 우화에서 첫 번째 가수는 자유로운 시장 과정이고 두 번째 가수는 민주주의나 관료와 같은 정치 과정이다. 뷰캐넌이 이 우화를 통해 간섭주의 경제학자들에게 말하고자 한 것은 정치 현실을 냉철하게 바라보고, 더 이상 황제의 우(愚)를 범하지 말라는 것이다.

뷰캐넌은 예산을 짜고 나라 돈을 쓰고 법을 만드는 정부 관료는 공공의 이익이 아니라 소득과 권력, 명예 등과 같은 이기심에 근거해 행동한다는 점에서 시장 참여자와 결코 다를 바가 없다고 지적한다. 그럼에도 불구하고 정부를 믿고 따라야 한다고 주장하는 간섭주의 경제학은 '얼빠진 학문'이라고 질타한다.

뷰캐넌은 인간이 현실적인 이기심을 밑바닥에 깔고 행동한다는 점을 전제로, 민주주의, 관료, 다수결, 재정, 정당제도, 입법 등을 분석 대상으로 한 '공공선택론'의 혁명적인 패러다임을 개발하고 발전시켰다.

표를 먹고사는 정치에서 적자 예산은 필연적

흥미로운 것은 그의 재정적자론이다. 인간은 원래 쾌락을 좋아하고 고통을 싫어한다. 그래서 국민은 정부가 지출을 늘리거나 세금을 줄이면 싱글벙글 웃고, 그렇지 않으면 투정을 부린다. 유권자의 인기와 선택이 핵심 키워드인 정치에서 적자예산은 그래서 필연적이다. 흥미롭게도 뷰캐넌은 케인스와는 정반대로 부채의 부담은 전적으로 후세대가 짊어진다는 점을 분명히 했다. 미래 세대는 태어나지 않았으니 적자예산에 대해 반대 투표도 할 수 없다.

정부는 미래의 인플레이션을 무릅쓰고라도 당장 유권자들의 인기를 끌수 있다면 돈을 기꺼이 푼다. 입법부는 보편적인 법보다는 목소리가 크거나 권력이 큰 집단에 유리한 특혜적 입법과 차별적 제도를 생산한다. 흥미로운 것은 정치가들은 그런 정책들이 나쁘다는 것을 뻔히 알면서도 그렇게한다는 점이다.

시민들은 정치가들의 그런 행동을 위선이라고 비난한다. 정치에 대한 실망과 불신도 크다. 정치를 냉소적으로 바라보기도 한다. 그러나 뷰캐넌은 정치인들의 사람 됨됨이를 보지 말고 나쁜 행동을 유도하는 정치 제도를 직시하라고 충고한다. 정치인이 위선적으로 행동하는 이유는 성품이 나빠

서가 아니라 정치 제도가 잘못돼 있기 때문이라는 것이다. 그는 일본, 미국, 독일 등 주요 국가들이 만성적인 재정적자에 시달리는 이유도 민주정치 제도의 문제점 때문이라고 강조한다. '적자 속의 민주주의'라는 그의 유명한 말은 그렇게 생겨났다.

뷰캐넌이 주목한 것은 이 같은 정치 실패(민주주의 실패)의 근본적인 원인과 해법이다. 그는 헌법을 인식 대상으로 하는 '헌법경제학'을 창시해 발전시켰다. 그 핵심 논리는 헌법이 잘못돼 있으면 정치 체제도 왜곡돼 나쁜 법이 제정된다는 것이다.

뷰캐넌이 개탄하는 것은 현대사회 모든 국가의 헌법에는 정부의 자의적인 권력 행사를 효과적으로 제한하는 장치가 없다는 점이다. 그래서 '원칙의 정치' 대신 정치적 이해관계에 따라 예산을 운영하고 돈도 풀고 법도 마구 만들어낸다는 것이다. 이런 관점에서 본다면 2008년 미국발(發) 금융위기도 정부의 방만한 통화정책을 효과적으로 억제할 헌법적 장치가 없었기 때문에 야기됐다고 할 수 있다. 따라서 이는 '헌법 실패'이지 자본주의 탓은 아니다.

오늘날 한국 사회가 겪고 있는 정치에 대한 시민들의 불신과 실망도, 1987년 제6공화국 출범을 앞두고 만들어진 '87년 체제(헌법 제119조 2항의 '경제민주화' 등 민중민주주의적 요소가 가미된 9차 개헌헌법 체제)'의 거대한 실패가 아닐 수 없다.

기존의 헌법을 바꾸지 않는 한, 선거를 통해 통치자를 바꾼다고 문제가 해결되지 않는다. 그래서 뷰캐넌은 현대사회에 헌법 혁명을 촉구했다. 이 혁명이 없으면 만인의 만인에 대한 투쟁 상태가 도래한다고 경고했다. 이를 예방하기 위해 그가 찾는 것은 정부의 자의적인 권력 행사를 억제해 자유와 번영을 가능하게 하는 '자유의 헌법'이다. 이것이 그의 학문적 여정의 최고 절정이요, 인류 번영을 위한 공헌이다.

'정치 실패' 개념으로 정부의 간섭을 비판

뷰캐넌의 사상은 시장 실패를 이유로 정부의 시장 개입이 왕성하던 20세기 중반 이후의 산물이다. 케인스와 주류 경제학의 영감을 받은 사람들은 정부의 개입이 초래할 위험에 대해 아무런 경고도 하지 않았다.

그러나 의회는 법이라고 볼 수도 없는 법을 마구 만들었다. 세금을 걷어서 특정인이나 특정 집단에게 나눠줬다. 재정적자는 늘어만 갔다. 그 결과 개인의 자유는 유린됐고 기업 투자는 위축돼 실업과 경제침체가 만연했다.

뷰캐넌은 이 같은 상황을 '헌법적 혼란(constitutional chaos)으로 인한 만인에 대한 만인의 투쟁 상태'로 규정했다. 그의 헌법사상은 20세기 중반 이래 서구사회에 만연했던 그와 같은 상황을 극복하고 자유와 번영을 가능하게 하는 정치 제도와 헌법을 찾는 과정에서 형성된 것이다.

그는 그런 공로로 1986년 노벨경제학상을 수상했다. 뷰캐넌은 쉽게 잊혀진 수상자가 아니라 위대한 수상자임에 틀림없다. 그는 새뮤얼슨 등과는 달리, 문제의 해결에 초점을 맞추기보다 경제와 정치를 보는 근본적인 인식체계를 새로이 세우려는 '시스템 빌더'였기 때문이다.

그럼에도 주류 경제학자들은 무명의 시골 대학 출신인 그가 노벨상을 수상하는 것을 보고 자기도 수상 자격이 있다며 비아냥거렸다. 그들은 뷰캐넌의 공공선택론과 헌법경제학조차 비웃었다. 그러나 그는 공공선택학파를 형성해 반대론에 대응했다.

가난한 농촌에서 태어나 입지전적인 이력을 만든 뷰캐넌은 복잡한 계량과 수리를 동원하는 주류경제학의 접근 방식은 재정확대나 적자 그리고 규제 증가만을 야기할 뿐 아무런 쓸모없는 지적 유희(遊戲)라고 맞섰다. 주류 경제학은 수리를 통해 정부가 어떤 방식으로 과세하는 것이 효율적인 자원 배분을 가져다주고 소득 분배의 형평성을 보장하느냐와 같은 주제를 다루고 있었다.

스웨덴의 친시장 헌법 개정에 영향

뷰캐넌은 국가권력을 제한하기 위한 다양한 헌법 규칙을 제안했다. 방만한 통화정책을 억제하기 위해 통화준칙주의를 헌법에 도입할 것을 제안했다. 또 국가의 조세 권력을 제한하기 위한 단일세율제도, 그리고 세율, 정부지출, 예산적자 등의 한도를 정한 헌법규칙, 차별적인 입법을 금지하기 위한 법치주의를 헌법에 도입할 것을 강력히 요구했다.

스위스가 헌법에 세율인상 한계와 지출한도를 정한 것, 독일이 최근 헌법 개정을 통하여 적자예산의 한계와 경쟁적 연방주의를 도입한 것 등 모두가 국가권력의 남용을 막아서 개인의 자유와 재산권을 보호하기 위한 뷰캐넌의 사상의 힘이다.

함께 읽으면 좋은 책

『헌법적 질서의 경제학과 윤리학』, 제임스 뷰캐넌 지음 / 공병호 외 옮김, 자유기업센터, 1997
『윤리와 경제진보』, 제임스 뷰캐넌 지음 / 이필우 옮김, 자유기업센터, 1997
『지식의 탄생』, 카렌 일제 호른 지음 / 안기순 외 옮김, 와이스베리, 2012

7

발터 오이켄

질서자유주의의 창시자

Walter Eucken

1891년 독일 예나 출생

1913년 본대학에서 박사학위 취득

1923년 논문 「독일 통화문제에 대한 비판적 고찰」 발표

1927년 프라이브르크대 교수

1931년 독일자유경제정책 연합회 결성

1934년 「자본이론의 연구」 발표

1940년 『국민경제학의 기초』 출간

1948년 에르하르트 정부 경제자문위원회

1950년 심장마비로 타계

1952년 유고집 『경제정책 원리』 출간

발터 오이켄은 아버지가 노벨문학상을 받은 철학교수였고, 어머니가 화가였던 독실한 기독교 가정에서 태어났다. 그는 개방적이고 문화와 예술에 관심이 많은 집안에서 성장했다. 예나대학과 본대학에서 경제학을 전공한 그는 가정에서 다양한 일반교양을 습득했다. 이것이 장차 교수로서 용기와 책임의식이 강한 인물이 되는 데 결정적 영향을 미쳤다.

오이켄이 살았던 시기는 두 차례의 세계대전을 비롯해 동유럽과 옛 소련의 사회주의, 독일의 나치즘, 마오쩌둥의 공산주의 등으로 점철된 인류 역사상 가장 잔혹한 시기였다. 대학의 지식층은 독재자와 전체주의 시류에 영합하는 등 도덕적 파산이 만연했다. 18~19세기 습득했던 자유 유산은 남아 있는 게 없었다. 이런 상황에서 그는 조만간 망할 것이 틀림없는 나치 정권 이후 독일이 지향해야 할 경제질서를 새로 창안했다. 이것이 독일 번영을 상징하는 '라인강의 기적'의 이론적 토대가 된 '질서자유주의'다.

자유의 제한 때문에 빈곤과 사회 문제 야기

오이켄이 추구하는 핵심 가치는 자유다. 이는 어떤 것과도 바꿀 수 없는 최고의 가치다. 자유 없이는 인간의 존엄성도 존재할 수 없다. 인간은 수단이 아니라 목적 그 자체라는 칸트의 절대윤리와도 상통한다. 오이켄은 전체주의의 폭정으로 잃어버린 자유에 대한 독일인들의 갈망을 대변했다.

흥미로운 것은 시장경제와 정부정책에 대한 비전이다. 그에게 자본주의는 자유와 번영의 원천이다. 자유기업 없이는 혁신도 없고 다양한 인간 행동의 조정도 가능하지 않다. 시장경제는 가격 변화를 통해 경제적 상황 변동을 면밀하고 지속적으로 기록해 경제의 모든 부문들을 서로 조정하는 중요한 수단이다.

오이켄은 빈곤과 부의 격차는 자유를 제약하는 요인 때문에 생겨난다고 믿었다. 그런 요인을 제거해 경제자유를 확립하는 것이 빈곤을 해결하고 빈부의 격차를 줄이는 지름길이라고 역설했다. 자유가 많을수록 빈곤층도 줄어들고 소득도 높아진다고 확신했다. 시장경제와 경쟁만이 정치적 권력이든, 사적 권력이든 권력을 분산시키고 권력을 억제하는 불가피한 장치라는 것도 강조한다. 이런 시장경제 비전은 집단주의와 역사학파가 지배하고 있던 독일에서는 혁명적 발상이었다.

오이켄은 여기에서 끝나지 않고 '질서정책'이라는 아주 새로운 정책 비전을 제시한다. 그것은 시장참여자들이 자유로이 활동할 수 있는 법적 틀(질서)을 마련하는 정책을 의미한다. 이는 사적소유, 책임, 계약의 자유, 열린 시장, 건전한 통화 등 '시장경제 원칙'에 따르는 정책이다. 이런 정책을 통한 법질서가 뒷받침될 때 비로소 시장경제가 자유와 번영을 보장한다. 질서정책과 엄격히 구분되는 '과정정책'은 정부가 복지, 투자, 분배, 고용 등과 같은 국가의 특정한 목표를 위해 사안별로 시장 과정에 개입해 자유를 침해하는 간섭주의다. 오이켄은 그런 간섭은 빈곤과 실업이라는 치명적 결과를 초래한다고 경고한다.

흥미로운 것은 오이켄의 역사관이다. 19세기 이래 자본주의는 봉건시대의 억압적인 신분사회로부터 해방시켜 개인의 삶을 개선했고 삶의 기회도 확대했다. 그러나 그는 자본주의에는 결함이 있다고 지적한다. 독점과 담합의 형태로 사적 권력이 등장해 이것이 자유를 억압하고 소득과 부의 분배 격차를 심화시켰다는 것이다. 주목을 끄는 것은 사적 권력의 생성 원인이다. 오이켄은 사적 권력의 형성을 법적으로 인정하거나 지원한 정부의 잘못도 컸지만, 정부의 개입이 없었다고 해도 경쟁을 제한하는 독점과 담합이 필연적이라고 설명한다. 시장경제는 정부의 도움 없이는 자생적으로 자유경쟁이 확립될 수 없고 그래서 경쟁질서의 확립은 국가의 중요한 과제여야 한다고 강조한다. 그러나 다행스럽게도 그는 정부의 필요한 규제는 엄격히 소극적이고 사후적이어야 한다는 점을 잊지 않았다.

국가 권력만큼 사적 권력도 위험

어쨌든 그의 질서자유주의는 별도의 독점 금지 정책이 필요하지 않다고 강조하는 고전적 자유주의와 다르다. 고전적 자유주의는 독점과 담합의 문제는 지속적인 국가의 시장 개입에서 야기된 산물이라고 말하면서 기업의 시장 진입에 법적 장애물이 없으면 사적 권력은 문제될 게 없다고 말한다. 흥미롭게도 신(新) 경제사학의 인식 결과도 고전적 자유주의의 손을 들어주고 있다. 경쟁을 촉진하고 소비자를 보호한다는 이유로 도입한 대기업 규제는 자유경쟁을 보호하는 것이 아니라 경쟁적인 기업 활동의 발목을 잡는다는 것이다.

오이켄이 정부를 바라보는 관점도 흥미롭다. 그는 '강하고', '제한된' 정부를 강조한다. 한편으로 정부는 사적 권력의 남용으로부터 자유경쟁을 보호할 의무가 있다. 이를 이행하기 위해서는 이익단체의 요구를 물리칠 만큼 정부가 강해야 한다.

다른 한편으로 정부는 개인과 기업의 자유를 위협하기 때문에 권력을 남용하지 못하도록 제한해야 한다. 이를 인식한 오이켄은 시장경제 원칙으로 정부의 행동을 구속해야 한다고 강조한다. 정부가 그 원칙에서 벗어나 정치적 이해에 따라 사안별로 개입하면 정부는 지대추구의 먹잇감이 돼 그의 권위와 신뢰를 잃고 이익단체의 노리개가 된다고 경고했다.

이 같은 오이켄의 경제사상은 독일에서 당시 무시됐던 이론의 중요성을 부각시켰을 뿐만 아니라 자유와 질서의 중요성을 강조하는 자유주의 경제학의 선구자 역할을 했다.

사회주의는 자유를 박탈

발터 오이켄이 살던 시기는 정치적으로 집단주의가, 인식론적으로는 역사주의, 실증주의가 지배하던 시절이었다. 그가 대안으로 세상에 내놓은 것이 질서자유주의다. 그는 독일이 직면하고 있던 갖가지 경제 문제를 진단하고 처방할 수 없는 역사주의의 무능함을 개탄했다. 그래서 그는 역사학파와 결별하고 시장이론의 중요성을 인식한 나머지 이론 개발에 진력했다. 오이켄은 독일 사회가 나아갈 이념적 방향을 제시하지 못하고 우왕좌왕하는 실증주의를 인정하지 않았다.

거대담론가였던 오이켄은 1940년대 초부터 독일 사회가 나아갈 길을 이론적, 정책적으로 모색했다. 그는 비밀리에 교수 및 대학원생들과 함께 법과 경제 그리고 질서사상과 관련해 정기적으로 세미나를 열었다. 이 세미나 소식이 암암리에 알려지자 독일 전 지역에서 참석자들이 몰려왔다. 그러나 나치즘 비밀경찰의 수색과 압수, 감금 등으로 세미나는 지속되지 못했다.

나치즘이 끝나자 초미의 관심은 독일 사회가 가야 할 방향에 대한 문제였다. 정치권과 사회 전체가 분열돼 방황했다. 독일 사회가 갈 방향이라는 것을 분명하게 제시한 오이켄의 질서사상은 독일 사회의 혼란을 막는 데 결정적인 역할을 했다. 그는 '프라이부르크학파'를 조직해 독일 경제를 친자유시장으로 개조하기 위한 운동의 전방에 서서 진두지휘하기도 했다.

라인강 기적의 이론적 토대

다행스럽게도 당시 자유주의자였던 루트비히 에르하르트가 경제장관이 됐고, 오이켄은 그의 자문위원이 돼 독일 개혁에 착수했다. 통화 개혁과 중앙은행의 독립, 가격규제 철폐 등에서 그의 이상을 성공적으로 추진했다.

그러나 그는 1950년 호텔 방에서 갑작스러운 심장마비로 너무 일찍 세상을 떠났다. 자유주의의 구심점을 잃은 것이다. 애석한 것은 독일 경제가 그의 사상을 기반으로 해 전대미문의 번영을 누렸음에도 그가 이를 보지 못했다는 점이다.

그의 사상은 오늘날 독일 자유주의 경제학의 구심점이 돼 생생히 살아 있다. 그것은 제도적 틀에 정책의 초점을 맞추는 질서 정책의 르네상스를 열었다. 그리고 그것은 독일 고유한 경제학으로서 프라이부르크학파의 '질서경제학'으로 발전해 시카고학파나 오스트리아학파와 경쟁하고 있다.

함께 읽으면 좋은 책

『자유주의와 시장경제』, 민경국 지음, 위즈비즈, 2003
『경제정책의 원리』, 발터 오이켄 지음 / 안병직 외 옮김, 민음사, 1996
『경제학의 거장들 2』, 요아힘 슈타르바티 외 지음 / 정진상 외 옮김, 한길사, 2010
『자유주의 사상가 12인의 위대한 생각』, 주용식 외 지음, 월간조선사, 2004

8

프리드리히 하이에크

자생적 질서 이론의 개척자

Friedrich August von Hayek

1899년 오스트리아 빈 출생

1922년 빈대학 경제학박사 학위취득

1931~51년 런던대 교수

1944년 『노예의 길』 출간

1950년 시카고대 초빙교수

1960년 『자유의 구조』 출간

1962년 프라이브르크대 교수

1974년 노벨경제학상 수상

1978년 프라이브르크대 초빙교수

1988년 『치명적 자만』 출간

1992년 독일 프라이브르크에서 타계

영국 경제주간지 「이코노미스트」가 '20세기 가장 위대한 자유의 대변인'이라고 칭송한 프리드리히 하이에크는 1차 세계대전에 참전한 뒤 오스트리아 빈대학 법학부에 입학했다. 빈대학은 커리큘럼이 자유로워 법학은 물론 경제학, 심리학 등 다양한 분야를 두루 공부할 수 있었고, 박사과정에서 경제학을 전공했다.

사회철학의 출발점은 인간 이성의 한계

청소년기에는 심정적 사회주의자였지만 은사인 루트비히 폰 미제스를 통해 확고한 자유주의자가 된 하이에크는 경기변동이론부터 공부하기 시작했다. 경기불황은 신용의 과잉팽창으로 야기된 인위적 붐의 불가피한 현상이며 왜곡된 생산구조가 정상화되기 위해 필연적으로 통과해야 할 과정인데, 이때 불황의 해법으로 정부지출이나 통화를 늘리면 그 과정이 치명적으로 방해받는다는 오스트리아학파의 이론을 제시했다. 이 이론에 공감한 런던대는 1931년 '케인스의 물결(정부가 경제에 적극 개입해야 한다는 이론)'을 막기 위해 하이에크를 불렀다.

그러나 하이에크에게는 순수경제이론 연구가 마지막이었다. 좁은 경제학으로는 이념 전쟁에서 자본주의를 수호하는 데 불충분했다. 그의 경제학은 심리학, 철학, 법학, 윤리학 등 학제융합적으로 발전했다. 그래서 심오하고 원대하다.

하이에크가 우리에게 준 자유주의 유산은 '세상을 보는 방식'이다. 이는 광범위한 이론적, 철학적, 공공정책적 귀결을 내포하고 있다. 우선 경제 문제는 희소한 자원 배분이 아니라 '지식의 문제'로 봐야 한다는 것이다. 인간들이 서로 분업하고 협력하고 교환할 수 있으려면 서로에 관한 지식을 가져야 하는데 그런 지식은 극히 제한돼 있다. 인간의 두뇌로는 접근이 불가능한 거시 세계로까지 분업과 협력을 확대하려면 우리의 능력을 초월하는 지식 소통 과정이 있어야 한다. 그게 바로 시장사회만이 가능한 가격구조이며 시장은 거대한 소통체계라는 것이다.

하이에크는 법, 도덕, 관습, 자유 등의 존재 의미도 지식의 문제를 경감시키는 역할에서 찾고 있다. 전지전능한 정부가 존재한다면 자유도 필요 없고 시장과 사유재산 제도, 법이나 도덕 규칙도 필요 없다. 계획 경제와 시장 통제는 실패할 수밖에 없고, 실패의 결과가 치명적인 이유는 시장경제가 아니고는 해결할 수 없는 지식의 문제 때문이다.

이로써 하이에크는 정부에게는 부와 번영을 창출할 지적 능력이 없다는 것을 분명히 하면서, 정부는 개인과 기업의 경제활동을 가로막는 규제를 풀고 작은정부를 추구해야 한다고 강조했다.

자생적 질서 이론을 확립

1950~1960년대에 '문화진화'를 연구한 하이에크가 우리에게 준 유산은 시장사회에 대한 '자생적 질서(spontaneous order)'의 시각이다. 그는 언어나 관습처럼 시장경제 속성은 자생적 질서라는 것과 시장을 인간이 계획해 의도적으로 만든 질서로 보는 버릇을 버려야 한다는 것을 강조했다.

시장에 질서를 잡는 실체가 없어도 스스로 질서가 생겨나고 유지되는 것은 개개인들의 행동들이 서로 조정되는 과정과 그들의 잘못된 행동이 처벌받는 통제 과정이 작동하기 때문이다. 그런 과정은 새로운 지식이 창출되고, 성공적인 것이 확산되는 등 정부가 할 수 없는 풍요와 부를 창출하는 과정이다. 이로써 하이에크는 정부가 아닌 시장이 경제를 구한다는 것을, 시장은 빈곤, 실업, 불황이나 저성장의 문제를 스스로 해결하는 자생적 질서라는 것을, 따라서 풍요의 원천은 정부가 아니라 사유재산권과 경제자유라는 것을 또렷하게 보여줬다.

그럼에도 시장의 자생적 질서에 정부가 개입하면 스태그플레이션을 만들어낼 뿐이라고 경고하면서 빈곤, 실업, 저성장 등 오늘날 우리가 목격하는 경제 문제, 심지어 1930년대 대공황까지도 정부 개입의 탓이라는 것을 보여줬다.

따라서 하이에크의 사상에서 국가가 할 일은 많지 않다. 국가는 '자유의 법'을 통해서 사적재산권과 경제자유를 보호하는 법치주의, 그리고 엄격한 '선별적 복지'를 실현해야 한다. 국가가 그 이상을 넘어서 뭔가를 할 수 있다고 생각하면 이는 '치명적 자만'이라고 경고하면서 그와 같은 제목의 책을 마지막으로 남기고 93세의 일기로 세상을 마감했다.

몽 펠르랭 소사이어티의 창립

하이에크 사상이 나온 시대는 카를 포퍼가 말한 대로 열린사회의 적들이 가득한 절망의 시기였다. 20세기 전반 이후 동유럽과 소련을 점령한 공산주의와 서구를 지배한 케인스주의로 자유와 시장경제는 세상에서 사라지다시피 했다.

하이에크는 인류가 '노예의 길'을 가고 있다고 경고하면서 1947년 스위스 제네바 호숫가의 몽 펠르랭으로 자유주의 학자들을 불러 이념 전쟁의 결의를 다졌다. 하지만 '보잘것없는 외톨이 경제학자들의 모임'이라는 슘페터의 조롱만 들어야 했다. 더욱이 1970년대엔 정부가 빚을 내서라도 개인의 복지를 책임져야 한다는 복지국가 이념이 '케인스 망령'과 함께 인류를 빈곤으로 몰아갔다.

이때쯤엔 하이에크도 이념 전쟁에 지쳐 있었고 나이도 들었다. 세상은 그의 말을 진지하게 들어주지도 않았다. 고향 빈에 돌아온 그는 우울증에 빠졌다. 세상이 야속했다. 그 무렵 놀라운 행운이 따랐다. 1974년 하이에크가 노벨경제학상 수상자로 선정된 것이다. 우울증은 사라지고 생기를 되찾았다.

당시 스태그플레이션이 세계경제를 강타하고 있었다. 케인스주의가 엉망으로 만든 세상을 구할 자가 필요했다. 세계의 눈은 하이에크에게 쏠렸다. 로널드 레이건 미국 대통령과 마거릿 대처 영국 총리가 그를 등에 업고 '경제 혁명'에 나섰다. 규제를 혁파하고 조세 부담을 줄였다. 정부 돈줄도 묶었다. 결과는 전대미문의 번영으로 나타났다. 물가가 잡히고 고용과 소득도 급증했다. 하이에크가 승리하는 순간이었다.

"거 봐, 내가 뭐랬어!"

혁명의 물결은 호주를 거쳐 동유럽으로 향했다. 하이에크가 공산주의는 기필코 실패한다는 주장을 펼쳐왔던 지역이다. 공산주의는 1990년에 결국 실패했다. "거 봐, 내가 뭐랬어!" 프라이부르크대 병원 병상에 누워 베를린 장벽이 무너지는 것을 보고 하이에크가 한 말이다. 인민을 굶주림에서 구할 방도를 찾던 중국의 덩샤오핑은 이미 그를 불러 한 수 배웠다. 중국은 농산물에 자유시장을 도입한 지 3년도 안 돼 굶주림에서 벗어나기 시작했다.

하이에크는 죽었지만 그의 이념은 살아 있다. 장기불황으로 신음하는 일본, 2008년 금융위기에 이은 세계적 불황, 유럽 문명의 기적을 깨버린 유럽 재정위기…. '거 봐, 내가 뭐랬어!' 인류가 하이에크를 만난 것은 행운이 아닐 수 없다.

함께 읽으면 좋은 책

『하이에크, 자유의 길』, 민경국 지음, 한울아카데미, 2007
『하이에크 연구』, 조순 등 지음, 민음사, 1995
『노예의 길』, 프리드리히 A. 하이에크 지음 / 김이석 옮김, 나남, 2006
『치명적 자만』, 프리드리히 A. 하이에크 지음 / 신중섭 옮김, 자유기업센터, 2004

맺는말
자유주의 경제학을 위하여

우리는 앞에서 18세기 후반 애덤 스미스를 중심으로 시작된 경제학의 발달사를 더듬어왔다. 흥미롭게도 경제학의 기원은 자유주의였다. 이런 경제학을 창시한 스코틀랜드 계몽주의자들은 자유주의가 인류에게 가져올 보편적 번영에 대하여 매우 낙관적이었다. 19세기 초반 그런 경제학은 칸트, 세이, 바스티아, 토크빌 등 수많은 자유주의 경제사상가들을 거쳐 유럽과 미국에 확산됐다

자유주의 경제학과 번영의 구조

19세기 후반 이후에는 카를 멩거, 뵘바베르크, 막스 베버, 빅셀 등 오스트리아학파가 주관주의 시각에서 기업가이론, 시장이론, 자본론, 통화이론, 경기변동이론 그리고 제도이론을 개발하여 고전적 자유주의 경제학을 다듬어 확대, 발전시켰다. 이에 기여를 한 게 마셜 피셔 등 신고전파 경제학의 일부라는 점에 주목할 필요가 있다.

이런 자유주의 경제학은 한편으로는 상당 기간 침몰하다가 1950년대 이후 프리드먼, 코스 노스 등 시카고학파의 일부를 통해서 부활됐다. 다른

한편에서 그걸 부활시킨 인물은 미제스, 하이에크, 커즈너, 로스바드, 해즐릿 등 오스트리아학파다. 그들은 카를 멩거, 뵘바베르크, 빅셀의 전통을 이어받아 아주 새로운 시각에서 자유주의 경제학을 갱신했던 것이다.

이런 자유주의 경제학의 발전 과정에서 경제학자들이 발견한 것은 보편적인 사회발전 원리다. 이는 제도적 요인과 인적 요인으로 구분할 수 있는데, 전자는 자유와 재산을 보호하는 법치주의, 자유시장, 작은정부 등 제도적 요인이다. 인적요인은 기업가 정신이다. 이런 원리 속에서 저축과 투자를 통해 형성되는 복잡한 자본구조야말로 장기적 성장과 보편적 번영을 약속하는 게 자본주의다.

애덤 스미스, 흄, 칸트 이래 자본주의의 미래에 대해서 낙관적인 이유도 그런 발전 원리 때문이었다. 자유주의자들의 그런 낙관을 입증하는 사례는 아주 많다. 수천만 명을 굶어죽게 만든 중국과 인도는 친시장 개혁과 개방으로 수억의 인구를 먹여 살리고 있다.

애덤 스미스의 국부론이 등장한 1776년 이래 영국의 1인당 소득은 증대됐다. 그 이전에는 겨우 생존비에 머물고 있었다. 또한 시장 확대로 소득이 급진적으로 증가했다. 캐나다 프레이저 연구소의 통계를 통해서 확인할 수 있듯이 경제 자유가 많은 나라일수록 1인당 소득도 많고, 실업도 적고, 분배도 고르고 동시에 경기변동도 적다. 자유로운 미국, 영국, 홍콩, 싱가포르, 핀란드, 네덜란드 등의 1인당 소득은 5만 달러 이상이다. 그러나 사회주의와 간섭주의 경제학은 그런 경제 발전 원리를 무시하는 치명적인 오류를 범했다

사회주의 경제학의 오류

19세기 초반에는 맬서스와 리카도는 인류의 가난은 극복할 수 없는 숙명이라는 우울한 주장으로 자유주의 경제학의 낙관주의에 찬물을 부었다.

그러나 다행스럽게도 그런 비관적 예측은 빗나가고 말았다.

우리가 주목하는 것은 그 빗나간 이유다. 자유주의 경제학이 강조하는 기술발전과 이를 가능하게 하는 기업가 정신, 자유와 사적소유 제도를 고려하지 못했기 때문이다. 19세기는 산업혁명으로 농업이 흡수하지 못한 노동자들을 위한 일자리 창출과 농업생산성 이상으로 산업 부문의 생산성이 향상돼 실질노임의 증가를 불러왔다.

벤담이 자본주에 대한 정부간섭을 옹호하고, 사회주의에 입법 기술을 가르친 이유는 시장경제가 개인의 자유와 재산을 확고하게 보호하기만 하면 스스로 질서가 만들어지는 '자생적 질서'라는 생각이 없었기 때문이다. 존 스튜어트 밀이 친사회주의 태도를 견지한 것은 생산과 분배는 분리가 가능하다는 잘못된 믿음 때문이었다.

마르크스가 전적으로 노동가치론에 의존한 것은 치명적 실수다. 그 이론으로는 판매를 위해 무엇을 할 것인가를 기업들에게 알려주는 가격의 신호 기능과 저축 자본의 역할도 전혀 이해할 수도 없다.

반부자 정서를 설파하는 베블런도 신기술, 투자, 생산 과정의 개선, 일자리 창출을 위한 자본의 역할을 이해할 수 없었기에 현실의 자본주의 승리를 설명할 수 없다.

사회주의가 도래한다는 슘페터의 예측도 맞지 않았다. 이는 자본주의의 기업가적 혁신 과정이 그가 예상한 것보다 훨씬 잘 기능한다는 증거다. 거대 기업에도 여전히 기업가가 존재하고, 기업가의 역할은 오로지 시장에서만 가능하다는 뜻이다.

간섭주의적 주류 경제학의 오류

간섭주의는 케인스처럼 장기적으로 우리는 모두 죽는다는 단기적 사고를 전제로 한다. 이는 틀렸다. 사회는 장기적으로 생각할 때 발전한다는 걸 직시해야 한다. 경제 현상을 설명하기 위해서는 총수요, 물가수준 등 총합 변수를 강조하고 한다. 그러나 그런 변수에는 기업가가 없다. 그래서 그런 분석 결과는 믿을 수가 없다.

피셔가 물가가 안정적이라는 이유로 통화를 늘려도 좋다고 말한 지 불과 몇 주가 지나자 세계대공황의 도화선이 된 부동산과 주식시장이 붕괴됐는데, 이를 예측하지 못한 이유도 물가라는 거시변수 때문이다. 그러나 미제스, 하이에크의 자유주의 경제학이 제공하는 경기 변동이론은 세계대공황을 예측했다.

새뮤얼슨이 1989년 옛 소련이 붕괴되기 3개월 전까지도 소련과 같은 명령경제도 번영할 수 있다고 목소리를 높였던 것도 그런 거시경제학의 치명적 오류 때문이다. 그러나 오스트리아학파의 하이에크는 미제스에 힘입어 1930년대 초에 사회주의 계획 경제는 지식의 문제 때문에 불가능하고 그래서 붕괴되고야 만다고 주장했고, 적중했다.

폴라니의 시장경제에 대한 비판적 기초는 연대감과 같은 석기시대의 정신이기에 그것은 문화적 진화의 결과인 시장경제를 이해할 수 없다. 재분배를 위한 롤스와 센 밀러–아르막의 복지국가도 성공할 수 없다.

신고전파의 균형이론과 후생경제학도 시장경제를 이해하는 데 적합하지 않다. 부단히 무엇인가를 찾고 잘못된 것을 밝혀내고 수정하는 기업가 정신을 고려한다면, 시장은 균형이 아니라 과정이라는 것을 직시해야 한다.

'절반의 주관주의'라는 점도 신고전파의 치명적 결함이다. 개인들이 추구하는 목표 선호가 그들의 주관적 판단에서 나온 것이라는 신고전파의 전제는 옳다. 그러나 그들이 재화를 인지하여 선택을 결정하는 수단적 지식도 그들이 제각기 삶 속에서 터득한 고유한 것이라는 의미에서 주관이다. 그럼에도 그런 지식을 객관적인 것이라고 보고 있다. 즉 개인들이 직면한 비용곡선, 수입곡선 등은 인지하는 개인과 독립적으로 이미 주어져 있다고 전제한다. 이런 전제는 틀렸다.

그러나 객관적 지식의 전제 때문에 신고전파 경제학은 물리학이 돼 버렸다. 그래서 그런 경제학은 사회주의 경제학처럼 엔지니어 경제학이나 다름이 없고 더구나 그것은 간섭주의 경제학이 되기 쉽다. 고전역학을 모방해서 만든 게 신고전파 경제학이라는 걸 직시할 필요가 있다. 자연을 기계장치로 보는 뉴턴의 자연관을 본뜬 것이다.

경제사상사를 여행하면서 우리가 결론적으로 확인할 수 있는 것은 사회주의 경제학과 간섭주의 경제학의 치명적인 결함은 시장경제를 구성하는 제도적 요소와 기업가적 요소에 대한 몰이해라는 점이다. 그런 요소를 적실성 있게 고려하여 만들어진 경제학이 오스트리아학파라고 볼 수 있다. 이 경제학이 비교적 설득력이 있는 이론적 정책적 방향을 제공하고 있다.

이제 신고전파 경제학과 케인스주의 거시경제학이 장식한 역사의 한 장은 끝났다. 그런 주류 경제학은 자본주의가 승리한 원인을 제대로 설명하지 못하고 오히려 왜곡하고 있기 때문이다.

그 대안적 패러다임이 자유주의가 승리한 이유와 번영의 구조를 이론적, 철학적으로 충분히 고려한 오스트리아학파라고 여겨진다.

KI신서 5500

애덤 스미스, 마르크스, 하이에크…
51명의 경제학자와 떠나는

경제사상사 여행

1판 1쇄 발행 2014년 2월 13일
1판 3쇄 발행 2017년 11월 6일

지은이 민경국
펴낸이 김영곤 **펴낸곳** (주) 북이십일 21세기북스

정보개발본부장 정지은
출판영업팀 이경희 이은혜 권오권
출판마케팅팀 김홍선 배상현 최성환 신혜진 김선영 나은경
홍보기획팀 이혜연 최수아 김미임 박혜림 문소라 전효은 백세희 김세영
제휴팀 류승은 **제작팀** 이영민

출판등록 2000년 5월 6일 제406-2003-061호
주소 (우 10881) 경기도 파주시 회동길 201(문발동)
대표전화 031-955-2100 **팩스** 031-955-2151 **이메일** book21@book21.co.kr

(주)북이십일 경계를 허무는 콘텐츠 리더

21세기북스 채널에서 도서 정보와 다양한 영상자료, 이벤트를 만나세요!
페이스북 facebook.com/21cbooks   **블로그** b.book21.com
인스타그램 instagram.com/21cbooks   **홈페이지** www.book21.com

서울대 가지 않아도 들을 수 있는 명강의! 〈서가명강〉
네이버 오디오클립, 팟빵, 팟캐스트에서 '서가명강'을 검색해보세요!

ⓒ 민경국 2014

ISBN 978-89-509-5442-0 03320
책값은 뒤표지에 있습니다.